中國改革開放全景錄

廣東卷

曲青山
黃書元 ／主編

張承良 ／著

開明書店

目

錄

目錄

前　言

　　肇始於 20 世紀 70 年代末的改革開放，是全體中國人在繼 1949 年中華人民共和國建立之後，邁向中華民族偉大復興的一個華彩篇章。靚麗的成績後面，是承載億萬中華兒女追求強國富民、天下太平的中國夢。

一

▶ 1979 年 12 月　　鄧小平與日本首相大平正芳會見。大平正芳問鄧小平：中國將來會是什麼樣？整個現代化的藍圖是如何構思的？鄧小平指出：「我們要實現的四個現代化，是中國式的四個現代化。我們的四個現代化的概念，不是像你們那樣的現代化的概念，而是『小康之家』。」

▶ 1984 年 10 月　　鄧小平在會見參加中外經濟合作問題討論會全體中外代表時指出：「我們確定了一個政治目標：發展經濟，到本世紀末翻兩番，國民生產總值按人口平均達到 800 美元……在這一個基礎上，再發展 30 年到 50 年，力爭接近世界發達國家的水平。」

▶ 1997 年 10 月　　中共十五大把這一目標確定為新的「三步走」戰略的第三步，並進一步具體化，提出了三個階

段性目標：即在 21 世紀第一個十年，實現國民生產總值比 2000 年翻一番，使人民的小康生活更加寬裕，形成比較完善的社會主義市場經濟體制；再經過十年的努力，到中共建黨 100 周年時，使國民經濟更加發展，各項制度更加完善；到 21 世紀中葉建國 100 周年時，基本實現現代化，建成富強民主文明的社會主義國家。

「兩個一百年」的發展目標，通過中國共產黨的全國代表大會報告的形式予以確定！

▶ **2012 年**　中共十八大報告進一步明確：確保到 2020 年實現全面建成小康社會宏偉目標。中共中央總書記習近平在中共十九大報告中指出，從十九大到二十大，是「兩個一百年」奮鬥目標的歷史交匯期。我們既要全面建成小康社會、實現第一個百年奮鬥目標，又要乘勢而上開啟全面建設社會主義現代化國家新征程，向第二個百年奮鬥目標進軍。他指出，從 2020 年到本世紀中葉可以分兩個階段來安排。第一個階段，從 2020 年到 2035 年，在全面建成小康社會的基礎上，再奮鬥 15 年，基本實現社會主義現代化。第二個階段，從 2035 年到本世紀中葉，在基本實現現代化的基礎上，再奮鬥 15 年，把中國建成富強民主文明和諧美麗的社會主義現代化強國。

如今，「兩個一百年」的奮鬥目標，離預定的時間轉眼已是近在咫

尺。在改革開放 40 周年的時間節點上，新的戰略正在有序推進，新的理念、新的思想正在凝聚為越來越廣泛的行動共識。

二

　　早在 1980 年代末，哈佛大學著名的中國問題專家傅高義出版了《先行一步 —— 改革中的廣東》一書，他對廣東在全國改革中的先鋒作用給予了高度的評價，把廣東稱為「新體制的實驗室」。他認為，「如果說，廣東的改革在中國是先行一步，那麼，對於社會主義世界其他國家而言，也許就是先行兩步了」。因為「廣東改革的影響跨越國界」。哈佛大學出版社在介紹這本書時，也把廣東稱為「社會主義改革浪峰上的地區」「第一條社會主義小龍」。

　　在 40 年這個時間節點上，我們再次回顧廣東改革開放所走過的路，梳理廣東改革開放所取得的創新和突破，可以說，廣東的「先走一步」和「走在前列」，已經昇華為一種「精神氣質」，成為我們這個時代跨越式發展的一個閃亮標籤！

　　這一「先走一步」的精神氣質，首先，體現在確立了「改革無禁區」的價值理念和「殺出一條血路來」的實踐能力。

　　廣東改革開放啟動之初，極左年代遺留的思想禁區無處不在。廣東人秉承嶺南文化勇於「飲頭啖湯」「做第一個吃螃蟹的人」的創新精神，在決策者和廣大人民群眾價值共鳴的默契中，終於成功地突破計劃經濟時代形成的政治教條和思想禁錮，培育出中國農業文明數千年都未曾得到彰顯的觀念自覺和精神勃發。這種「改革無禁區」的價值觀，以及兼具理性和激情的「殺出一條血路來」的精神氣質，無疑是中華民族精神在新時代土壤中的一次裂變和升級，成為中華民族自強之路上的嶄新收穫。廣東人以放眼世界的眼光、以批判性的「拿來主義」思維，不斷地突破改革的各種禁區，在自我革命、自我革新中，不斷完善中國特色社

會主義制度，熱烈地擁抱改革開放帶來的創新奇跡。

其次，廣東「先走一步」的精神氣質，提供了關於中國特色社會主義市場經濟觀念構建的自覺和自信。改革開放之初，廣東人經由港澳地區鮮活地觸及了現代市場經濟的巨大魅力，使廣東人逐步認識到「計劃不只是社會主義的專利，市場也不是資本主義所獨有」。對於「左」傾教條桎梏下計劃經濟的不斷「破冰」，推動着人們對於中國社會主義制度環境下市場經濟建設的理論遐想和實踐推進。中國特色社會主義市場經濟的理論自覺，也在其中萌生，走向成熟。

再次，廣東「先走一步」的精神氣質，還推動了中國社會主義制度環境下現代國家治理的本土化思考與創新實踐。

一個現代意義上的民族國家，除了要確定市場經濟的主導地位外，還要在制度安排、精神規則上尋找與之相適應的保障和激勵體系。改革就是要不斷探索新的制度安排和價值理念，使之從經濟建設的局部，上升到全局的高度來構建現代化發展需要的、確保全民福祉不斷增長的制度和精神體系，從而以行之有效的新制度體系，替代績效低下的舊制度體系。

改革開放「先走一步」的廣東，至少在兩個層面上實現了現代國家治理觀念和制度體系的創新突破：一是在鄧小平等最高決策者的帶領下，打破了對社會主義與資本主義兩種制度「畫地為牢」的僵化理解和制度禁錮。改革開放 40 年，廣東人大膽地借鑒現代發達國家的先進生產方式、生產手段、科學技術和管理方式，為我所用，使這一觀念在改革開放不斷深化的過程中逐漸演進為全民共識，並落實到制度層面加以固定下來。二是突破了將現代化與自身傳統人為割裂的教條化思維，使對傳統文化資源的現代化轉化成為自覺。改革開放的廣東，在內地人看來，常常又是保守傳統的地方，比如，對人情的看重、對傳統生活方式的「死守」、對自我責任（如家庭）的擔當等，但事實上，正是廣東人立足於當下的現實考量 —— 既不以「主義」拒絕有效的制度安排，也不以斷裂的

態度來對待歷史文化遺產，大膽地從傳統的有效資源中吸納適應現代發展的要素，不斷革除阻礙發展的各方面體制機制弊端，從而達至對傳統的創造性轉化和創新性發展，使得廣東人在現代制度的構建時體現出相當強的制度適應和整合創新能力。

三

　　從更長的歷史看，當代中國的改革開放實乃一場有着全球意義的發展實驗。

　　源自西方的現代文明，曾經在引領人類發展模式上帶來無數新鮮的經驗和啟示。但進入 21 世紀，尤其是 2008 年全球金融危機以來，以美國、歐盟為代表的西方發達國家，面對來自自身內部的經濟危機與社會危機，面對全球經濟增長乏力的困局，無不陷入內外交困的尷尬境地。

　　在此背景下，我們審視中國自鴉片戰爭以來所走過的道路以及所取得的成就，其中的經驗和教訓無疑都是非常值得深入總結和探究的。自 19 世紀中葉鴉片戰爭以來，中國對獨立富強目標的追尋，已經走過近兩個世紀的歷史。如果以 20 世紀初清朝皇帝的下台為起始點，中華民族對於現代化道路的探索，也已經走過了 100 多年的時間。從 20 世紀之交的中日「甲午戰爭」、戊戌變法、八國聯軍侵略中國、義和團運動、辛亥革命等等，中國的現代化之路在資產階級舊民主主義的道路上並沒有走通。此後，在中國共產黨領導下的新民主主義革命，經過 30 年的浴血奮戰之後，終於贏得了中華民族的解放和獨立。從中華人民共和國成立到 20 世紀 70 年代末，中國共產黨人在一窮二白的底子上，初步建立起了體系完備的基礎工業體系，奠定了中國現代化的國民經濟基礎。再接下來，改革開放 40 年，在共產黨領導下的中國特色社會主義道路上，中國的現代化建設取得了前所未有的進步。在這 40 年的時間裏，中國共產黨人用理論和實踐回答了在中國這樣一個十幾億人口的發展中大國，如何

根據自身實際，走一條獨立自主的現代化發展之路的宏大命題。中國道路獲得了舉世矚目的成就，中國模式與中國經驗也越來越受到政界和學術思想界的重視，人們從中總結得失，提煉經驗，成為當代發展中國家的成功借鑒。

　　中共十八大以來，以習近平為核心的中共中央，提出了系統性的治國理政新理念新思想新戰略。其中的關鍵詞，已經為人們耳熟能詳：「中國夢」「新時代中國特色社會主義」「五位一體」「四個全面」「新發展理念」「推進國家治理體系和治理能力現代化」「構建人類命運共同體」等等。

　　可以說，在改革開放 40 年後的今天，在深刻總結過去經驗教訓的基礎上，在虛心學習西方制度精華的基礎上，中國已開始取得政治、經濟制度上的優勢，「中國模式」越來越受到全球許多國家的尊崇和接納。中國特色社會主義道路的巨大成就，譜寫着人類文明發展的新篇章。誠如季羨林先生在論及東西方文化的比較時所指出的，「在過去幾百年來西方文化所達到的水平的基礎上，用東方的整體着眼和普遍聯繫的綜合思維方式，以東方文化為主導，吸收西方文化中的精華，把人類文化的發展推向一個更高的階段」。

四

▶ 2012 年 12 月　　　中共中央總書記習近平考察廣東，寄語廣東要繼續大膽探索和紮實工作，力爭在推進經濟結構戰略性調整、加快形成新的發展方式上走在全國前列。

▶ 2017 年 4 月　　　習近平對廣東工作做出重要批示。他在充分肯定十八大以來廣東各項工作的基礎上，對廣東未來的工作寄予厚望，要求廣東在「堅持黨的領

導、堅持中國特色社會主義、堅持新發展理念、
堅持改革開放，為全國推進供給側結構性改
革、實施創新驅動發展戰略、構建開放型經濟
新體制提供支撐，努力在全面建成小康社會、
加快建設社會主義現代化新征程上走在前列」。

▶ 2018 年 3 月 7 日　　習近平參加十三屆全國人大一次會議廣東代表
團的審議，再次諄諄寄語，希望廣東以新的更
大作為開創工作新局面，在構建推動經濟高質
量發展的體制機制、建設現代化經濟體系、形
成全面開放新格局、營造共建共治共享社會治
理格局上走在全國前列。

▶ 2018 年 10 月　　時隔六年，習近平再次踏足廣東這片改革熱
22 日至 25 日　　土。從珠海到清遠，從深圳到廣州，「高舉新時
代改革開放旗幟」的信念一以貫之；面對改革發
展的新形勢新任務新挑戰，他深刻闡述改革開
放的重大意義，宣示中國改革不停頓、開放不
止步的堅定決心，發出把改革開放不斷推向深
入的進軍號令。

　　習近平對於廣東的殷切期待，背後所觸及的正是近年來持續討論的
「二次改革」「二次開放」以及「改革再出發」等宏大的時代命題！

　　改革開放以來，中國經濟一路高歌，GDP 年均增長率達到了 9.8%。
1978 年中國人均名義 GDP 是 381 元，還不到非洲最窮國家的 1/3。改革
開放 30 多年後，到 2012 年，中國人均名義 GDP 已經達到 38449 元，增
長 100 多倍，進入中等偏上收入國家的行列。中國用 30 多年的時間，完
成了發達國家 100 多年的發展進程。

　　如果說 1978 年啟動的改革開放是「一次改革」，那麼，當前中國的改革已經「換擋」，「二次改革」箭已離弦。以中共十八大為先聲，以十八屆三中全會為正式啟動點，「二次改革」的最大特點就是改革進入深水區，改革要啃硬骨頭，要涉險灘。中共十九大報告曾 70 次提到「改革」；在 2018 年的新年賀詞中，習近平表示：中國要以慶祝改革開放 40 周年為契機，逢山開路，遇水架橋，將改革進行到底。

　　在這樣的關鍵時期，「先走一步」的廣東又該承擔怎樣的時代責任？該有怎樣的時代作為？這也正是習近平一再諄諄寄語廣東的根本原因所在。新一輪的改革開放，同樣要我們以「殺出一條血路來」的豪情和勇氣，去開創中華民族偉大復興新局面。

　　中共十八大以來，廣東全省上下齊心協力，在新一輪改革開放的方陣中繼續保持領先地位，「走在前列」。正如 2018 年廣東省人民政府工作報告所指出的：五年來，廣東適應、把握、引領經濟發展新常態，堅持穩中求進的工作總基調，堅定不移推進經濟結構戰略性調整，全省綜合實力邁上歷史性新台階。全省地區生產總值從 2012 年的 5.8 萬億元增加到 2017 年的 8.99 萬億元，連續 29 年居全國首位。五年來，廣東堅持把創新驅動發展作為核心戰略和總抓手，國家科技產業創新中心和珠三角國家自主創新示範區建設啟動並紮實推進，區域創新綜合能力排名躍居全國第一。五年來，廣東大力推動珠三角優化發展和粵東西北協調發展，區域城鄉發展水平進一步提升；五年來，廣東積極推進大氣、水、土壤污染防治攻堅戰，生態環境持續改善，珠三角地區 PM2.5 年均濃度比 2013 年下降 27.7%，在國家三大重點防控區率先穩定達標。五年來，廣東提升開放型經濟發展水平，着力培育開放合作新優勢，外貿結構進一步優化，自貿試驗區建設高水平推進。五年來，廣東堅持以人民為中心的發展思想，持之以恆保障和改善民生，推進社會共建共治共享，人民獲得感不斷增強。

五

▶ **2018 年 3 月 11 日**　十三屆全國人大一次會議在人民大會堂舉行第三次全體會議，表決通過了《中華人民共和國憲法修正案》，中國人民以憲法修正案的形式，將中共十九大所提出的習近平新時代中國特色社會主義思想等內容納入憲法，向世界鄭重宣告中國特色社會主義進入新時代。站在改革開放再出發的新起點上，改革開放 40 年所取得的成功經驗，在《憲法》這一根本大法中予以確定下來，這無疑是中華民族偉大復興之路上需要牢固銘刻的重大事件。

　　寫入《憲法》的這些經驗總結，也是廣東一直在踐行，從而能夠始終保持「先走一步」「走在前列」的根本原因所在。改革開放以來，廣東始終堅持以人民為中心，始終把堅持中國共產黨的領導放在首要位置，始終堅持從嚴治黨不放鬆，持續推進政府職能轉變，推進法治政府和法治社會建設。這些做法一以貫之，成為凝聚改革共識、推進改革發展的基本抓手。

　　中共十九大開啟新時代！新的創造也正在由此而孕育！曾經在西方的堅船利炮中失去方寸的中國，正在改革開放的時代洪流中重拾自信和從容。廣東，曾屢次為中國發展鼓起風帆的「南風窗」「試驗田」，這方曾經創造了改革開放數不清的「第一」的熱土，在改革開放 40 年的時間節點上，在中國特色社會主義進入新時代的重大時刻，肩負着人民沉甸甸的殷切期望，肩負新一輪改革開放「啃硬骨頭」「涉險灘」的排頭兵重任，再次整裝出發，踏上新征程，去描畫激動人心的改革畫卷，奮力抒寫新的時代篇章。

南國改革開放風潮起

▶ **1978 年 9 月**　　　　　一份出自廣東省公安廳的《關於當前我省偷渡外
逃嚴重的情況報告》，對當時在寶安與香港邊界
發生的一次群體性大規模逃港行為的情況進行
統計匯總：

　　8 月份全省發現偷渡外逃 6709 人，其中逃出 1814 人，與歷年來較
多的 7 月份相比，分別上升 47% 和 □□（註：原文如此），外逃人數之
多，地區之廣，是 1962 年外逃以後，最多的一個月份。從地區看，惠陽
地區居首位，發生 4072 宗，逃出 1400 人；廣州市發生 1122 人，逃出
149 人……其中一宗是以生產隊正副隊長為首組織的。8 月 3 日至 9 月 1
日，有 300 多人成群結隊，企圖借船逃跑被制止。

　　發生在 1978 年夏天的這次逃港潮，不過是中華人民共和國成立以來
歷次逃港潮的一次。逃港，是困擾廣東多年的一個特有的社會問題。據
史料記載，在中華人民共和國成立後的 20 年裏，深港邊防線上共出現了
四次大規模的偷渡行為。

　　多年持續的偷渡外逃，特別是群眾數次的偷渡高潮，涉及廣東不少
縣市，粵東和珠三角地區是重災區，論外逃最嚴重受影響最大的，則無

疑非毗鄰香港的寶安縣莫屬。

　　偷渡外逃事件最終驚動了中央高層。1979 年 6 月 10 日至 13 日，國務院、中央軍委在北京召集廣東省革命委員會、廣東省軍區和國務院、中央軍委有關部門的負責人開會，在聽取廣東匯報之後，研究了制止偷渡外逃的緊急措施。

一、逃港潮促動改革決策

(一)「是人民內部矛盾，不是敵我矛盾。」

▶ 1978 年 7 月　　　　　　　習仲勳任廣東省委第二書記的第四個月。此時，
　　　　　　　　　　　　　一腳踏進廣東的習仲勳，在基本摸清全局工作
　　　　　　　　　　　　　的基礎上，外出到地市縣考察，選擇的就是逃
　　　　　　　　　　　　　港最嚴重的寶安縣。

　　習仲勳（1913－2002 年），一位黃土高原養育出的熱血硬漢。13 歲加入中國共青團，投身無產階級解放事業，20 歲成為著名的陝甘邊區的創建人之一，21 歲擔任陝甘邊蘇維埃政府主席，後任中共中央西北局書記。1959 年，習仲勳任國務院副總理兼祕書長。1962 年，康生捏造材料，指習仲勳利用《劉志丹》一書為「反黨」的高崗翻案，對他進行批判，並於當年撤銷其一切職務。1965 年，習仲勳被下放到洛陽礦山機器廠當副廠長，「文化大革命」中被造反派揪到洛陽批鬥，後又在北京被長期監護。1975 年解除監護後，被安排到洛陽耐火材料廠「療養休息」。在被關押的一間小房子裏，他以驚人的毅力，堅持每天轉兩次圈，從 1 數到 10000，然後再退着走，從 10000 數到 1，「我為了要為黨和人民再做工作，就要走，就要退，鍛煉毅力，也鍛煉身體，我對共產黨是有充分信心的，我認為中共中央對我總會有個正確的結論的！」

▶ **1978 年 3 月**　習仲勳來廣東「把守南大門」，擔任廣東省委第二書記。其時，韋國清已回中央工作，但仍兼任廣東省委第一書記，直到 1978 年 12 月 11 日，中央工作會議結束前夕，中共中央決定韋國清不再兼任中共廣東省委、省革命委員會的職務。習仲勳接任廣東省委第一書記、省革委會主任。

　　7 月的廣東，正是遍地流火的季節。習仲勳等人輕車簡從，一行人乘坐一輛七座的麵包車，直奔寶安。公路狀況很不好，一路上坑坑窪窪，車子也無法開快，還少不了顛簸。進入寶安境內，只見公路兩旁雜草叢生，十分荒涼，耕地丟荒很多。據當時陪同視察人員的回憶：「七八月份正是收割的時候，可我們在南頭的田地裏並沒有看到農忙的景象，田裏只有一些老年婦女、小孩，還有邊防部隊派來幫助收割的戰士，精壯勞力都跑了，沒有人收割。習老看了心裏很不好受。」

　　到達深圳後，當地領導陪同到各處察看，了解情況。他們沿着寶安東路的羅芳、蓮塘、沙頭角、皇崗、水圍、漁農村、蛇口漁一大隊等社隊一路調研。羅芳是寶安縣過境耕作的七個耕作口之一，也是當時邊境問題反映最強烈的地區。在這裏，習仲勳了解到，寶安縣附城公社蓮塘大隊的徑肚生產隊 24 戶 108 人，跑了 22 戶 102 人。而大鵬公社三條村莊 34 戶 117 人全部逃光！

　　在沙頭角，那條獨特的「中英街」上，幾塊豎在街中間的石頭，把一條窄窄的街道一分為二。習仲勳看到香港那邊車水馬龍，人們忙忙碌碌，顯得繁華熱鬧。對比之下，屬於寶安這邊卻是街道破爛，蕭條冷落。貧富差異如此涇渭分明！其時，站在中英街上的習仲勳，心中不啻被投下了一顆炸彈，被眼前的景象震撼了：「解放快 30 年了，那邊很繁榮，我們這邊卻破破爛爛！」

＊ 聞名中外的沙頭角中英街

　　從沙頭角回寶安縣城的時候，天已經快要黑了，習仲勳堅持要去收押外逃人員的蓮塘臨時收容站看看。在收容站裏，他問一個外逃人員：「社會主義那麼好，我們自己當家做主人。你們為什麼要跑到香港那邊給人當奴僕，受人剝削？」這位偷渡者告訴習仲勳：「我們太窮了，農村裏分配太低。到香港容易找工作，找條活路。」窮！活路！這就是外逃人員最簡單的回答。

　　這一天，他們回到縣城的招待所，已經是深夜。

　　其時，寶安縣正在舉辦農村支部書記學習班，以統一對偷渡問題的認識，作出制止偷渡的部署。習仲勳趁這個機會與 20 多位支部書記進行座談。習仲勳向支部書記們提出了一個問題：「為什麼有這麼多人外逃？」這是一個老革命發自內心的疑問，在親自來到寶安邊界調查研究之前，習仲勳無法理解為什麼這麼多人要如此捨命逃港。

　　此後，習仲勳一行還先後參觀了兩家來料加工廠，一家是沙頭角的塑料花廠，另一家是皇崗的假髮廠。在看了這些中華人民共和國成立後

最早的「三來一補」企業後，習仲勳感觸很深，他認為開展來料加工，賺取加工費，既可以增加集體和個人的收入，也可以解決大量的勞動力就業問題，大有可為。

寶安之行，使習仲勳深刻認識到群眾性偷渡外逃的根本原因。如果說在深入寶安基層一線之前，習仲勳還相信，只要做好群眾的思想工作，讓他們認識到社會主義好就可以剎住外逃風的話，那麼到寶安基層一線的所見所聞，他已經明確意識到，作為南大門的把守者，他在海岸線和邊防線上，不僅僅是構築一道堅實的精神防線，也不是「增加點部隊和幾十輛汽車的問題」，而是要了解到逃港的本質，就是「生活差距太大」。

病症找對之後，就要「標本並舉」。治本，就是要從物質基礎上、精神上和組織上，為鞏固社會主義陣地和制止外逃創造牢固的條件。這就是：「（一）發展生產，改善人民生活，只要生產上去了，收入增加了，就是與香港那邊還有相當差距，也可以穩定人心，大大減少外逃。（二）思想上牢固樹立『只有社會主義能夠救中國』的堅強信念，熱愛黨，熱愛社會主義，熱愛中華人民共和國。（三）要使我們的基層成為堅不可摧的社會主義陣地。」

回到廣州後，他召集省委有關領導和有關部門負責人開會，他認真分析了反偷渡外逃問題的實際情況，明確提出不能把偷渡外逃當成敵我矛盾看待，大部分還是人民內部矛盾。偷渡的人總歸還是自己人，不能把他們當成敵人。習仲勳認為：「主要原因是經濟原因而不是政治原因。如果把偷渡看成是政治上的原因，就會把大批農民推到對立面去，這是不對的，要教育，要怪我們沒有教育好農民，要怪我們沒有制定好的政策維護他們的利益。」他嚴肅地指出：「我們自己的生活條件差，問題解決不了，怎麼能把他們叫偷渡犯呢？這些人是外流不是外逃，是人民內部矛盾，不是敵我矛盾，不能把他們當作敵人，你們要把他們統統放走。不能只是抓人，要把我們內地建設好，讓他們跑來我們這邊才好。」

（二）根本措施是發展經濟

可以說，這次考察對習仲勳觸動很大，使他真正看到老百姓對改革開放、提高生活水平的強烈渴望以及發展經濟的緊迫性。這種觸動對於他後來把握大局、制定政策起了重要作用。

習仲勳深刻地認識到，發展經濟才是根本解決逃港偷渡問題的途徑。他為此強調，制止群眾性外逃的根本措施是發展經濟，提高群眾生活水平。

問題在於，在當時「一大二公」「寧要社會主義的草，不要資本主義的苗」的極左政策氛圍下，思想禁錮無處不在，舊的條條框框無處不在，許多本來正確的事情也不敢搞、不讓搞。為此，他要寶安幹部破除過去「左」的錯誤思想形成的舊條條框框，教育他們要利用地理優勢，儘快把經濟搞上去。首先要抓好對外及對港澳貿易，發展種養業和多種經營，大力組織沙石和土特產、農副業產品出口，發展社隊企業，引進香港同胞和外商投資辦廠，搞來料加工。他對寶安縣委提出的關於搞小額貿易、過境耕作的請示當場拍板：「同意你們提的辦法，過去『文化大革命』搞錯的現在都要改正過來。」「說辦就辦，不要等」，「只要能把生產搞上去，就幹。他們是資本主義，但有些好的方法我們要學習。」

＊ 20 世紀 70 年代的深圳羅湖東門老街

　　據習仲勳夫人齊心回憶，當時「有人反映習仲勳對反外逃不重視，實際上，他不是不重視外逃問題，而是反對以『左』的方法處理外逃問題，認為把偷渡的人一律當成犯人對待，混淆兩類不同性質的矛盾。特別令他深思的是這種沿用以往『左』的觀點、方法和措施是不能從根本解決外逃問題的。必須清理『左』的遺毒，採取標本並治的積極態度，從源頭抓起，把經濟搞上去，才能從根本上解決外逃問題」。

　　事實上，中央在討論如何解決群眾性偷渡逃港問題上，也認識到解決問題的根本途徑還在發展經濟。這樣的觀點，早在 1977 年 11 月鄧小平視察廣東時就曾經表達過。

▶ **1977 年 7 月**

年逾古稀的鄧小平第三次復出。11 月，剛剛復出的鄧小平來到廣東。其間，廣東省委的負責人向他匯報工作。當年的廣東，由於剛剛擺脫十年「文革」動亂，經濟發展水平同毗鄰的香港差距很大，寶安一帶邊境地區農民的逃港問題十分突出，邊防部隊防不勝防。當省委領導匯報這一情況時，鄧小平的回答卻是：「這是我們的政策有問題」，「此事不是部隊能夠管得了的」。他明確指出，關鍵是經濟問題、政策問題，解決這一問題的根本途徑，就是要打破僵化、調整政策，就是要改革。離開廣州後，鄧小平在四川、在北京又反覆講一句話。他說：我在廣東聽說，養三隻鴨子就是社會主義，養五隻鴨子就是資本主義，我看荒唐得很！

　　在廣東，在改革開放初期，正是「當家人」習仲勳對偷渡逃港問題的定位，以及對各級幹部的反覆教育和引導，省委常委最後統一了思想認識，實現了「偷渡問題不是敵我矛盾而是人民內部矛盾」這一觀念的

轉變，這對省委認清解決偷渡問題的正確途徑，進行改革開放，繁榮邊境經濟，起到了很大的幫助作用。

（三）寶安提議設立供港外貿生產基地

　　粉碎「四人幫」後，全國上下都是盼富思變。1978 年，中國高層領導人一改以往很少出訪的慣例，形成了一股出國出訪熱，一年中共有 13 位副總理和部分委員長以上的領導人先後 21 次出訪，走訪了 51 個國家和地區。

▶ **1978 年的**
4 月到 5 月

中共中央、國務院先後選派了三個代表團（組），分別到亞歐國家（一路赴羅馬尼亞、南斯拉夫，一路赴法國、聯邦德國、瑞士、丹麥、比利時五國）和港澳考察經濟，進行專門的調查研究。三組考察隊伍中，對廣東率先進行改革開放具有直接啟發意義的，是國家計委、外經貿部派出的赴港澳經濟貿易考察組和歐洲五國考察團。

　　由國務院副總理谷牧率團出訪歐洲五國，是中華人民共和國成立後首次向發達資本主義國家派出的國家級經濟考察團，也是三組考察隊伍出訪中規格最高、成果最著、影響最大的一次，參與考察的有水利電力部、國家建委、農林部、北京市革委會、廣東省革委會、山東省革委會等六個省部級部門的代表，以及有關方面負責人等共 30 多人。出行前，中央領導在北京飯店接見代表團成員並指示：訪問中，要廣泛接觸，詳細調查，深入研究一些問題。好的也看，壞的也看，看看人家的現代工業發展到什麼水平了，也看看他們的經濟工作是怎麼管的。資本主義國家先進的經驗、好的經驗，我們應當把它學回來。

　　30 多位身着統一顏色中山裝的人士組成的歐洲五國考察團，從 5 月

2 日到 6 月 6 日，先後訪問了法國、瑞士、比利時、丹麥、聯邦德國五國 15 個城市，會見有關政界人士和企業家，參觀工廠、農場、城市設施、港口碼頭、市場、學校、科研單位和居民區，收集了大量的資料信息。

考察團成員後來感歎道：「原來我們沒出去看，不知道外面有什麼，以為資本主義就是腐朽沒落的。一看，西歐完全不是那麼一回事。單舉一個例子，那時他們就有計算機了，我們還什麼都不知道。出去一看，真是眼界大開啊！國內的原有認識和在外面看到的反差非常之大！」

回國十天後，考察團完成了考察報告《訪問歐洲五國的情況報告》，上報中央、國務院。

▶ 6 月 30 日　　　　中共中央政治局開會聽取考察團訪問歐洲五國情況匯報。大家邊聽邊議，精神振奮，氣氛活躍。這次政治局會議，從下午 3 點持續到次日凌晨 1 點，開了十個小時。考察團着重匯報了三點：一是二戰後西歐發達國家的經濟確有很大發展，尤其是科技日新月異，我們已經落後很多，它們在社會化大生產的組織管理方面也有許多值得借鑒的經驗；二是它們的資金、商品、技術要找市場，都看好與中國發展關係；三是國際經濟運作中有許多通行的辦法，包括補償貿易、生產合作、吸收國外投資等，我們可以研究採用。

考察團在提交的考察報告最後指出：西歐資本主義國家經濟蕭條，資本過剩，剩餘資金急於尋找出路，建議立即與西歐幾個國家進行正式談判，爭取簽訂長期貿易協定，把口頭協定的東西儘快落實下來。

在聽取考察團匯報後，中央政治局領導都表示，看了那麼多國家，拿鏡子照自己，經濟上確實落後了，但改變落後面貌的自信心也更強了。根據現實的國際格局，要積極利用西歐的技術、資金，結合本國的

有利條件，加快發展，實現四個現代化。

　　鄧小平沒有參加這次會議。會後，考察團單獨向鄧小平做了匯報。鄧小平聽後指示：引進這件事要做，下決心向國外借點錢搞建設，要儘快抓緊時間。而在這之前，6 月 22 日，鄧小平同國務院幾位負責人談話時說：「同國外做生意，搞買賣，搞大一點，什麼 150 億，搞它 500 億。利用資本主義危機，形勢不能錯過，膽子大一點。不要老是議論，看準了就幹。搞它幾百個項目，從煤炭、有色、石油、電站、火車一直到飼料加工廠，不要把寶貴時間耽誤掉。」

　　針對考察團匯報會所提交的報告和建議，中央決定召開國務院務虛會，先由谷牧副總理召集出國考察人員擬定了七個相關文件，供國務院務虛會討論之用。

　　務虛會從 1978 年 7 月 6 日起，至 9 月 9 日結束，延續了 2 個月零 4 天，實際進行了 23 天。這次會議，對接下來的十一屆三中全會及改革開放決策產生了直接的影響。

　　中央已經從戰略的高度，思考改革開放的部署和開局。

　　這時，位於東南沿海的廣東和福建，尤其是與港澳交界的廣東，被選作改革開放戰略部署的突破口，全國上下對廣東的改革開放寄予厚望。

　　寶安，這個毗鄰香港最近的地方，在粉碎「四人幫」後迎來中央各部委的密集調研。寶安的負責人抓住機會，積極向各部委領導反映問題，也使得寶安邊界地區的政策問題得到高層的普遍重視，對促成中央支持廣東的改革開放「先走一步」發揮了作用。

　　在當時，香港鮮活食品市場主要通過俗稱的「三趟快車」來實現由內地到香港的供應。1962 年，在周恩來總理親切關懷下，國家對外經濟貿易部和鐵道部為適應供應港澳鮮活商品「優質、適量、均衡、應時」的要求，共同開創了編號為 751、753 及 755（現分別改為 82751、82753、82755 次）的三趟快車，分別自上海、鄭州、武漢三地始發，每日滿載供港鮮活商品，經深圳運抵香港。由於「定期、定班、定點」每

日開行三趟，所以都習慣稱其為「三趟快車」。此前，內地輸港鮮活商品靠零散貨物列車運送，運載時間長，作業環節多，線路不固定，設施不配套，因此沿途活畜禽死亡率很高，鮮果時蔬多腐爛。而「三趟快車」開行以後，鐵路部門制訂了一系列特殊政策，如「一保（保車源）三優先（優先配車、優先裝貨、優先掛運）」，除了中途加水外，沿途不停直抵香港，使運輸時間縮短了 2/3，保證了鮮活貨物「優質、適量、均衡、應時」地供應港澳。

但即便如此，供港鮮活商品依然面臨成本過高等問題。這時，寶安的幹部群眾希望能在邊防地區恢復「文革」前的邊防地區經濟政策，把寶安建設成為向香港提供鮮活食品的對外及對港澳貿易生產基地。

▶ **1977 年春節前後**　時任財政部負責人到寶安調研，視察了與香港交界的羅芳、蓮塘、沙頭角、皇崗等社隊。寶安縣委匯報了關於偷渡的問題和社隊幹部希望上級批准恢復邊防地區小額貿易的建議，得到贊同和支持。財政部負責人答應回北京後向中央、國務院領導反映有關問題。

▶ **1977 年秋**　國務院財貿辦負責人受中央、國務院領導委託，到寶安來調研處理香港同胞對深圳口岸工作反映的問題。寶安縣委匯報了深圳口岸工作、全縣經濟情況及邊防地區的經濟狀況、偷渡逃港等問題。同時，再次建議把寶安建設成為向香港提供鮮活食品的外貿生產基地。國務院財貿辦負責人聽取了寶安縣委關於寶安建設供港對外及對港澳貿易生產基地的建議，答應回京後向中央、國務院領導報告此事。萬事俱備，只待東風。

（四）　廣東研究在寶安、珠海建設外貿基地的設想也得到廣東省委、省革委會的重視，廣東省委、省革委會領導也先後到寶安蹲點、調研

▶ 1978 年 4 月　　　　　國家計委和外貿部組織考察組，赴香港、澳門實地考察。考察組在返回北京之前，在廣州向習仲勳等廣東省黨政負責人詳細介紹了港澳地區的情況。

▶ 6 月 3 日　　　　　中共中央、國務院主要領導人聽取了赴港澳經濟貿易考察組的口頭報告。此後，赴港澳考察組向中央正式提交了《港澳經濟考察報告》，提出可借鑒港澳的經驗，把靠近港澳的廣東珠海、寶安劃為外貿出口基地，力爭經過三五年的努力，建設成具有相當水平的對外生產基地、加工基地和吸引港澳同胞的遊覽區。報告提出，將寶安、珠海兩縣改為兩個省轄市（相當於地委），派得力幹部，加強領導力量，發展兩地的農業，「以糧食為主」「以經營出口副食品為主」；積極發展建築材料工業和加工工業；開闢旅遊區，辦好商業、服務業和文娛場所等。

　　珠海、寶安作為「出口基地」，由此第一次進入了中共中央和國務院的視野。

　　如果說 1978 年 4—5 月中央經濟考察團港澳組的報告「激活」了中央領導層把珠海、寶安建設成為「具有相當水平的對外生產基地、加工基地和吸引港澳同胞的遊覽區」的想象的話，那麼西歐五國考察團的匯報，則使中央下定決心要打開國門、實行對外開放。

在廣東，中央赴港澳考察組和西歐五國考察團所反映的情況，也引起了習仲勳等人的高度重視。他們敏銳地捕捉到了中央的決心。6月20日，習仲勳主持召開中共廣東省委常委會議，研究關於迅速開展對外加工裝配業務和寶安、珠海兩縣的建設問題。這是「文化大革命」結束後，廣東首次專門研究寶安、珠海建設的問題。

▶ **6月23日**　　　　廣東省委責成有關部門完成了《關於搞好寶安、珠海邊防線建設和外貿出口的意見》，提出寶安、珠海兩地發展外貿出口產業的組織領導、機構建設等設想，初步勾畫出了深圳、珠海的未來雛形。

此後，習仲勳召集了外貿局、商業局、經委、計委等職能部門人員組成調查組，到寶安實地蹲點調研，尋找原因，提出對策。經過一段時間深入基層的調查研究，綜合了寶安各級黨政幹部群眾的意見看法，調研組最終形成了一份調研報告，提出要在3～5年內把寶安（以及珠海）建設成為具有相當水平的工農業結合的出口商品生產基地、吸引港澳遊客的旅遊區、新興的邊防城市。廣東省委、省革委會對此高度重視，對舉辦出口加工區的設想進行了反覆討論和嚴格的論證，最終在省委領導層達成一致意見。1978年10月，在調研報告的基礎上，形成了《關於寶安、珠海兩縣外貿基地和市政建設規劃設想的報告》，由廣東省革委會上報國務院。

▶ **1979年1月23日**　　廣東省委正式作出決定，將寶安縣改為深圳市、珠海縣改為珠海市。2月，國務院批覆，原則上同意上報的《關於寶安、珠海兩縣外貿基地和市政建設規劃設想的報告》。並在批覆中指出：「寶安、珠海兩縣建設好，對於充分利用港

澳，發展對外貿易，發展國際交往和開展旅遊
服務事業，加速邊防地區的建設，無論政治、
經濟上都有重要意義。」3 月 5 日，國務院批覆
省革委會，同意兩地撤縣設市。

二、廣東醞釀「先走一步」

▶ 1978 年
12 月 18—22 日

中共十一屆三中全會在北京召開。《中國共產黨
第十一屆中央委員會第三次全體會議公報》的基
本思想，後來在中共十三大上被概括和發展為
「一個中心、兩個基本點」（一個中心，指以經
濟建設為中心；兩個基本點，指堅持四項基本原
則，堅持改革開放），對此，鄧小平還在 1988
年 6 月 22 日的談話中做出進一步的闡釋：

1978 年我們中共十一屆三中全會對過去作了系統的總結，提出了一
系列新的方針政策。中心點是從以階級鬥爭為綱轉到以發展生產力為中
心，從封閉轉到開放，從固守成規轉到各方面的改革。

在全國人民歡慶十一屆三中全會勝利閉幕之際，廣東省委迅速作出
回應。1979 年 1 月 8—25 日，廣東省委在越秀賓館召開了常委擴大會
議，傳達和貫徹十一屆三中全會的精神，並就如何結合廣東實際貫徹落
實會議精神提出了系列設想。

同月，葉劍英到海南島視察後，抵達廣州。葉劍英是廣東梅縣人，
他看見故鄉依舊處於貧窮落後的狀態，內心異常焦慮。他在接見廣東省
委負責人時諄諄囑託：我們家鄉實在是太窮啊，你們快想想辦法，把經

濟搞上去！這不僅是老一輩革命家的囑託和期望，也是國內老百姓、海外愛國同胞和港澳同胞的呼聲與願望。

這時，一份關於香港廠商要求回廣州開設工廠的來信摘報送到了鄧小平那裏，不久，鄧小平作出批示：「這種事，我看廣東可以放手幹。」葉劍英的囑託和鄧小平的批示，對廣東省委起到了很大的鼓舞作用。

廣東開始醞釀「先走一步」的構想。

省委常委擴大會議之後，1979 年 2 月 3 日起，省委領導分八個工作組分赴各地，參加地、縣、市召開的幹部會議，傳達十一屆三中全會精神，並就地開展調查研究，幫助各地迅速組織春耕生產。

4 月初，廣東省委常委召開會議，明確了在深圳、珠海和汕頭市礐石、達濠搞出口工業區的意見，並決定將廣東「先走一步」的設想在當月的中央工作會議上匯報，同時以書面形式，向中央提交《關於廣東經濟工作的情況、想法和要求》。4 月 2 日下午，省委常委會議聽取了省對外經濟聯絡辦公室起草的《充分利用廣東有利條件、開展對外經濟技術交流》的匯報。參加會議的人員除省委常委外，還有省有關經濟部門的負責人。匯報之後，常委們對匯報材料中涉及的問題進行了討論。與會代表發言熱烈，比較一致的意見是請求中央考慮廣東的特殊情況，讓廣東在四個現代化建設中「先走一步」。要求「對廣東開展對外經濟技術交流的審批權限適當下放，對外匯分成更多地予以照顧，對資金、物資安排大力給予支持」。並要求允許「劃定貿易合作區，吸引外商來廣東投資設廠」、「將深圳、珠海和汕頭市礐石、達濠三地劃為對外加工貿易區」，因為深圳、珠海兩地緊靠香港、澳門，並且兩地已經國務院批准，建立了農、牧、水產出口基地，又新實行了市的建制；汕頭則有着華僑、港澳同胞眾多的優勢。

在出席中央工作會議之前，習仲勳等人去看望正在廣州的葉劍英副主席，向他匯報了廣東的設想，葉劍英元帥非常高興，表示支持。

三、廣東向中央提要求

（一）「希望中央給點權，讓廣東先走一步，放手幹」

▶ 1979 年
4 月 5—28 日

中共中央在北京召開工作會議，主要討論經濟調整問題。參加會議的有中央黨政軍機關負責人和各省委第一書記與主管經濟工作的書記，國務院主管局負責人等共 190 人。這次會議，是以習仲勳為「班長」的廣東省委謀劃已久的向中央「要權」（自主權）以及決定向中央提出建立三個「貿易合作區」設想的絕佳機會，習仲勳等人在會議上，以其敢為天下先的勇氣和政治智慧，牢牢地抓住了這次機會。

▶ 4 月 7 日

習仲勳主持了中南組會議，在討論改革現行管理體制問題的時候，王全國代表廣東發言，他分析了貫徹中央工作會議和三中全會精神以來的大好形勢，「政治形勢穩定，幹部群眾思想解放，心情舒暢，經濟也比較活躍」，同時分析了經濟上比例嚴重失調的問題。指出「主要問題還是權力過於集中，地方權力過小。這個問題不解決，擴大企業的自主權也是難以解決的。因為地方沒有多大權力，還有什麼權力分給企業呢？要加強計劃的綜合平衡工作，目前地方計劃只能聽從國家的安排，根本沒有權力進行綜合平衡。不逐級綜合平衡，全國的綜合平衡也是搞不好的。目前經濟管理體制不改革，也是

沒有辦法實行的。總之，我們地方迫切要求進行體制改革，使地方在中央統一計劃下，省、市、自治區真正有一級計劃、財政、物資，能夠進行綜合平衡，因地制宜地發揮自己的長處，為國家作出更多的貢獻」。這時，習仲勳插話說：「不僅經濟體制，整個行政體制上也要考慮改革。中國這麼大的國家，各省有各省的特點，有些事應該根據各省的特點來搞，這也符合毛主席講的大權獨攬、小權分散的原則。」

在討論過程中，習仲勳牢牢把握住了社會主義經濟建設的方向，他說：「有一個重要的問題，搞什麼樣的現代化，不能離開中國的社會經濟的基礎和條件。也就是說，我們只能搞中國式的現代化，走自己的現代化道路；學外國，只是借鑒人家的經驗和引進先進科學技術。前段有一陣風，好像外國什麼都好，他們什麼都願意幫我們的忙。其實並不是這麼回事。還是要從中國的國情和基礎出發，不能買一個現代化，也不能照搬一個現代化。」方向明確，態度堅決。

▶ 4月8日

習仲勳抓住中央主要領導人出席參加討論的機會，結合中央權力下放的問題，巧妙地拋出了廣東的問題 ——「有一個問題提出來，三中全會公報指出：現在中國經濟管理體制的一個嚴重缺點是權力過於集中，應該有領導地大膽下放，讓地方和工農業企業在國家統一計劃的指導下有更多的經營管理自主權……廣東鄰近港澳，華僑眾多，應充分利用這個有利條件，積極開展對外經濟技術交流。這方面，希望中央給點權，讓廣東先走一步，放手幹。看來，在計

劃、財政、外貿、外匯、物資、對外經濟技術
交流等方面，都要正確處理中央和地方的關係
問題。『麻雀雖小，五臟俱全』，作為一個省，
等於人家一個或幾個國。但現在省的地方機動
權力太小，國家和中央統得過死，不利於國民
經濟的發展。我們的要求是在全國的集中統一
領導下，放手一點，搞活一點。這樣做，對地
方有利，對國家也有利，是一致的。」

　　在 4 月 10 日的會議中，王全國代表廣東省委再次發言，就如何利
用廣東的有利條件發展對外經濟貿易的問題作了發言，初步明確地闡述
了廣東改革開放「先走一步」的思路。他擺出了廣東「先走一步」的優
勢，並提出了要「權」（自主權）和要「錢」（外匯、資金安排）的要求。
他請求中央考慮廣東在對外經濟貿易方面的特殊情況，對開展對外經濟
技術交流的審批權限適當下放，對外匯分成更多地予以照顧，對資金、
物資安排大力給予支持，使廣東能因地制宜，充分利用本省的條件，把
外貿做得更活一些，更大一些，為國家多作貢獻。緊接着他提出了四個
方面的要求和建議：「一、改革現行管理體制，將引進外資和技術搞地方
建築材料、農業及農工聯合企業、水產捕撈和養殖、地方交通等項目的
補償貿易、合作經營的審批權限下放到省，加工裝配業務則全部下放省
審批。改變外貿獨家經營的體制，給地方一定的經營外貿的權力。邊境
小額貿易應予恢復，由省掌握。」「二、外匯收入擴大地方分成比例，使
地方有周轉餘地……」「三、劃定工業加工區，吸收外商來廣東投資設
廠。建議運用國際慣例，將深圳市、珠海市和汕頭市劃為對外加工貿易
區，並把作為潮（州）梅（州）和閩南出海口岸的汕頭市，闢為進出口
岸，促進全省經濟的發展，為國家創造更多的外匯。」「四、相應解決開
展對外經濟技術交流所需的國內配套的資金、材料和勞動力指標」。

▶ 4月17日　　　　　廣東代表還就進一步統一思想認識和進一步落
實調整、改革的措施部署提出建議，期望這次
中央工作會議「一是對整個體制改革包括中央與
地方分權，實行計劃調節與市場調節相結合，
擴大企業自主權等，明確一些原則，會後迅速
組織力量調查研究，中央各部門和地方派人參
加，國慶節前提出方案。二是把能夠馬上改革
的先定下來若干條」。

　　4月17日的分組會議之後，作為中南組召開人的習仲勳出席中共中
央政治局召開的中央工作會議各組召集人匯報會議。習仲勳向中央領導
人匯報了「讓廣東能夠充分利用自己的有利條件在四個現代化建設中先走
一步」和希望中央給廣東放權的意見。在發言中，習仲勳講了廣東經濟的
現狀，談了廣東開放、搞活的設想。他提出，省委領導班子一致贊同，
廣東打算仿效外國加工區的形式，進行觀察、學習、試驗。運用國際慣
例，在毗鄰港澳的深圳市、珠海市和重要僑鄉汕頭市劃出一塊地方，單
獨進行管理，作為華僑港澳同胞和外商的投資場所，按照國際市場的需
要組織生產，初步定名為「貿易合作區」。

　　習仲勳的匯報得到中央常委的讚許和支持。

（二）「就叫『特區』嘛」，「過去陝甘寧就是特區」

　　廣東的改革，注定了在爭議中起步。

　　在中南組的會議上，因為習仲勳等廣東代表的相繼發言，福建省領
導人大受啟發，認為福建華僑不少，也向中央提出了特殊政策的請求。
但習仲勳對中央的匯報，還是引起了一些反對的聲音，有人說這是走資
本主義的道路，甚至有人潑冷水說：「廣東如果這樣搞，那得在邊界上拉
起 7000 公里長的鐵絲網。」當然，由於當時的中央決策層都是肯定和支

持改革開放的，並且廣東的許多想法，本身就是中央高層的思想，是中央、地方良性互動的結果，因此，廣東的提議最終在艱難中得以推進。

在聽取廣東和福建匯報的過程中，鄧小平說：「廣東、福建實行特殊政策，利用華僑資金、技術，包括設廠，這樣搞不會變成資本主義。因為我們賺的錢不會裝到我們這些人的口袋裏。我們是全民所有制。如果廣東、福建兩省 8000 萬人先富起來，沒有什麼壞處。」鄧小平還說：「（廣東）只要不出大杠杠，不幾年就可以上去……如果廣東這樣搞，每人收入搞到 1000 至 2000 元，起碼不用向中央要錢嘛！」

會議期間，習仲勳再次向鄧小平匯報，提議廣東實行特殊政策、靈活措施。當談到廣東準備搞一個「貿易合作區」，但在具體用什麼名稱更加合適上一直還躊躇未決時，鄧小平說，就叫「特區」嘛，他說「辦一個特區，過去陝甘寧就是特區嘛」。在談到解決配套建設資金問題時，鄧小平說「中央沒有錢，你們自己去搞」。他要求廣東「殺出一條血路來」，他會向中央倡議批准廣東省的這些請求。

四、《報告》的出台和落地

（一）特區獲得「准生證」

▶ 1979 年 5 月　　　　為了迎接中央工作組的到來，廣東省委、省革委組織了一個起草文件小組，承擔《匯報提綱》和《關於試辦深圳、珠海、汕頭出口特區的初步設想》的起草工作。5 月 5 日，第一稿打印出來，這是第一份關於試辦特區的設想，同時也是「特區」一詞第一次在正式的文件中出現。

▶ 5 月 11—26 日　　　谷牧副總理帶領國務院進出口辦、國家計委、

國家建委、外貿部、財政部、物資部等部委十多位負責幹部，赴閩粵兩省進行考察。

▶ 5月14日　考察組在廣東珠島賓館聽取廣東省委關於試辦深圳、珠海、汕頭出口特區設想的工作匯報。谷牧指出：「全國的體制要改革，廣東更要改革快一些。」「要改革體制，就要研究如何搞計劃經濟和按經濟規律辦事，實行計劃經濟與市場調節相結合。」

▶ 5月14—16日　考察組先後赴深圳、珠海視察，帶隊的谷牧副總理感慨：和港澳「對比之下，我們落後了」「多年來我們在沉睡狀態，現在到了覺醒的時候了」「看了你們這裏的形勢，更加覺得中央下決心解決廣東的體制問題十分必要。」接着，谷牧代表中央對廣東以及深圳、珠海的體制改革，深圳、珠海的城市規劃和邊防向後撤等問題，作了明確的指示。他希望廣東充分利用沿海的有利條件，發展成為「東方大工業區」；他強調，「現在中央下決心解決廣東的體制問題，比各省市更開放一點，使廣東發展更快一點，廣東面臨港澳，劃深圳、珠海為特區，在國家統一的大政方針下，堅持社會主義道路，不能搞聯邦，不能搞資本主義。」「現在要求廣東搞快一點，也是為全國體制摸索經驗。」

▶ 5月20日　考察組在珠島賓館與廣東省委領導交換起草文件的意見。谷牧發表談話，要點為：

（1）中央決定廣東「先走一步」，搞快一點，是完全正確的。港澳離我們這麼近，絕大多數的居民是廣東人，他們那裏已沒有發展餘地，廣東從香港引進技術，搞來料加工，利用我們的廉價勞動力，很有前途。我們應當很有信心來利用港澳的條件，加快我們的建設步伐。目標第一是爭取超額完成 50 億美元的外匯收入。第二是三五年內把被日本、中國台灣奪去的香港市場奪回來。第二是何時達到港澳現在的出口水平。

（2）中央對廣東實行財政大包乾的辦法。包乾的基數，可按去年或今年的實績，五年不變，到 1985 年要作出貢獻。外貿出口增長部分的外匯，中央和省三七分成。除了鐵路、郵電、港口、軍工、海關等以外，乾乾淨淨大包乾。

（3）加快發展步伐。除了政策、體制以外，還要很快趕上國內外的先進工業水平，要到港澳市場、國際市場上去闖，根據商品經濟的規律安排生產，以儘快適應港澳市場的需要。

（4）你們要有信心有決心執行中央這個決定，在技術隊伍、技術資料以及意識形態上做好準備，穩步前進。還有走私問題要警惕，要堅決打擊。

▶ **5 月 25 日**　　　　廣東省委上報中央的《關於發揮廣東優越條件，擴大對外貿易，加快經濟發展的報告》最後定稿。

▶ **6 月 6 日**　　　　廣東省委向中共中央和國務院上報《關於發揮廣東優越條件，擴大對外貿易，加快經濟發展的報告》。報告包括五個方面的內容：

（1）擴大對外貿易，加快經濟發展的優越條件；

（2）初步規劃設想；

（3）實行新的經濟管理體制；

（4）試辦出口特區；

（5）切實加強黨對經濟工作的領導。

　　在報告中，還希望中央幫助廣東解決化肥、電力、燃料和交通運輸等方面存在的突出困難。

▶ 6月9日　　　　　　　福建省委也提出類似的報告。

▶ 7月15日　　　　　　　中央出台了《中共中央、國務院批轉廣東省委、福建省委關於對外經濟活動實行特殊政策和靈活措施的兩個報告》（下文簡稱《報告》）。中央同意「對兩省對外經濟活動實行特殊政策和靈活措施，給地方以更多的主動權，使之發揮優越條件，抓住當前有利的國際形勢，先走一步，把經濟儘快搞上去。這是一個重要的決策，對於加速中國的四個現代化建設，有重要的意義」。

　　中央對廣東實行特殊政策和靈活措施，主要包括：

　　（1）外匯收入和財政實行定額包乾，一定五年不變的辦法，每年財政上繳 12 億元；

　　（2）在國家計劃指導下，物資、商業實行新的經濟體制，適當利用市場調節；

　　（3）在計劃、物價、勞動工資、企業管理和對外經濟活動等方面，擴大地方管理權限；

　　（4）試辦深圳、珠海、汕頭三個出口特區，積極吸收僑資、外資，引進國外先進技術和管理經驗。

　　中央還指出，「出口特區，可先在深圳、珠海兩市試辦，待取得經驗後，再考慮在汕頭、廈門設置的問題」。此外，中央還制定了四條出口特

區管理原則：

（1）特區內允許華僑、港澳商人直接投資辦廠，也允許某些外國廠商投資辦廠，或同他們興辦合營企業和旅遊事業。外商辦廠受中國的法律保護；特區需要進口物資和出口產品，實行減免稅制；外商所得的合法利潤，在繳納各項稅款之後，可按有關規定匯出；簡化人員的出入手續。

（2）特區設中國銀行的機構，可同中國銀行港澳分行直接往來，開立賬戶，辦理結賬手續。

（3）特區的工資，可高於全國和廣東省的平均水平。我方在外資企業和合營企業的人員，其所得的外幣工資上繳，按特區的工資標準，付給人民幣。

（4）具體的管理辦法，要根據上述原則儘早制定細則。並建立海關、商檢、檢疫、邊檢、銀行、郵電等機構，辦理有關業務。

《報告》的出台，無異於「特區」這個新生嬰兒落地前所獲得的准生證。因為這一文件，中國的改革先驅者們，終於可以開始為特區的誕生，做好一切「接生」的準備。

《報告》出台後，廣東省委第一書記習仲勳可謂喜憂參半，喜的是，他發現中央幾乎全盤接受了廣東的請求；憂的是，「廣東『先走一步』」作為一句話來說容易，但真要走，如何走，在當時「左」的思潮仍然有一定影響，束縛人們的思想，而且沒有任何經驗可以借鑒（有的也只是資本主義社會的經驗）的背景下，作為改革的試驗田，廣東要承受前所未有的壓力。就在谷牧抵達廣東之時，9 月 21 日，習仲勳在地委書記會議上作總結發言，專門講到了貫徹《報告》的問題。在這次發言中，習仲勳提出了他著名的「三要三不要」主張——

在態度上我看要有「三要」和「三不要」：第一，要有決心有信心，不要打退堂鼓；第二，要有膽識，勇挑重擔，不要怕犯錯誤，怕擔風險；第三，要有務實精神，謙虛謹慎，不要冒失，不要出風頭，不要怕否定

自己。特別是我們各級領導幹部，拚老命也要把廣東這個體制改革的試點搞好。要下這樣一個決心，即使是可能犯錯誤，也要幹。我們是幹革命的，現在搞四化就是革命，要發揚革命戰爭年代的那股拚命精神。大家要團結起來，振作起來，工作要抓緊抓細。一方面，要有闖勁，要當孫悟空，解放思想，敢於創新，敢於改革，只要不背離四項基本原則，就可以大膽試驗，不要等。……另一方面，要有科學的態度和紮紮實實的作風，要調查研究，總結經驗，多商量，多動腦筋，不要毛毛草草。當我們開步走的時候，困難會很多，阻力會很大，甚至還可能捱一點罵，要有這個精神準備。現在重要的問題是要迅速行動起來，要搶時間，時間就是速度。但目前上層建築很不適應，官僚主義嚴重，非下決心改變不可。我相信，在中央的領導下，只要我們認真對待，努力工作，《報告》一定能貫徹執行好，我們一定會在經濟管理體制改革的試驗中，走出一條路子來。

和所有實事求是的領導者一樣，儘管中央批准了廣東和福建「先走一步」，給出了優惠政策和措施，但習仲勳對於改革開放中即將面臨的問題依然有着細緻的考慮，他已經意識到，「當我們開步走的時候，困難會很多，阻力會很大，甚至還可能捱一點罵，要有這個精神準備」。然而，經濟特區後來在經濟上扶搖直上的同時，所遭遇的謾罵與指責，豈止是「可能捱一點罵」的程度。但改革開放的先驅者們，始終堅守着「即使是可能犯錯誤，也要幹」的決心，堅持着「拚老命也要把廣東這個體制改革的試點搞好」「不冒失、不出風頭」的理念，邁出了中國經濟體制改革漂亮的一步，取得了世界矚目的成績，為向世界展示現代中國，提供了一個足以讓人信服的窗口。

而共同邁出這一步的先行者們，確如習仲勳所說的，都是一群「拚老命」的人。其時，在以習仲勳為「班長」的廣東省委領導班子的帶領下，與更多勇毅向前而默默無聞的執行者一道，在荊棘叢中，踏出血路，闖出未來！

（二）中央召開籌建特區專題匯報會

　　為了加強對經濟工作的領導，廣東省委成立了由劉田夫、王全國和吳南生組成的三人小組，負責落實《報告》精神，並成立省經濟工作辦公會議，成員除上述三人外，還有薛光軍、范希賢、黃靜波、曾定石等。

▶ **1979 年 8 月 20 日**

谷牧副總理陪同丹麥女王瑪格麗達訪問廣州時，廣東省委向他匯報了廣東貫徹執行《報告》的情況。21 日，深圳、珠海兩市就試辦特區問題向他作了匯報。22 日，谷牧與廣東省委和省革委會負責人談話。谷牧在回答習仲勳等提出的是小搞、中搞還是大搞的問題時說：「仲勳提到的，是小搞、中搞還是大搞的方針問題。我看不能有第二個方針，只能下決心大搞快搞。……中央就是要廣東先行一步，要廣東大搞，小腳女人小步走，就起不了這個作用。」谷牧還說：「廣東非得快馬加鞭不可，要搶時間走在全國的前面。廣東除了要把本身的經濟很快搞上去之外，還負有創造經驗、闖路子的任務。」谷牧還要求廣東在落實《報告》時要形成拳頭，深圳、珠海兩個特區請求解決的問題，三五天內就要解決。要趕快成立對外經濟工作委員會，對全省的對外經濟工作實行一元化領導。他說：「辦特區就看你們的了，你們要有點孫悟空的精神，受條條框框束縛不行。」

▶ **1979 年 12 月 17 日**

中共中央和國務院在京西賓館召開籌建特區的專題匯報會 —— 京西會議。

　　京西賓館隸屬於中國人民解放軍總參謀部，當時因中共中央和中央軍委經常在這裏召開重要會議而名聞於外。會議由谷牧副總理主持，到會的有廣東省委、福建省委的有關負責人，以及中央各部委辦的有關方面負責人。

　　廣東是這次會議的主要匯報方。出席會議的廣東方面負責人向中央建議，將「出口特區」改用「經濟特區」。

　　而「經濟特區」的名稱，還得感謝那些反對者。1979 年 9 月 25 — 28 日，習仲勳等人赴京參加中共十一屆四中全會；10 月 3 — 10 日，習仲勳又參加了省、自治區、直轄市黨委第一書記座談會。10 月 17 日，廣東召開省委常委會，由習仲勳傳達十一屆四中全會和省、自治區、直轄市黨委第一書記座談會精神。習仲勳談道：鄧小平要我們「放手搞，不要小手小腳，只要不喪權辱國，能夠把經濟快點搞上去，就放手搞。」「深圳、珠海劃兩塊地方，就叫特區好」，「將來台灣回來，香港回來，也是特區，過去陝甘寧也叫特區」。

　　鄧小平等建議叫「特區」，但反對者卻說：「陝甘寧是政治特區，不是經濟特區。」反對者的說法，卻給急於籌建特區的廣東省委負責人以啟發：對，就叫經濟特區，這個名好！1979 年 12 月 17 日，在籌建特區專題匯報會上，廣東省委在向中共中央和國務院匯報的《關於廣東建立經濟特區的幾個問題》時，第一次使用了「經濟特區」這一名稱。在「談談特區規劃的一些情況」一段中，廣東方面與會匯報人解釋使用這一稱謂的必要：「中央批轉廣東省委的報告是說要辦『出口特區』，我們同各方面的人交換了意見，都覺得改稱為『經濟特區』較好。特區固然要以辦工廠為主，但也要搞樓宇住宅和其他經濟事業。比如在深圳特區，擬規劃工業區、科學技術研究區、住宅區，以及商業、行政和文化區⋯⋯」

　　廣東省委還提出了籌建特區的「一快二寬」的方針 ——

　　快，就是看準了，就要立即動手，不要拖拖拉拉，猶豫不決。要大

膽放手，爭取時間，奮鬥十年，把深圳、珠海、汕頭三個特區建設成為初具規模的現代化工業基地，在那裏建立一條富線。快的前提在於寬。寬，就是按照中央所講的特殊政策和靈活措施的精神，給投資者比亞洲一些國家和地區所設立的出口加工區更優惠的條件，為投資建廠提供儘可能多的方便，千方百計把外資、技術、設備引進來。要堅決克服「左」的路線的影響，只要主動權在我們手裏，其他都可以放寬。

與此同時，廣東省委還對三個特區初步規劃的範圍提出設想：

深圳特區擬設在福田公社範圍內，面積約為 38 平方公里。第一期開發 5 平方公里的用地投資約 1.22 億元。頭兩年需要淨投資，第三年開始有收益。第四年起投資直線上升，總共投資 36 億港元，而地價收益就達 401 億元。

珠海特區擬設在拱北海關東西兩側，大約 4 平方公里。

汕頭市建立特區的問題，中央指示放後一步，現在看來，可提早動手規劃。這個特區擬設在市東面的珠池肚，面積約 6 平方公里。其特點是一個既有工業又有農業和其他經濟事業的綜合特區。

省委決定派時任廣東省委書記（時設第一書記）的吳南生兼任廣東省經濟特區管理委員會主任，具體負責深圳、珠海、汕頭三個經濟特區的管理工作。

(三)《廣東省經濟特區條例》通過，經濟特區正式誕生

經濟特區的各項籌建工作快速而高效地推進。其中一項重要工作，就是起草《廣東省經濟特區條例》，並獲得全國人大的批准施行。

《報告》出台一個月後，《廣東省經濟特區條例》的起草工作正式啟動。據《廣東省經濟特區大事記》的記載，1979 年 7 月 15 日，中共中央、國務院決定試辦出口特區。8 月 15 日，由吳南生主持，邀請廣東省哲學社會科學研究院、省委黨校、中山大學、暨南大學部分學者起草特區條例。

　　但當時所有的人，對於這樣一部「橫空出世」的條例心裏一點底都
沒有，國內也沒有任何可供參照和借鑒的經驗與依據。

▶ 1980 年　　　　　　　歷時一年多的「特區條例」終於在省人大通過。
　　　　　　　　　　　不過，在「特區條例」有無必要提請全國人大審
　　　　　　　　　　　議通過的問題上，兩派意見針鋒相對。反對者
　　　　　　　　　　　認為，《廣東省經濟特區條例》是廣東省的地方
　　　　　　　　　　　法規，要全國人大通過，無此先例。但主流的
　　　　　　　　　　　意見是必須由全國人大通過，因為「特區是中國
　　　　　　　　　　　的特區，不過是在廣東辦」。

▶ 1980 年 8 月 26 日　　中華人民共和國第五屆全國人民代表大會常務
　　　　　　　　　　　委員會第十五次會議討論並通過了《廣東省經濟
　　　　　　　　　　　特區條例》。《廣東省經濟特區條例》的通過，
　　　　　　　　　　　向全世界宣佈 —— 社會主義的中國，在被世界
　　　　　　　　　　　隔絕幾十年後，通過創辦經濟特區再次打開了
　　　　　　　　　　　連通世界的大門！

　　從此，「8 · 26」定為深圳、珠海和汕頭三個經濟特區共同的生日。
與此同時，廣東省還起草制定了海關、投資、土地管理、治安保護等一
系列單行法規。在深圳，市委班子開始着手組織制定《深圳市城市建設
總體規劃》，從全國各大城市請來了一批一流的規劃工程師，借鑒世界先
進城市規劃設計的經驗，精心編制深圳經濟特區的建設藍圖。

▶ 1984 年 1 月　　　　　鄧小平第一次視察了深圳、珠海兩個特區，2 月
　　　　　　　　　　　24 日，他回到北京後發表談話：「聽說深圳治安
　　　　　　　　　　　比過去好了，跑到香港去的人開始回來，原因之
　　　　　　　　　　　一是就業多，收入增加了，物質條件也好多了，
　　　　　　　　　　　可見精神文明說到底是從物質文明來的嘛！」

▶ **1992 年**

鄧小平再次視察珠海特區時，負責接待的珠海市委領導人匯報說：之前的珠海是「生產隊長一早起來開工吹哨才發現，隊裏六七十個強壯勞動力全跑了。有個 260 多戶人家的村子，除老人和孩子，全都跑空了。特區創辦後，珠海人的生活一天比一天好起來，過上了小康水平的富裕日子，原來外流的珠海人也紛紛回來了，那個跑空了的村子，除隊長一戶感到無顏見江東父老沒有回來外，其餘 260 戶人家都回珠海定居了。現在還有些澳門女子嫁到珠海」。鄧小平說：「這很好嘛，說明社會主義能夠戰勝資本主義。」

新華社在後來的報道中，把創辦「經濟特區」稱為「國際共產主義運動史上偉大的創舉」。《紐約時報》則驚歎道，中國大變革的指針正轟然鳴響！

力推體制改革破堅冰

　　70 年代末到 80 年代初，全國包括廣東依然處於高度集中統一的計劃經濟體制：統收統支的財政體制、統進統出的外貿體制、統購統銷的商業流通體制等等。中央政府是計劃經濟總的管家婆，管的計劃品種數不勝數，企業的產供銷、人財物全都屬於被管制的對象；企業生產什麼、生產多少，也都由國家定。改革開放初期，對於到底是提計劃經濟，還是商品經濟，爭論得很厲害。

　　廣東作為中央確定的「先走一步」試驗區，在高度集中統一的計劃體制中劃開了一個大大的口子。

▶ **1979 年 7 月 15 日**　　中共中央和國務院發佈《中共中央、國務院批轉廣東省委、福建省委關於對外經濟活動實行特殊政策和靈活措施的兩個報告》，給廣東鬆綁，成為廣東在推動體制改革方面的最高政策支持。

▶ **1979 年 12 月**　　廣東推進領導體制改革，恢復了省人民政府，由習仲勳擔任省長，楊尚昆、劉田夫、王全國、孟憲德、王寧、李建安、黃靜波、梁威林、郭棣活、楊康華、曾定石任副省長。按照分工，習仲勳負責省委全面工作，楊尚昆負責

廣州市工作，劉田夫負責省政府全面工作。從
1979 年到 1983 年，是廣東實行特殊政策和靈
活措施的起步階段，中央對廣東、福建兩省的
「先走一步」寄予厚望。其時，中央領導人經常
到廣東、福建視察指導工作，中央還多次召開
專門會議，研究廣東、福建兩省及經濟特區的
工作，幫助解決實踐中遇到的困難，並指出前
進的方向。

＊ 1978 年的秋季中國
出口商品交易會共有
110 多個國家和地
區共 3900 多人次參
加，這次交易會首次
開展了補償貿易服務

　　在既無現成經驗可供借鑒，又無固定模式可以仿效，全靠「摸着石
頭過河」的環境下，廣東省委、省政府邊實踐邊摸索，先後推出並實施
了一系列體制改革措施，逐漸形成了體制改革全面推進的態勢：一是以
價格體制改革作為改革的突破口；二是改革流通體制；三是擴大企業自
主權，實行「超計劃提成獎」等舉措，推進國有企業改革；四是推進財
政體制改革，實行「劃分收支，分級包乾，權責結合」的財政管理體制；
五是改革計劃體制，「抓大放小」，推動政府管理經濟由直接控制為主向
間接控制為主的方向轉變；六是改革外貿管理體制，實行多層次多形式
對外經濟貿易結構。

一、「先走一步」的全面確立

（一）《紀要》出台

1. 召開廣東、福建兩省會議

▶ 1980 年
3 月 24—30 日

谷牧副總理在廣州主持召開廣東、福建兩省會議，檢查總結 1979 年印發的《報告》貫徹執行情況，研討當前遇到的問題及解決措施。除了廣東省委、省政府的負責人習仲勳、楊尚昆、劉田夫、吳南生等人外，福建的馬興元、郭超，及國務院有關部、委、辦、局、銀行以及新華社香港分社的負責人也參加了會議。

會議一開始，谷牧副總理指出召開此次會議的目的，要在更有利於四個現代化建設的目標下，研討如何利用國際有利條件，首先是利用港澳有利條件，利用廣東、福建兩省華僑多、熱心建設家鄉等積極因素，使兩省經濟建設快一些，為全國經濟體制改革闖出新路子提供經驗。他針對廣東、福建兩省在貫徹執行《報告》中遇到的問題，希望條塊結合，不同部門的人坐在一起，交換意見，共同商量研究，解決問題，作出決定。

會上，習仲勳和劉田夫分別發言，向谷牧詳細匯報廣東貫徹執行《報告》的情況。

首先是取得的成效。廣東在短短的幾個月的時間裏，發動廣大幹部群眾的積極性，做了大量的工作，取得了初步的效果。其一，1979 年，廣東外貿出口收匯創歷史最高水平，比 1978 年增長 32%。其二，與外商就裝配加工、補償貿易、合資經營等進行了廣泛的洽談，已簽合同成交額達 6.56 億美元。全年貿易和非貿易外匯收入達到 20.5 億美元，增長

32%。其三，深圳、珠海兩個特區正在積極籌建，一批開拓者已開赴兩地工作，已組織一支精幹的專家隊伍對深圳、珠海的社會經濟發展進行初步規劃，並組織有關部門的領導和專家，起草擬訂了《廣東省經濟特區暫行條例》（草案），以對特區外資企業的註冊、保障投資者的合法權益、特殊優惠辦法、勞動管理、組織管理作出明確的規定。蛇口工業區已開始施工，進度較快。

其次是存在的主要問題。一是農業經濟結構不合理，能源、運輸等關鍵環節薄弱，市場供應緊張。二是在實行特殊政策和靈活措施過程中，由於中央文件對某些問題沒有交代清楚，中央有關部門和地方條塊之間，認識和理解尚有不夠一致的地方，出現了一些原來意想不到的問題，加上改革開放是新事物，我們過去既沒有這樣的實踐，也沒有這樣的經驗。因此，國門一打開之後，防範措施跟不上，出現了走私嚴重、黑市買賣港幣等問題，社會上議論很多，有些人甚至懷疑廣東是在「走資本主義道路」。

這是一次卓有成效的會議。經過會議討論研究，大家在許多問題上取得了共識，提出了解決存在問題的具體措施和辦法。會後，根據會議形成了《廣東、福建兩省會議紀要》，並上報中共中央和國務院。

《廣東、福建兩省會議紀要》主要包括八個方面的內容：調整農業發展方針；抓緊解決能源和交通運輸問題；大力發展對外貿易；改進海關管理，簡化出入境手續；給予資金信貸必要支持；搞好市場安排和物資供應；積極穩妥地抓好經濟特區的建設；切實加強領導。

另外，《廣東、福建兩省會議紀要》重新核定廣東每年財政上交 10 億元，比《報告》少 2 億元；同時，《廣東、福建兩省會議紀要》採納了廣東省的建議，將「出口特區」正式定名為「經濟特區」。

▶ **1980 年 5 月 16 日**　　中央批准了《廣東、福建兩省會議紀要》（以下簡稱《紀要》），明確提出希望中央有關各部門

和廣東、福建兩省加強協作配合，共同努力，把經濟體制改革工作做得更好。

2. 廣東傳達學習《紀要》

《紀要》的出台，給予剛剛破局的廣東巨大的支持。1980 年 6 月 19 日，廣東省委在廣州舉行省、市直屬機關處以上黨員報告會上，宣讀了《紀要》的內容，傳達省委對《紀要》的認識和貫徹意見。

會議回顧了廣東省貫徹執行《報告》以來的情況，接着傳達了省委對《紀要》的認識，指出這是《報告》的繼續和發展，對於廣東發揮優勢，加快經濟發展，具有重要的意義。

第一，大家要明確，中央對廣東、福建兩省實行特殊政策和靈活措施，是全國經濟體制改革的一種試驗。中央文件指出：廣東、福建兩省進行經濟體制改革，不但有利於加快兩省經濟的發展，而且有利於促進全國的經濟體制改革。會議指出，中央給了我們改革體制、調整政策的權限，但我們還沒有很好運用，各方面的積極性還沒有充分調動起來。

第二，《紀要》明確了廣東長期沒有解決的一些方針政策問題，對充分發揮廣東優勢，關係極大。中央文件指出，當前兩省的突出問題是農業經濟結構不合理，能源、運輸等關鍵環節薄弱，市場供應緊張；同時對實行這種特殊政策和措施，有關方面在一些問題上認識還不夠一致，領導工作也跟不上。《紀要》明確了廣東經濟發展的方針和經濟結構問題。今後，我們可以按照廣東的特點，充分利用有利條件，發展廣東的優勢了。

第三，《紀要》還在許多實際問題上給予廣東很大的支持。如在解決能源和交通通信問題、進出口貿易問題、海關管理和減免稅問題、資金信貸問題、市場安排和物資供應問題、經濟特區建設問題等等，都給予了很多的支持，有利於我們把對外經濟工作向前推進。

接下來，會議着重談了廣東如何貫徹《紀要》的問題，指出關鍵是

要抓好五項實際工作：

第一，調整農業發展方針，逐步改變農業經濟結構。廣東要發揮自身優勢，在繼續抓緊糧食生產的同時，必須逐步地合理地調整農業結構，多發展熱帶、亞熱帶經濟作物和林牧副漁土特產品，相應地發展輕工業和其他加工業，更多地增加人民經濟收入。

第二，把大力發展輕工業、手工業放在重要位置上。要在城鄉之間，工人與農民之間，工業與農業之間，全民經濟與集體經濟之間，實行廣泛的聯合，互相依存，互相支持，共同發展，共同富裕。這樣，輕工業、手工業和農業的發展都將大大加快。

第三，下最大決心，集中力量解決能源問題。近期主要立足於本省資源，發揮自己的優勢，充分利用水電、油母頁岩、煤炭資源等。

第四，重視交通基礎設施建設，加強交通運輸薄弱環節。一是把京廣南段衡陽到廣州復線修通，把全國特別是華南的大動脈搞活。二是把三茂線修通，把廣深線電氣化改造搞好，把廣州同湛江、海口、汕頭、韶關之間的水陸運輸網建立起來。三是發展水運，特別是調整政策，支持水運合作社的發展；加快碼頭港口的建設。四是公路建設，分期分批改造以廣州為中心的 11 條主要公路幹線，重點把廣州到深圳、廣州到珠海的公路和大橋建設搞好。此外，郵電通信也要發展起來。

第五，擴大對外經濟活動。一

* 1978 年，國家恢復「僑匯證」供應，廣州隨即復辦了華僑商品供應公司，開辦多家華僑商店。圖為上世紀 80 年代初，廣州市的僑匯購物券、僑匯供應證

是要發揮各地區、各部門搞外貿的積極性，要積極搞好「以進養出」。二是加強引進外資和技術調查研究與立法工作，充分利用外資、僑資，結合國民經濟調整，加強薄弱環節，明確投資的方向和重點。三是積極興辦旅遊事業。四是重點建設好深圳經濟特區。特區的許多章程、辦法，可以在深圳先搞出來試行，為珠海、汕頭提供經驗。五是要加強對外經濟工作的指導和調查研究。

▶ 1980年
7月29日至
8月8日

省委在廣州召開全省地市委書記會議。中心議題依然是討論如何充分運用中央對廣東實行特殊政策和靈活措施的有利條件，發揮優勢，揚長避短，調整經濟結構和經濟政策，把經濟搞活，加快廣東經濟管理體制改革和經濟發展的步伐。

習仲勳、劉田夫、王德、龔子榮、王寧等領導先後講話。強調各地一定要發揮能動性，從實際出發，調查分析清楚各地的特點、歷史和現狀；充分認識和把握各地的長處和短處、有利條件和不利條件，因地制宜，發揮優勢。

（二）中央書記處專門開會討論廣東工作

▶ 1980年9月

適逢廣東省主要領導都到北京參加全國人大第三次會議。23 — 24 日，中共中央書記處在中南海勤政殿舉行第 52 次會議，聽取中共廣東省委負責人關於廣東工作的匯報。

會上，廣東提出，希望中央給予廣東以更大的自主權，允許廣東參照外國和亞洲「四小龍」的成功經驗，試辦出口特區，以便加速廣東經濟發展。廣東省委提出的構想，得到了中央大多數領導人的贊同和支持。

▶ **9月28日**　　中央印發了這次《中央書記處會議紀要》。該紀要指出，中央在廣東、福建兩省實行特殊政策和靈活措施，「目的是要充分發揮廣東、福建兩省的優勢，使廣東、福建先行一步富裕起來，成為全國『四化』建設的先驅和排頭兵，為全國社會主義經濟建設和體制改革探索道路，積累經驗，培養幹部」。中央要求廣東充分利用和發揮本地優勢，儘快把廣東的經濟搞活，闖出一條道路，使廣東成為中國對外聯繫的樞紐。中央授權給廣東省，對中央各部門指令和要求採取靈活辦法，適合的就執行，不適合的可以不執行或變通辦理。此外，中央再次確定，廣東省有權獨立自主地使用自己的資金。中央對廣東財政實行大包乾制度，財政每年上交10億元，外匯三七分成（中央三，廣東七）暫定五年不變。

中央的這個紀要，更進一步地明確了中央對廣東、福建兩省實行特殊政策和靈活措施的重大意義，同時，給予了兩省更大的獨立自主權，使廣東可以更加大膽地去幹去闖。中央書記處對廣東召開專題會議，專門討論廣東「先走一步」打開改革開放局面的問題，這在中華人民共和國成立以來是第一次，由此，也充分地說明了中央對廣東寄予十分殷切的期望。

其時，習仲勳、楊尚昆即將調回中央工作，中央正在謀劃新的廣東省委負責人人選的任命，因此，這次會議，也是他們臨離開廣東、調回中央工作之前，為廣東爭取到的一把「尚方寶劍」。

（三）任仲夷、梁靈光南下廣東

▶ 1980 年 10 月　　　　　中央決定調習仲勳、楊尚昆回中央工作，由時任遼寧省委書記第一書記的任仲夷和國家輕工業部部長的梁靈光分別接替他倆的職務。任仲夷任廣東省委第一書記，梁靈光任廣東省委書記兼廣州市委第一書記。

　　派任仲夷和梁靈光到廣東主持改革發展工作，中央是高度重視並寄予厚望的。臨行前，中央主要領導人先後接見任仲夷和梁靈光，並對廣東的工作做了具有指導意義的重要談話。

　　葉劍英副主席語重心長地說：「廣東是個好地方。教育比較發達，水運條件好，華僑多，他們對建設祖國很熱心。珠江口已經鑽探出石油。廣東有些山區，要靠山吃山，向建設山區進軍」。臨別時，葉劍英還反覆叮囑他們到廣東後一定要注意團結問題，要注意搞好外來幹部和地方幹部的關係。

　　鄧小平對任仲夷和梁靈光說：「特區不僅是深圳、珠海那幾塊地方，是指廣東、福建兩個省。單搞那一點地方不行，中央講的是兩個省。你們要充分發揮這個有利條件。對於搞特區，你們要摸出規律，搞出個樣子來。」

▶ 11 月 8 日　　　　　　　任仲夷和梁靈光南下廣東。廣東改革開放進入一個新的攻關克難階段。

（四）「特殊政策要真特殊，靈活措施要真靈活，先走一步要真先走」

　　《報告》《紀要》以及《中央書記處會議紀要》三個文件接二連三地

出台，中央「力挺」廣東、福建先走一步、衝破計劃體制僵局的決心由此可見一斑。

　　為了確保中央文件精神能夠落到實處，廣東省委提出了「特殊政策要真特殊，靈活措施要真靈活，先走一步要真先走」的指導方針，省委、省政府率先在思想領域鬆綁，推動全省各級政府及部門破除觀念桎梏，建章立制，以營造鼓勵突破、改革開放的社會氛圍和政策保障。

▶ **1981 年春**　　　　　　　　　任仲夷代表省委提出，在不違背黨的路線、方針，不偏離四項基本原則的前提下，對不適應現實情況的原有規定，允許作如下變通：

　　第一，政策規定有許多條，為了辦成於國於民都有利的事情，要多方查閱各項規定，這一條不行就用那一條，要積極找根據把好事辦成，而不要到處找根據去卡，使好事多磨；

　　第二，政策規定本身有幅度，允許靈活的，則應向有利於生產發展和搞活經濟的方面去理解，靈活執行，而不應相反；

　　第三，確實利國利民的改革，如果從現有文件中找不到根據，還可以試點，在試點中允許突破現有規定。

▶ **1981 年**
4 月 20 日至
5 月 4 日
　　　　　　　　　省委召集省委常委、副省長和省直部委辦的負責人共 50 多人舉行會議，深入學習討論中央最新的幾個文件。在這次會議上，省委要求大家進一步肅清在經濟工作中「左」的思想影響，破除舊框框，解放思想，使廣東更加堅定地邁開改革開放的步伐，同時提出「對外更加開放，對內更加放寬，對下更加放權」的實施思路與策略。

二、價格體制改革首破局

　　廣東謀劃「先走一步」，在 1979 年的《報告》中已經有過整體性的規劃設想。1979 年 7 月 15 日，中共中央、國務院正式批轉廣東、福建兩省關於對外經濟活動實行特殊政策和靈活措施的兩個報告，認為「兩省提出的初步規劃設想是可行的」，「兩省報告所建議的經濟管理體制，即在中央統一領導下實行大包乾的辦法，中央和國務院原則同意試行」。

　　在提交給中央的《關於對外經濟活動實行特殊政策和靈活措施的報告》中，廣東提出對於既有經濟管理體制進行改革的規劃和設想。

　　中央確定廣東在改革開放中「先走一步」，並在支持廣東「先走一步」上給足了政策，但先走一步具體該如何走出第一步？當時，計劃體制覆蓋經濟社會文化的所有領域，需要改革的地方太多了，當然不能一上來就齊頭並進，全面開花，必須選準最能取得實效的突破口。

　　在當時，實際上是選擇了從物價作為改革最初的突破口。價格是商品生產流通「遭遇」政府經濟管理職能時的最外在表現。價格一邊與企業、市場主體直接聯通，另一邊又與政府的經濟管理職能相聯。從企業生產出來的商品，進入流通環節和市場交換，並在政府流通、計劃、財政、稅收、金融、勞動、工資等管理體制的作用下，最終表現為商品的價格。改革開放之初，通過抓住物價這個經濟運行的「牛鼻子」，採取「突破中間，帶動兩頭」的策略，以物價改革牽動了流通體制的改革，進而引發了整個經濟運行機制的市場化重組。當時，廣東省按照先農副產品、後工業產品，先消費品、後生產資料的順序，逐步放開商品價格，即以市場化為導向，在「物價、流通、市場」三個強關聯的方面推動闖關，通過逐步放開生活資料和生產資料市場，合理調整物價，搞活流通環節，從而實現率先衝破計劃經濟體制拘圍的格局。事實證明，廣東抓住價格改革作為計劃經濟體制改革的突破口，是個明智的選擇，它使廣東改革開放「先走一步」一開始就取得了明顯的效果。

　　廣東率先把探索市場取向的價格改革作為改革的目標模式，並提到改革的首要任務來抓。80 年代初，各方面的改革剛剛起步，廣東省委強調經濟體制改革要按照價值規律辦事。當時，廣東已經在戰略上確定經濟體制改革的市場化方向，並明確提出「價格改革要按照價值規律辦事，這是方向，具體的改革目標模式，要靠我們在實踐中探索」。落實到具體的操作策略上，價格體制改革首先從與群眾「菜籃子」關係最密切的農副產品開始，在深入調研和嚴密論證的基礎上，果斷開局，階段推進，形成了穩中有進的改革節奏。事實證明，這一策略是成功的。

　　首先，一方面，穩住和儘可能地優化現有計劃供給的效率。1979 年，在全國統一對農產品收購價格大幅度提高的背景下，在全省範圍內大幅度地提高了糧食等主要農產品的計劃購銷價格，以提高農民生產的積極性。接着，又於 1979 年 11 月開始，提高了豬肉、牛肉、水產品、蛋品、家禽、蔬菜等八種主要副食品及其製品的銷售價格。與此同時，恢復了部分農副產品的議購議銷價格和集市貿易價格，放開了部分小商品如薑蒜等的價格，進而逐步放開除統購統銷的農產品和通過合同進行派購的重要農產品以外的第三類農副產品的價格，實行純粹的市場調節。

　　其次，對現有的農副產品統派統購體制進行大膽改革。1980 年，省政府將原來實行統派統購的農副產品名錄上的 118 種一、二類產品減少為 25 種。此後，又分別於 1983 年 3 月和 1984 年 8 月，兩次放寬農產品購銷政策，將統派統購產品壓縮為 13 種。同時，在全省開放糧食市場，允許多渠道經營，允許出省出縣。1984 年 11 月，廣東縮小一類農產品即糧油的統購統銷品種範圍，並改革糧油價格的管理權限。到 1984 年底，廣東只剩下糧、油、糖、紅黃麻、黃紅煙五種農副產品價格沒有完全放開。

　　後來，人們總結廣東在改革開放初期推動價格體制改革的成功經驗，普遍認為最重要的是在尊重價值規律的基礎上，循序漸進，穩步推進。當時，由於價格嚴重扭曲，價格背離價值和供求的幅度過大，如果

採取「休克療法」，一下子放開價格，必然引起價格全面上漲甚至惡性膨脹，導致社會不穩定，陷入經濟生活紊亂狀態。這就決定了改革不可能一蹴而就，一步到位，必須從實際出發，採取「穩中有進」的策略，既盡力而為，又量力而行。

具體來說，改革初期（1979－1984年），根據「計劃經濟為主，市場調節為輔」的經濟體制改革目標，價格改革採取「調放結合，以調為主」的辦法，對原有不合理的計劃價格進行結構性調整為主，放開部分小商品和計劃外或超計劃生產及流通的商品與服務，實行市場調節價格的「雙軌制」。接下來，1985－1991年，按照「有計劃商品經濟」的要求，價格改革採取了「放調結合，以放為主」的改革策略。1990年後，按照「中國特色社會主義市場經濟」的要求，價格改革採取了「放調管結合，以管為主」的「放、調、管」結合辦法，最終逐步建立起了「國家宏觀調控下，市場形成價格為主的靈活價格體制和價格機制」，形成了「少管多放，分級管理，價格形式多樣」的價格管理體制，促使市場商品日益豐富，並使價格相對穩定。

＊1982年4月開業的廣州友誼商店是中國第一家超級商場

事實證明，這種漸進式的改革策略，是成功的。自 1978 年起，從廣州市芳村區最先放開河鮮、蔬菜、塘魚價格，1981 年至 1984 年，全市蔬菜、塘魚、水果等農副產品價格陸續放開。之後，廣東其他方面的價格改革也逐步鋪開，先後調整日用輕紡工業品價格，提高鐵路、公路、水路客運價格，鋼材、鐵、煤炭、焦炭、水泥、化肥、汽油、柴油等生產資料價格也先後進行了調整。至 1990 年，全省市場調節比重已經達到 86.5%，社會主義市場經濟體制改革在廣東取得了決定性的勝利。

三、流通體制改革初戰告捷

如果說價格改革是經濟體制改革的「突擊隊」「突破口」，那麼，在價格改革取得最初的勝利之後，經濟體制改革其他方面的配套推進就變得必要而緊迫了。

價格市場化改革突破後，一方面，需要與之匹配的商品流通體系，確保物暢其流。這就需要與培育市場有機結合起來，搞活流通，加強市場監管，盡快建立健全統一的、開放的、競爭有序的市場體系。另一方面，需要形成與價格市場化相匹配的投資體系，為社會生產與生活提供條件保障，確保商品生產的市場化供應。這就需要通過深化企業改革，把企業推向市場，形成自負盈虧的市場主體。與此同時，要理順工資等分配制度，使勞動力價格與商品、服務價格相協調，增強價格改革的社會承受能力，激發勞動者的積極性和創造性；還要有與價格市場化相匹配的財政、稅收體制，實行價稅聯動，使價格改革既能觸動現存的利益格局，又能合理調整各方面的利益關係，從而達到協調各方利益關係，促進改革的順利進行。

（一）傳統的流通體制

在過去，實行的是完全的計劃體制，國家對民生所需的各類產品進

行統一部署，實行統購統派統銷的政策。商品收購和配售（而非市場交易）是由政府所屬的國營商業、供銷社下達指標並強制執行而完成的。在收購上，對大部分農產品及日用工業品都實行統購、派購和計劃收購。在銷售上，實行統銷配給制度，按產品的供給狀況（而非消費者需求）按人或按戶定額憑證供應。

在這樣的制度設計下，商品的流通也按計劃進行層級設置。

以日用工業品為例，其按照行政區劃和行政層次設置批發站點，分別是一級站－二級站－三級站－零售店。工業品由產地一級站統購或計劃收購，然後逐級分配批發下去。當時國家在廣東設立了每大類各六個一級站，由商業部統一管理。國家規定將物資分為三類，並按照行政隸屬關係層層分配、調撥。一類物資又稱為統配物資，由國家統一分配；二級物資也就是部管物資，由各個工業部門進行分配，三類物資由地方物資局或主管部門分配。據廣東 1979 年的統計數據，全省一類物資有 256種，二類物資 581 種，三類物資 191 種，合計 1028 種，幾乎囊括了所有的工業生產資料。

一級站以下，在廣州、汕頭、韶關、湛江、海口等地按行政區劃設二級站，由省商業廳統一管理。縣、市設專業公司，兼具三級站功能。縣市三級站再按區域（人口分佈）設供銷店。商品的配售供給採取嚴格的分級體系，不能跨級批發經營。按照「三固定」即固定的供應區劃（通常按行政區劃來設置）、固定的供應對象（企業）、固定的作價倒扣率（規定零售價格、每級批發倒扣若干比例作為毛利）來進行銷售。

（二）突破「畫地為牢」

流通體制的「畫地為牢」，壓抑了社會生產的積極性，阻礙了商品流通與交換的路徑。按 1978 年的統計數據，廣東省社會商品零售總額中，國合商業比重佔 97.9%，個體商業只殘餘 0.4%，其餘為農民對非農民的零售。流通體制改革勢在必行。

▶ **1980 年 8 月 8 日**　省委召開全省地、市委書記會議，重點討論如何推進流通領域的改革。習仲勳在會上指出：「流通領域活得不夠，改革還只是開始。在經營項目和範圍上，生產資料的計劃分配和生活資料的統購包銷還過多、過死。省裏準備把農副產品統購、派購的項目和範圍縮小，放寬三類商品的範圍，增加議購議銷的商品，一、二類商品在完成國家任務後，允許自行處理。在保持社會主義公有制佔絕對優勢的情況下，允許多種經濟成分、多種經營方式存在。要允許競爭，保護競爭。集體商業、服務行業還可以有計劃地擴大；個體商業、服務業，包括夫妻店，還可以有計劃地多搞一些。要允許農村社隊有領導地進城設點推銷自己生產的產品。」

　　一個多月後，省政府下發了全省財貿工作會議討論制定的《關於疏通商品流通渠道，促進商品生產，搞活市場的十二項措施》（簡稱「《十二項措施》」）。《十二項措施》的頒佈實施，真正激活了廣大群眾的生產積極性。

　　在農業生產領域。《十二項措施》之前，雖然中共十一屆四中全會（1979 年 9 月）後在農村地區實行包產到戶的聯產承包責任制，但這只是調動了農民自給自足生產的積極性，商品生產積極性的問題依然沒有解決，農民生產的多餘農產品，只能按牌價交售給國家。而牌價一般是低於生產成本的，農民多產要多交售給國家，不但不能多賺，細算下來反而是多虧的。《十二項措施》實施後，規定農民可以多產多上市多賺錢，情況就完全不一樣了。在珠江三角洲地區，由於率先在全國實行「以錢代糧」的政策，即地方糧食部門到糧產區按市價購買糧食回來抵頂當地

公餘糧任務，當地農民則按市價計算向糧食部門繳納公糧和餘糧的牌市差價，使得珠江三角洲的農民擺脫了糧食生產的硬性任務，紛紛搞起了效益更高的創利創匯農業，極大地豐富和提升了市場化商品的品種及質量。人們從事商品生產的積極性真正調動起來了。

工業品生產領域也是如此。由於《十二項措施》大大縮小了日用工業品的計劃範圍，擴大了非計劃範圍，這就給工業品的市場化騰出了更大的自由空間。於是，會「打算盤」的珠三角農民，紛紛「洗腳上田」搞販賣，開工廠，以土地換資本，引進外資技術。多種經濟成分的工業，又比多種經營的農業更好地發展起來。不到幾年光景，珠三角就以驚人的速度，從自給農業變成商品農業、創匯農業，進而又發展起了多樣化的集體工商業、個體工商業。使得珠江三角洲地區快速地向工業化的方向發展，進而逐步成為全球重要的製造業基地和商品貿易中心。

可以說，正是這個《十二項措施》，確立了廣東改革開放初期的流通改革的制度基礎。此後十年的時間，廣東經濟體制改革穩步推進，逐步建立起了一個統一、開放的商品市場。

* 廣州市清平農貿市場內豐富的農副產品及濃郁的市井風情成為廣州一個重要旅遊景點

▶ 1983 年 2 月　　　　　　國務院印發《批轉國家體改委、商業部關於改革農村商品流通體制若干問題的試行規定的通知》，提出要建立「堅持國營商業的主導地位，實行多種經濟形式、多種經營方式、多種流通渠道、減少流轉環節的商品流通體制」，廣東「先走一步」的商品流通體制改革，在全國範圍內得到認同和推廣。

四、工業體制改革煥活力

長期的計劃體制，給工業生產造成了嚴重桎梏，企業經營普遍缺乏活力，問題多多。《報告》發佈後，廣東實行特殊政策、靈活措施的優惠政策，使一些地方如深圳特區得以及時抓住機會，在短短的幾年內就出現了大變化，但全省更多的地方，並沒有出現普遍的大的改觀。改革既面臨全局性的宏觀管理體制的破局，也面臨工業企業微觀管理體制的突破。如何在全省範圍內推動工業體制改革，激活企業發展活力，提升企業生產競爭力，是改革中面臨的難題。

(一)「清遠經驗」風波

所謂「一張白紙好畫畫」。廣東「先走一步」的戰略謀劃，對於像深圳特區這樣的「新生之地」，改革與創新的觀念往往較為容易得到深入的貫徹；而對於老的工業企業，因為陳舊體制的慣性，新的觀念和改革的舉措，因為各種既得利益的錯綜複雜，並不容易得到廣泛推廣。「清遠經驗」所經歷的曲折風波，也說明了這一點。

▶ 1978 年 7 月　　　　　　清遠縣氮肥廠黨委書記曾國華召集工廠管理層、技術人員開會，研究採用「記分計獎」的

方式，以獎勵來提高積極性。工廠按照產量指標、安全生產指標、質量指標等設定基本的任務額，完成任務者加分，不能完成者扣分。分數對應相應的獎勵等級，以體現多勞多得的分配原則，結果發現這種做法效果很好，這就是後來被稱作「超計劃利潤提成獎」的雛形。清遠縣發現後，及時總結經驗，按照「農業聯繫產量，工業聯繫利潤」的思路，於 1978 年 10 月在總結氮肥廠經驗的基礎上，結合當時的農業聯產承包責任制經驗，在清遠縣氮肥廠、磷肥廠、水泥廠、農機廠四家工業企業推行「超計劃利潤提成獎」。結果，在半個月時間內，這四家工廠均實現轉虧為盈。隨後，清遠縣委與縣革委會決定大力推廣，在全縣 17 家國營工業企業中全面實行「超計劃利潤提成獎」的做法，擴大企業自主權，使獎金與經濟掛鈎。這一措施有效地調動了職工的積極性，在很短的時間內就實現了生產的大幅度增長，利潤成倍增加。1978 年底，全縣 17 家國營工業企業的經濟數據全線飄紅。試行 3 個月所完成的利潤，比當年前 9 個月的總和還多 35%，上繳財政利潤比計劃增加 33.8%。而在這之前，1977 年全縣工業企業盈虧相抵還淨虧 31 萬元。1978 年前 3 個季度，產值、利潤都完不成計劃。

▶ 1979 年 4 月　　　　韶關地委在清遠縣召開全區企業管理經驗交流會，清遠縣工業體制改革的做法受到了省經委

　　　　　　　　　　　　及韶關地委的大力支持。省經委組成調研組到清遠縣深入調研，評價「經驗很好，值得推廣」，並向習仲勳、楊尚昆、劉田夫等省領導匯報，得到了他們的充分肯定和支持。

　　會後，清遠縣革委會乘勢進一步推動工業管理體制改革。由於縣經委與工業局機構重疊，人浮於事，產供銷、人財物多頭管理，辦事效率低下，縣革委會撤銷了縣工業局等部門，充實各專業公司的力量，國營企業由縣經委統管，對人、財、物、產、供、銷實行統一組織和指揮，並相應擴大企業的經營管理權限。縣經委對縣財政實行上繳利潤承包，企業則對經委承包，實行「超計劃利潤提成獎」，由此開創了國營企業承包的先河。「超計劃利潤提成獎」的實施，加上清遠縣理順了經營管理體制，解開了束縛在企業身上的枷鎖，清遠工業迅速煥發了活力，工業發展呈現良好勢頭。1979 年，全縣 17 家國營工業企業盈利 425 萬元，比上一年增長 2.5 倍；上繳利潤增長 1.8 倍，是全省產值利潤增長最高的一個縣。按照「超計劃利潤提成獎」做法的規定，1979 年，清遠縣對當年實現的利潤總額進行分配，其中上繳財政佔了 61.7%，企業分成佔 20%，職工獎金佔 18.3%。

　　由於「清遠經驗」改變了沿用多年的計劃、財政、商業、外貿、物資供應等體制，因此反映強烈，震動很大。這一做法很快遭到省有關部門的封殺。1979 年 5 月，省財政和勞動部門聯合發文，要求清遠縣停止實行「超計劃利潤提成獎」。理由是「超計劃利潤提成獎」只能在省屬工業企業和城市中搞試點，而且要經過省勞動部門的批准；同時，清遠用於提成的部分比例偏大，導致上繳國家財政相對減少。韶關地委和清遠縣由此面臨很大壓力。

▶ **1979 年 8 月**　　　廣東省委、省革委會、省經委在廣州召開了全省工業交通增產節約工作會議，與此同時召開

了財政、物資、輕工、商業等系統配套會議。分組討論時，以韶關地區、省經委代表為一方和省財政、勞動、銀行等部門為代表的另一方，圍繞着擴大企業自主權的問題展開了激烈的辯論。辯論的焦點集中在該不該實施「超計劃利潤提成獎」的問題。

時任省委第一書記的習仲勳自始至終參加了這場討論，他以極大的興趣認真聽取了雙方的發言。省經委和韶關地區與會代表，在習仲勳面前激動地訴說推廣「超計劃利潤提成獎」之後企業翻天覆地的新變化，力陳推行改革的必要性。習仲勳仔細傾聽，不時還提出一些問題讓大家思考，他最後發言時強調：「一定要解放思想，省委、省革委有關文件的規定，如果時間證明不對，也可以經過一定的手續改過來，不要不敢越雷池一步⋯⋯在工交戰線，一定要補上實踐是檢驗真理的唯一標準的討論這一課⋯⋯」

「清遠經驗」最終獲得了廣東省委的肯定，省委、省革委會作出決定，由各地區選擇若干縣屬工業企業，仿照清遠縣的辦法和本次大會討論提出的改進意見搞試點。

▶ 1980 年 7 月

習仲勳到清遠考察，他稱讚韶關地委包括清遠縣委，以及企業的人員，思想解放，敢想敢幹。對「清遠經驗」面臨的爭議，習仲勳說「省委定了『清遠經驗』是可行的，而且是解放思想基礎上的一個新生事物，新生事物總不完善，總有缺點，總有不足的地方」。他還說：「首先要思想解放。（有些人）不解放，不敢想，想了也不敢幹。你們是敢想敢幹的。」在習仲勳的大力支持下，中共廣東省委廣東省人民政府於

　　　　　　　　　　　1980 年 7 月 29 日正式批轉了《關於清遠縣國
　　　　　　　　　　　營工業企業試行超計劃利潤提成獎和改革工業
　　　　　　　　　　　管理體制的情況報告》。批示指出,「清遠經驗」
　　　　　　　　　　　「是一種大膽的、可貴的嘗試」,決定在全省範
　　　　　　　　　　　圍內推廣,要求各地學習清遠解放思想、勇於
　　　　　　　　　　　創新的精神,在實踐中繼續探索和創造擴大企
　　　　　　　　　　　業自主權、把經濟進一步搞活的經驗。

　　「清遠經驗」還在全國範圍內引起重視。「清遠經驗」不僅有效地激
發了清遠國營工業企業的發展活力,更被廣泛地推廣至全省乃至全國。

▶ **1981 年 3 月**　　　　在國家經委、國務院體制改革辦公室召開的全
　　　　　　　　　　　國工業體制改革座談會上,「清遠經驗」得到肯
　　　　　　　　　　　定,國務院提出,要學習和推廣「清遠經驗」。
　　　　　　　　　　　同年 6 月,國家經委一行人來到清遠進行考察
　　　　　　　　　　　並指導工作,認為「清遠經驗」對縣級工業管理
　　　　　　　　　　　體制改革是一個重大突破,實踐證明,方向是
　　　　　　　　　　　對的,效果是顯著的。「清遠經驗」不僅在廣東
　　　　　　　　　　　有普遍推廣意義,而且對全國工業管理體制改
　　　　　　　　　　　革都有普遍推廣意義。

▶ **1982 年 11 月**　　　國務院主要負責人在第五屆全國人大第五次會
　　　　　　　　　　　議上,對「清遠經驗」做出充分肯定,認為廣
　　　　　　　　　　　東清遠的改革,不僅有利於精簡機構、減少層
　　　　　　　　　　　次、提高效率,還對促進城鄉結合、條塊結
　　　　　　　　　　　合,推動企業組織結構和生產佈局合理化大有
　　　　　　　　　　　好處。

　　此後,「清遠經驗」在全國推廣,到 1983 年春,全省 100 個縣和

縣級市，有 78 個縣市推行「清遠經驗」，改革工業管理體制；全國也有363 個縣和小城市學習推行「清遠經驗」。

可以說，正是清遠的創新做法，以及廣東省委領導層根據中央對廣東實行特殊政策和靈活措施的精神，大膽實踐，總結推廣「清遠經驗」，終於在全省以至全國，率先闖出了一條工業管理體制改革、激活企業生產活力的有效途徑。

（二）重塑廣東工業

20 世紀 70 年代末，廣東全省有工業企業 2600 多家，但普遍存在「老、小、散」的問題。老，即企業成立年代久，但技術條件落後；小，即規模小，上規模的工業企業少；散，即企業在全省各地非常分散，除了廣州和韶關比較集中外，其他地方都很分散。面對這樣的局面，廣東應如何在有利的政策環境下，迅速改變工業企業「老、小、散」的問題，重塑廣東工業格局？

對此，省委、省政府在深入梳理廣東工業企業的現狀與問題的基礎上，借鑒和學習發達國家和地區的先進經驗做法，重點抓了技術升級、基礎設施建設以及適度重型化等幾個方面的工作。

第一，抓緊推動企業技術改造，用足政策促進技術升級。就當時的情況而言，要在全省都實行特區一樣的做法，大量上馬新辦工廠企業是不現實的，資金不足就是最大的掣肘。企業的技術改造怎麼辦才好？當時省委、省政府領導班子達成共識，利用國家給廣東的技改資金作為企業技術改造貸款的貼息，支持全省工業企業有序實施技術改造。1982年，國家給廣東的技改資金是 1 億元（到 1985 年增加到 3 億元），加上不到 1 億元的折舊費共近 2 億元，以此作為起始資金，逐年分批安排全省 2600 多家企業向銀行貸款，引進國外先進技術和設備。就這樣，從1983 年到 1986 年，四年時間共引進了 1700 多套當時國際先進的生產設備。

　　技改首先從捲煙行業開始。因為捲煙行業賺錢快，利潤高。從國外引進現代化的捲煙機，當年投入，當年引進，當年就實現盈利。其次是副食品行業。當時分別引進了生產糖果、餅乾的先進設備，使得全省一下子就冒出了上百家技術先進的副食品生產廠家，如江門餅乾廠、肇慶餅乾廠，都是當時很有影響力的副食品企業。再就是飲料行業。後來風靡全國的健力寶，就是當年技術引進的一個成果。當時流行的「喝珠江水，吃廣東糧」，指的就是以健力寶為代表的廣東飲料及品牌林立的廣東餅乾。四年的技改升級，全方位地改變了廣東工業的形象，「廣貨」進入全國市場，成為上世紀 80 年代初中期廣東崛起的一大標誌。

　　傅高義後來在其《先行一步 —— 改革中的廣東》一書中，論及廣東在 20 世紀 80 年代經濟起飛的獨特之處，指出「它的發展模式」與其他三個經濟區（註：即日本、韓國及中國台灣）的不同：

　　廣東的發展也是迸發式的。雖然廣東對外界的技術接觸甚多，但卻落後了幾十年。從外界引進新技術和管理體制也帶來迸發式的迅猛發展，儘管引進的並非都是世界最先進的技術。同其他東亞經濟區早期起飛時一樣，廣東的迸發式發展並非由於對重工業的大量投資，而是來自大量的小額投資。最重要的投資領域也許是現代化生產設備。有些出口加工工廠為了生產勞動密集型產品，如服裝、玩具和次級電子產品，只引進了極少量的現代化設備。但是，其他供國內銷售的工廠卻購買了更多的設備，來生產輕工業消費品，如電風扇、飲料、加工食品、紡織品、收音機、電冰箱、洗衣機、自行車和藥品等。即使尚未達到現代管理水平和高效率，引進新設備也足以帶來迸發式的增長。

　　第二，推動廣東工業適度重型化。經過改革開放最初幾年對工業企業緊鑼密鼓的技術改造，廣東很快就在輕工業方面活力迸發，表現出明顯的競爭優勢。廣東的經濟結構出現了以輕工業為主，向輕工業傾斜的格局。但這在當時的廣東省委領導班子看來，這樣的經濟結構是有很大

的缺陷和隱患的。廣東要想發展成一個經濟強省，必須有更為厚重的重型工業的支持，因此，推動廣東工業適度重型化，成為繼廣東輕工業「迸發式」增長後迫切需要補上的重要一課。

鋼鐵行業是首選的領域。廣東韶關鋼鐵廠和廣州鋼鐵廠是其中的龍頭企業，也是廣東工業適度重型化的兩個重要棋子。問題在於，這兩家企業都是虧損大戶。韶關鋼鐵廠自 1966 年建成投產，年年都處於虧損的狀態。韶鋼計劃年產 30 萬噸鋼材，但是所需要的物資如氧氣、焦炭和運輸設備等方面都達不到配套的要求，實際年產只有 12 萬噸。廣鋼的情況也好不到哪裏去，到 80 年代初，年產也就是 13 萬噸上下的水平。

要激發這兩家龍頭企業的發展潛能，省主管部門採用了「擠壓式」扶持的辦法。一是省計委把每年計劃從鋼鐵廠調撥的鋼材數量定死，超額生產的部分就可以拿到市場上去賣，所得利潤可以用於企業技術改造和發放員工獎金和福利。以韶鋼為例，省計委把韶鋼計劃調撥的數量定在 14.2 萬噸（這是韶鋼 1983 年的鋼鐵產量）。當時，鋼材的市場價格比計劃調撥價格要高 1 倍多，這對企業的激勵作用可想而知。二是將企業盈利後上繳稅收的數量定死，方案有效期持續到 1990 年。比如，將韶鋼每年上繳利稅定為 875 萬（此稅款再由韶關和省裏分成），剩餘的企業自留。雙管齊下，企業的生產積極性被空前激發。韶鋼的年產量從 1983 年的 14 萬噸開始，第二年增加到 25 萬噸，第三年再增到 35 萬噸，到 2005 年年產量已經達到 400 萬噸。主管的省領導後來在訪談中感慨：「韶鋼不靠國家撥款，搞技術改造，挖生產潛力，通過 1983 年以來 20 多年的努力，從一個小廠做到年產 400 萬噸的大型企業，花的錢不到 100 億元，這是了不起的。如果要新建一個年產 400 萬噸的大型鋼鐵企業，至少要投資 400 億元。」

第三，加大工業基礎設施建設，大力提升工業基礎設施水平。廣東經濟要獲得持續性的發展後勁，還離不開強有力的工業基礎設施。能源、交通是其中的重中之重。80 年代初，人們還普遍對能源、高速公路

這類基礎設施的重要性缺乏認識。廣東的一次能源資源如煤炭等非常短缺，水資源雖然很豐富，但「有水無能」，多數河流流勢平緩，落差很小，不適合建大型水電站，建攔水壩則勢必淹沒大片土地，移民成本太高。當時，廣東只有 352 萬千瓦的電力基礎，其中水電 245 萬千瓦、火電 107 萬千瓦。就水電而言，最大的水電站是新豐江水電站，發電量 28 萬千瓦。第二大的是楓樹壩水電站，只有 15 萬千瓦，都是小電站級別。火電方面，當時主要靠的就是廣州黃埔區幾台 12 萬千瓦，以及韶關曲江的 10 多萬千瓦機組，加起來 100 萬千瓦的發電能力。顯然，靠這樣的電力基礎，要支撐廣東經濟的大發展是不現實的。為此，省委、省政府在經過大量調研的基礎上，確定了廣東電力發展的基本思路：一是制定廣東電力事業發展的長期規劃，有序推進電力開發的梯級化規模化發展，以適應未來發展的需要。二是水電、核電、火電、油氣電、風電等並舉，分階段推進。第一階段以發展火電為主，核電起步，同時積極開發遠距離電力，推動雲南、貴州、廣西的水電及雲南坑口煤電的「西電東送」。三是為了解燃眉之急，鼓勵各個地市自己出錢想辦法搞小型的火電廠。

　　資金短缺是當時最大的難題。為了籌集電力建設資金，廣東邊實踐邊總結，並借鑒世界上其他國家的方法，採用多種方式籌措資金。一是徵收電力建設基金，二是採用 BOT 模式（即建設—經營—轉讓，是民營經濟參與基礎設施建設，向社會提供公共服務的一種方式。中國一般稱之為「特許權」），三是「買青苗」式集資辦電，四是向用電單位徵收電力建設費用，五是動員市縣自建柴油發電廠。有些做法，與中央要求的政策不盡符合，但廣東硬是憑着靈活措施變通做法，解決了能源的燃眉之急，建設了一批大型能源龍頭企業，如沙角電廠 A 廠、沙角電廠 B 廠、大亞灣核電站、殼牌項目等。

　　交通也是如此。改革開放之初，廣東的公路總里程不少。1980 年有 6.2 萬公里，養護也比較好，但公路基礎差，承受能力薄弱，基本是沙土路，木橋多，等級低，連一條符合標準的二級公路都沒有。尤其是珠江

* 1981 年，省政府批准省公路建設公司向澳門南光公司、南聯公司貸款建設廣（州）珠（海）公路上 4 座大橋，開創了廣東利用外來資金建橋的先例。圖為廣珠公路容奇大橋通車典禮

三角洲一帶河流較多，水網交錯，江面遼闊，沒有錢建不起橋，只靠渡車船渡運。當時從廣州出發，無論是到東莞、深圳、中山、珠海，還是到梅縣、湛江、汕頭，路都不好走。公路標準低，車流量增加後，承受不了，路面坑窪崎嶇。渡口多，每個渡口等渡船過河都要花不少時間，動不動一堵就要等上個把小時。所以當時有句怪話很流行：「社會主義好！社會主義的路真難走！」

　　改革開放後，經濟發展起來了，車流物流多了，但沒有錢來修路，怎麼辦？最初，是用提高養路費的辦法。按照國家規定的養路費徵收標準最多是營運收入的 15%，廣東將原來的 13%，提到了 15%，將每年增收的錢優先用在按二級公路標準改造廣深線、廣珠線上。

　　但這種方式畢竟太慢，沒有辦法迅速解決廣東交通的老大難問題，所以就有了「以橋養橋、以路養路」的路橋收費新模式。當時，通過加

徵養路費來為廣深、廣珠線改造提標，事實上費用僅在廣深線改造上就已經捉襟見肘。這時，澳門南光公司向廣東省提出，澳門可以為廣東提供低息貸款建橋修路。1981 年夏天，廣東省公路建設公司與澳門南光公司及何賢、霍英東、何鴻燊等人新組成的南聯公司正式簽署貸款協議。協議貸款 1.5 億港元，三年內完成建設廣珠公路上的三洪奇、容奇、細滘和沙口四座大橋，並對許多穿過墟鎮街道的線路，改道從鎮外通過。這四座橋及繞鎮區公路建好後，去珠海澳門就通暢多了。

協議貸款利用外來資金建路橋的做法取得突出效果。此後，一種靈活、多渠道的集資修路建橋方式迅速在全省鋪開。廣東的交通基礎設施建設，通過「貸款建橋（路），收費還貸」的創新模式，開創了全國的先河，並自此走出了一條多層次、多渠道籌集資金建橋修路的新路子，交通事業發展突飛猛進。到 1984 年，建橋修路結出了豐碩的成果。這一年全省共有九座大橋建成通車，其中位於順德、中山通往珠海的有三洪奇大橋、細滘大橋、沙口大橋、容奇大橋，通往深圳的有江南大橋，肇慶的馬房大橋，番禺的大石大橋，揭陽的楓口大橋，海南的南渡江大橋，連同 1983 年建成通車的中堂大橋，共十橋飛架，極大地提升了廣東尤其是珠三角地區的交通質量。

五、農村體制改革展新篇

改革開放初期，中國人口的 80% 生活在農村，大多數農民處在非常貧困的狀況，衣食住行都非常困難。廣東也不例外。據有關部門統計，1978 年廣東省農村生產隊人均年分配 77.4 元，其中人均年分配在 50 元以下的「三靠隊」（即吃飯靠返銷、生產靠貸款、生活靠救濟）佔全省生產隊總數的 1/3。在農村，農民勞動一年仍不能得到溫飽，這是很普遍的現象。現實的困境，使得農民有着極其強烈的改革現狀願望。

（一）「包產到戶」艱難推進

20 世紀 70 年代末，改革是從農村的家庭聯產承包責任制開始啟動的。廣東實行「先走一步」的政策，但保守思想的阻礙力量不容小覷。家庭聯產承包責任制在廣東的推行，就曾來回拉鋸，幾經波折。

1. 張裕古為分隊單幹付出代價

▶ **1978 年底**

中共十一屆三中全會召開後，包產到戶的做法得到政策上的支持。1979 年 3 月，連南推行包產到組，生產隊舉行分田到組會議，張裕古一家因為勞動力少，幾個耕作組都不願意接納這個「拖累」，而「被單幹」（包產到戶）了。張裕古家分到四畝八分田搞單幹，一家人起早貪黑，辛勤耕耘，結果當年早稻種得大豐收，最先繳交了糧油任務，生活也得到了改善。見此情景，有些社員也想跟着單幹。此事引起大隊、公社有關領導的關注，認為「政治影響惡劣」，並多次勸告張裕古重新將田畝併入集體。張裕古認為生產隊分組時把他一家給「單幹」了，自己並無過錯，堅持不願再併入集體，事情就這樣僵持着。

▶ **1979 年 7 月**

又是秋季下造插秧的時節。縣裏和公社派人到張裕古承包的田段，拔掉已經插上的秧苗，將生產隊的秧苗插到張的部分承包田上，此後不再有人找他勸他復隊之事。張裕古悉心管理自己承包的田畝，到晚造收割時，公社又派人到張裕古的承包田強行搶割，準備將稻穀運走。

　　　　　　　眼看着一家人賴以生存的口糧就要被拉走，張
　　　　　　　裕古急了，他回家取來一把鐮刀，將裝穀子的
　　　　　　　麻袋割開，不讓他們將穀子運走。但稻穀最後
　　　　　　　還是被運到了生產隊的倉庫裏鎖了起來。張裕
　　　　　　　古不甘心，乘着沒人在的時候，將這些稻穀又
　　　　　　　全部擔回了家裏。

　　事情發生後，縣裏以張裕古持刀「威脅幹部」，運稻穀回家「侵犯集體財產」為由，將張裕古予以逮捕並召開公審大會，對張裕古案件進行判決。判決詞為：「被告採取持刀威脅等惡劣手段，侵佔集體稻穀，情節嚴重，影響極壞，其行為已觸犯刑律，造成侵犯集體財產罪。為嚴肅法紀，維持生產隊集體利益不受侵犯，鞏固社會主義集體經濟，依法判處被告張裕古有期徒刑兩年。」

　　案件判決半年後，一位連南籍的新華社記者了解此案的情況，經過逐戶調查採訪，認為張裕古擔回家裏的稻穀完全是個人勞動所得，不屬於集體財產，為此向縣領導提出此案屬於錯判，應當無罪釋放，但遭到縣裏有關領導的拒絕。於是記者寫了一篇《廣東省一個單幹農民被判徒刑》的文章刊登在 1980 年 10 月新華社的《內部參考》。任仲夷到廣東後，責成省委組成了包括省高院、省高檢、《南方日報》等工作人員在內的調查組進行實地調查。經過一個星期的調查核對，事實與新華社記者所反映的情況完全一樣。1981 年 12 月 3 日，韶關地區中級人民法院以（80）上字第 203 號判決：（1）撤銷連南瑤族自治縣（79）刑判字18 號判決和本院（80）刑事第 32 號裁定；（2）改判被告人張裕古無罪；（3）本判決為終審判決。至此，張裕古被無罪釋放，距兩年的刑期期滿只差 28 天。

　　張裕古的遭遇，一定程度上正是當時廣東農村改革的一個縮影。

2.農村單幹風愈演愈烈

在極左年代，搞「三自一包」（即自留地、自由市場、自負盈虧、包產到戶）會被戴上資本主義的帽子，是屬於政策絕對不允許的禁區。即便在十一屆三中全會後的一兩年時間裏，「包產到戶」仍然是一個禁區。比如，十一屆三中全會通過的《中共中央關於加快農業發展若干問題的決定（草案）》及《農村人民公社工作條例（試行草案）》，就在提出一系列政策措施旨在糾正農業和農村工作中「左」的傾向以調動農民積極性的同時，又明確規定「不許包產到戶，不許分田單幹」。但實際的情況，則是直到 1980 年 2 月的十一屆五中全會後，對包產到戶問題的討論才取得明顯的突破。鄧小平於 5 月 31 日同中央負責人就農村問題發表了談話，支持一些地方試行包產到戶。而標誌着完全衝破包產到戶禁區的，則是1982 年元旦印發《全國農村工作會議紀要》。該文件指出：「目前實行的各種責任制，包括小的包工定額計酬，專業承包聯產計酬，聯產到勞，包產到戶、到組，包乾到戶、到組等等，都是社會主義集體經濟的生產責任制。不論採取什麼形式，只要群眾不要求改變，就不要變動。」至此，包產到戶才真正得以正名。

在廣東，到 1982 年的《全國農村工作會議紀要》印發之前，對包產到戶的認識，從省委領導班子到地方各級領導班子還存在一些分歧，以至於在省、地及農業農村主管部門，還出現不同程度的「各唱各的調，各吹各的號」的情況。十一屆三中全會召開後，廣東一些比較落後的農村搞起了分隊單幹，至 1979 年，全省大約有 16 個縣搞了單幹、分隊，並呈加速發展的態勢。在當時的政策背景下，省委的主導性意見是認為不能讓分隊單幹發展得太快，必須糾正愈演愈烈的單幹風、分隊風。1980年 6 月，省委從省直機關抽調了 230 多名幹部，組成調查組分赴惠陽、湛江、梅縣、汕頭、海南 5 個地區的紫金、河源、和平、惠陽、廉江、海康、五華等 16 個縣，糾正單幹風、分隊風。

但實際的情況則是有些部門急着糾單幹風，基層的單幹風卻愈演愈烈。往往是省裏糾一次，農村的單幹風就擴大一次。惠陽地區的紫金縣是最典型的例子。自 1979 年 3 月開始，紫金縣就一直推行糾正單幹風，三次派遣工作隊到基層糾風，結果卻三次都是工作隊一走，單幹的覆蓋面反而變本加厲地擴大了。據省農委 1980 年兩次不完全統計，在全省搞包產到戶、分田單幹最積極的 5 個地區（即惠陽、湛江、梅縣、汕頭、海南），包產到戶、分田單幹的生產隊數目，當年 5 月為 44927 個，佔這些地區總隊數的 16.4%，其中包產到戶隊佔 9.3%，分田單幹隊佔 7.1%；同年 10 月，這 5 個地區包產到戶、分田單幹、包上交的隊已經發展到 106945 個，已經佔到總隊數的近 40%。

＊ 1977 年冬至 1978 年底，惠陽、海南、湛江部分山區、貧困地區的生產隊開始暗中自發開展包產到戶。十一屆三中全會之後，廣東省委、省政府因勢利導，在全省普遍推行農村家庭聯產承包責任制，充分調動了農民的積極性，促進了農村經濟的發展。圖為實行魚塘承包後，南海縣農民喜收塘魚

　　任仲夷到任廣東後，強調廣東的改革開放要做到「三真」，即「特殊政策要真特殊，靈活措施要真靈活，先走一步要真先走」。他積極支持農村搞包產到戶改革。針對各級領導幹部中對包產到戶改革態度的巨大分歧，任仲夷在 1981 年 1 月召開的全省地市縣委書記三級幹部會議上做總結講話，他用許多地方搞「雙包到戶」（註：即包產到戶、包乾到戶）後所出現的增產增收、經濟發展、市場活躍的事實，說明農村形勢的主流是好的。他明確指出，已經實行「雙包到戶」的地方，只要群眾滿意，能夠增產，對國家貢獻增多，就不要硬去改過來。任仲夷的講話，給各級領導層中存在多年的「包」字之爭打上了一個句號。此後，「雙包到戶」的做法，由落後地區向經濟更加發達的珠江三角洲地區擴展，推動珠三角地區農業生產效率大幅提升。

（二）鄉鎮企業的興起

　　以任仲夷為「班長」的省委領導班子明確支持包產到戶，但他們也看到了包產到戶這種生產方式的局限性。為此，任仲夷在不同場合反覆指出，只搞包產到戶，不搞多種形式的聯合，就會使包產到戶成為「一家一戶自給自足的自然經濟」。如果每一戶只是自己種糧食、種甘蔗，自己養豬養雞，什麼都自己解決，「這是一種落後的農業生產方式」。怎麼防止這種情況出現？任仲夷認為，應該根據各農戶不同的特點合理分工，在包產到戶的基礎上，發展專業戶，逐步實行專業化生產，並依據自願互利的原則實行聯合。他進而指出，在專業化發展後形成的新聯合體，可使原來分散的資金、技術、土地、勞動力等生產要素結合起來，產生新的生產力，應該總結、推廣這些經驗。從包到專到聯，是農村實行家庭聯產承包責任制後發展的趨向。

　　這無疑是一個極富前瞻性的判斷！包產到戶普遍實施之後，廣東農村農業的發展迅速呈現了突破性的發展態勢：農民在獲得了生產經營的自主權之後，開始突破過去「以糧為綱」的硬性約束。農民可以根據市場情

況自主地調整種植結構，什麼收益多，就多種什麼，市場機制開始發揮作用，這在珠江三角洲地區和城市郊區尤為明顯。與此同時，農村勞動生產率的提高，使一部分農民開始衝破「以農唯一」的框框，「洗腳上田」開辦小工廠，鄉鎮企業和民營經濟的興起初露端倪。當時，珠江三角洲地區出現了一大批私人承包企業和聯合興辦社隊企業。這些企業因為生產規模擴大，普遍都需要請僱工，特別是一些規模較大的企業，僱工少則十個八個，多則幾十個甚至上百個。這在當時剛剛從極左觀念籠罩下走過來的人們看來，無疑是一個極具爭議性的現象。許多人認為，這些企業擁有大量僱工，是典型的資本主義，是剝削，是與社會主義生產資料公有制原則相違背的。最典型的案例，莫過於肇慶農民陳志雄承包魚塘請僱工的做法，由於他率先衝擊了「禁止僱工」的禁區，由此引發了一場全國性的大討論、大爭論。

（三）農村改革走向深入

　　家庭聯產承包責任制在農村順利推進，農村改革取得很好成效。但事情總是會在「過頭」時出現問題。當時，有些農村幹部自認為從包產到戶的成功收穫中「領悟」到「祕訣」，認定「包」字訣，認為一個「包」字無所不能，是一劑萬能的藥，凡事只要「包」下去就萬事大吉，高枕無憂了，由此忽視了包產到戶、包乾到戶之外，還有「統」的一面。表現在實際工作中，就是把責任田「包」出去之後，對經營管理工作放任自流。而實際的情況是，當市場機制進入農村後，農民更需要來自資金、技術、信息等方面的指導和支持。與此同時，隨着生產經營規模的擴大，許多農民憑經驗不斷擴大僱工規模，結果導致經營不善乃至虧損的情況。曾經引起全國大討論的肇慶農民陳志雄，後來就因為一味地擴大僱工規模而陷入經營困難。

　　對此，省委、省政府給予了高度的重視。事實上，在經營規模不斷擴大的情況下，經營方式的升級至關重要。首選的做法，應該是通過發

展社會化服務和合作制，從而擴大社會化的所有制，這才是農村商品經濟發展的方向所在。1985 年 9 月，在全省農村經營管理工作會議上，省委、省政府針對實行家庭聯產承包責任制後所出現的問題，提出要設置地區性合作經濟組織，完善家庭聯產承包責任制，並把這項工作作為農村工作的一項基本功來抓。

* 20 世紀 80 年代，廣東省首家農民股份合作集團企業 —— 新興縣溫氏食品集團有限公司一瞥

　　不過，在實際的工作中，不少地方各級管理部門對此並沒有給予足夠的重視。省委主管領導在下鄉調研時發現，一些縣（市）、鄉鎮的領導，在匯報工作時都是談生產任務的完成情況，少有人談存在問題，談如何深入改革、如何在新的形勢下抓好生產力可持續發展等前瞻性問題。為此，省委農村工作部於 1986 年至 1989 年間，連續召開農村工作會議，主要的議題就是總結交流各地以家庭經營為基礎、統分結合雙層經營體制的實踐經驗。從而有力地推動了完善雙層經營體制改革的工作，把農村改革引向深入。

▶ **1990 年 5 月** 廣東省政府頒發了《廣東省農村社區合作經濟組織暫行規定》；同年 7 月，省委批轉省委農村工作部《關於完善農村集體土地經營管理體制的意見》，推動廣東農村基本上完成了社區合作經濟組織的建設。各地經濟聯合體和合作社根據當地的生產條件，在尊重農民意願的基礎上，發展壯大集體經濟，為農戶提供良種、技術、機耕、農田基本建設等統一服務，使得集體統一經營的優越性和家庭分散經營的積極性得到有效結合。

隨着改革在價格、流通、工業、農村等重點領域的突破，政府管理體制、財政體制、投資體制、外貿體制、勞動工資體制、科技教育體制等領域的改革也順利推進，至 20 世紀 80 年代末，商品與要素市場流通的全省統一市場初步建立，社會主義市場經濟體制建設取得巨大成就。

與此同時，廣東多層次開放格局也初步形成。廣東在改革開放之初根據中央的改革開放政策，結合廣東發展的實際，制定了經濟特區—沿海開放城市—經濟開放區—內地，滾動式地把改革與開放，由沿海向內地逐步推進，形成東起汕頭，西至湛江，南到海南島三亞的沿海開放地帶，努力把廣東建設成為開放式的現代化的文明富庶地區，為「四化」建設做出更大貢獻的發展構思。在具體的實施中，通過「3211」開放規劃，即三個經濟特區、兩個開放城市、一個珠江三角洲、一個海南島，使得多層次開放的格局初步確立。

第三章

深圳特區創發展奇跡

　　經濟特區的建設，是中國共產黨在結束十年「文革」後審時度勢作出的重大戰略決策。改革開放之初，廣東設立了深圳、珠海、汕頭三個經濟特區。深圳特區無論是面積還是所取得的成就，都是三者中最大、最具代表性的，也是全國特區中最具代表性的。

　　深圳特區在中國改革開放的重大歷史轉折關頭呱呱墜地。可以說，深圳經濟特區的設立，是中國共產黨探索中國特色社會主義道路的創造性試驗。改革開放 40 年，深圳，作為中國改革開放的「試驗場」和「窗口」，作為中國改革開放的排頭兵，已從無名的小漁村發展成為現代化的國際大都市，創造了城市化、工業化和現代化的世界奇跡。

　　深圳的歷史，就是改革開放的歷史，是奮勇轉型創新發展的歷史；深圳的歷史，又是因觀念交鋒而呈現波譎雲詭暗流湧動的歷史，是因思想碰撞而柳暗花明鳳凰涅槃的歷史。時任新加坡內閣資政李光耀曾說，中國不能沒有深圳。確乎如此，深圳所經歷的爭議和波折，深圳所創造的成就和榮光，使它成為衡量中國改革開放的高標和樣板。改革開放 40 年，敢闖敢試、敢為天下先的深圳精神唱響了時代主旋律，小平南方談話高度肯定的「經濟特區成功的最大經驗是敢『闖』的精神」，警醒了國人的精神自覺，提振了民族整體的精氣神；深圳率先向全國輸出的改革經驗、社會主義市場經濟體制機制，以及現代市場經濟的價值規則，為全國的改革提供了有效的方法和路徑。

＊1979 年 7 月，蛇口工
　業區基礎工程正式破
　土動工，響起蛇口開
　山第一炮

一、「深圳衝擊波」

（一）特區開發的「第一桶金」

▶ 1980 年　　　　　　　深圳特區進入周歲。這年 5 月，廣東省特區辦
　　　　　　　　　　　公室從廣東、上海、西南、中南等建築設計
　　　　　　　　　　　院，以及國家七機部九院請來的百餘位全國
　　　　　　　　　　　一流規劃設計師和工程師、專家、學者，為特
　　　　　　　　　　　區做開發規劃。開發計劃原定從上步或福田開
　　　　　　　　　　　局，但 7 月份的一場傾盆暴雨，讓原有的開發
　　　　　　　　　　　計劃分崩瓦解。新的開發計劃變成首先要治
　　　　　　　　　　　水，從原定先開發上步或福田，轉移到羅湖來。

　　但資金是一個大問題。
　　主管的省委領導找到谷牧副總理，提出沒有「酵母」做不成麵包：「深
圳現在還沒有條件向國外貸款，能不能給點國家貸款，作為酵母？」他

們算了一筆賬：「第一步在羅湖開發 0.8 平方公里，每平方米 90 元搞『五通一平』，要 7000 萬元。開發後，可以拿出 40 萬平方米土地作為商業用地。每平方米土地收入 5000 元港幣左右，總計可以收入 20 億港元左右。」谷牧是位建設行家，他認為廣東提出的這一做法切實可行，答應先匯報中央幫助貸款 3000 萬元。

然而，3000 萬元相對於開發所需要的投入而言，卻無異於杯水車薪。時任羅湖小區建設指揮部的副指揮的駱錦星，想到了把地租給外商從外商手裏「借」錢的辦法。

駱錦星向市委匯報了他的想法，得到市委領導的一致支持。但在具體執行的時候，如何進行表述卻頗費了一番心思。他們從《資本論》和列寧的著作中找到了有關地租的論述。

＊ 1987 年 12 月 1 日，深圳市國土局首次採取公開拍賣的方式出讓國有土地使用權，勇開國有土地有償使用的先河

　　陳秉安等在其《深圳的斯芬克斯之謎》中曾這樣論述：「『賣地！賣地！』── 那時，深圳人還未懂得『出讓土地使用權』或『土地有償使用』一類嚴格的法律用語。這一夜，特區發展公司總經理馬魯與市委領導人之間商量『賣地』的電話不斷。第二天，有消息從深圳特區建設的大本營蔡屋圍傳出來：『祖師爺說過，可以出租土地！』『還是把土地出租改為土地有償使用吧 ── 』一位市委領導建議。於是最早的『出租』，就這樣以『偷天換日』的形式出籠了。」

　　出租土地的消息，很快在香港傳播開來。香港《文匯報》《大公報》《明報》等媒體紛紛以顯著位置報道了這條消息，香港商人紛紛前來找房地產公司洽談投資事宜。最先簽約的香港德興公司，租地 5000 平方米，建了德興大廈。接着，中國海外投資公司租地 3000 平方米建海豐苑大廈。從 1980 年到 1981 年，僅房地產公司，就吸引外商及港商在羅湖投資 40 億港元，訂租土地 4.54 萬平方米，共收得「土地使用費」計 2.136 億港元。

（二）國貿大廈：創造「深圳速度」

1. 計劃體制「被捅了一個洞」

▶ 1981 年　　　　　　　　香港中發大同公司與深圳房地產公司聯合在羅
　　　　　　　　　　　　湖興建一幢 20 層的大廈 ── 國商大廈。

　　工程由上級安排給廣東省某建築公司。

　　幾個月過去，在價格和條件的不斷升級摩擦之後，香港老板滿懷希望地過河來看，發現地面依然光禿禿的，唯一的變化，是在那土縫之中，長出了星星點點的草芽。香港老板去交涉，建築公司卻一再提價，並放言不同意就另請高明。

　　這件事鬧到市委。市委主要負責人火冒三丈：另請高明！誰的工程造價最低、工期最短，就請誰幹！「招標投標」迅速在建築行業中掀起巨

大的衝擊波。

　　來自全國的十幾家進駐深圳的建築工程隊 ── 北京的、廣州的、江蘇的，紛紛加入了競爭。最後，第一冶金建築公司成為招標當日的焦點 ── 他們的造價最低，398 元一平方米（原廣東某建築公司的價格從 550 元到 560 元，一直升到 580 元，遲遲不肯動工），他們的工期最短，18 個月。同時還有附帶條件：提前一天完工，獎港幣一萬元；推遲一天完工，罰港幣一萬元。

　　如果說深圳市委創造了中國的第一個「工程招標」的概念的話，那麼第一冶金建築公司，則創造出了中國第一個「工程承包」的概念。1982 年 2 月 25 日，公司黨委書記齊文學在會上宣佈，從當年 3 月 1 日起，全公司推行經濟承包制，以隊為單位，承包國商大廈的北樓和東樓工程。獎金不封頂，超額多少獎多少！

　　北樓承包前建第五層樓用了 25 天，承包後建第六層樓用了 9 天；而第七層呢，僅用了 8 天。

▶ **1983 年 6 月 28 日**　　深圳國商大廈提前 94 天完工。根據合同，除工程費外，第一冶金建築公司拿到了 94 萬元的獎金！

　　深圳開始由經濟規律支配市場，再不由上級部門硬性分配建築任務。鐵板一塊的傳統計劃體制，就這樣首先在深圳的建築行業中被捅了一個洞。

　　改革的大潮，在這第一波的衝擊下，一浪接一浪地展開了！

2.「深圳速度」的誕生

　　國商大廈通過「工程招標」，迅速喚醒了建築行業的激情與速度，隨着「承包」煥發出的巨大能量，一個更高的效率速度 ──「深圳速度」也將應運而生。

這一次，深圳市委出的招是「向全國賣樓花」。樓是原定 38 層，後來決定建成全國第一高的 53 層的深圳國際貿易中心大廈（簡稱「國貿大廈」）。

國貿大廈通過「集資建樓」的方式，向全國各省市及中央部委發出集資邀請籌集建樓預收款。在當時的集資會上，深圳市委指出，深圳要成為改革開放的窗口，國貿大廈則要成為全國各省市在深圳的窗口，我們要讓它成為全中國對外開放的一個陣地。

籌資會很成功，深圳很快就收到了建樓的第一筆預收款。

中南設計院最後獲得了建設國貿大廈的建築設計任務。這棟樓不僅是當時全國最高的，也是當時最先進的，要求在樓頂上有個旋轉餐廳，而旋轉餐廳上要設有一個直升機的起落坪。同時，它的外牆不是水泥牆面，而要的是能映照出周圍一切風景和繁華的玻璃，這個新鮮的名詞叫玻璃幕牆，是現代建築豪華裝飾的一種。

設計師們找到公安部，希望能夠提供高層建築消防的規範資料作參考，結果得到的回答是：「什麼高層規範都沒有，你們摸索着幹吧。總結出經驗來，將來寫進我們的規範中去。」

不僅要考慮消防，還有颱風、地震……據說，當設計完成的時候，正規的圖紙堆滿了一間小屋子。

進入施工階段了，這回輪到中南設計院的工程師們在黑暗中摸索了。他們獨創了自己的建築新技術「滑模法」，但前三次的滑模試驗，全部失敗了。據說，第四次試驗的時候，香港的記者已經站在一邊，準備好了要寫中國第一高樓是如何坍塌的。

▶ **1983 年 10 月 7 日**　　　決定性的第四次滑模施工開始了，570 多個千斤頂同時頂升，100 多平方米的巨大平台緩緩上升。

＊ 深圳國際貿易中心大廈
是中國第一棟超高層建
築、深圳經濟特區首座
標誌性建築，主樓 53
層，樓高 160 米。曾
創造出三天一層樓的施
工速度，成為「深圳速
度」的象徵。圖為 21
世紀初的國貿大廈

　　成功了！在巨大的歡呼聲中，深圳國貿大廈開始了它締造中國傳奇
的步伐 —— 七天一層樓，五天一層樓，三天一層樓！這就是「深圳速
度」！這四個字作為深圳效率的象徵，被寫進了歷史。從 1982 年 10 月至
1985 年 12 月 29 日，歷經 38 個月，深圳國貿大廈竣工！1992 年 1 月 20
日，在這棟深圳最高樓的 49 層旋轉餐廳，鄧小平俯瞰深圳全景，發表了
「基本路線要管一百年」的「南方談話」重要內容。2005 年，國貿入選深
圳十大建築之一，獲獎理由之一是：她曾是中國第一高樓，如今她在高
樓林立中仍是需要仰望的里程碑。

二、深圳：「新體制的試驗」

▶ **1987 年**　　特區建設進入第八個年頭。這一年的 6 月 12 日，鄧小平會見南斯拉夫共產主義者聯盟中央主席團委員科羅舍茨，向世界宣告了對特區試驗的肯定。他對科羅舍茨說：「我去過一次深圳，那裏確實是一派興旺氣象。他們讓找題詞，我寫道：『深圳的發展和經驗證明，我們建立經濟特區的政策是正確的。』當時我們黨內還有人採取懷疑的態度，香港輿論界不管是反對我們的還是贊成我們的，也都有人持懷疑態度，不相信我們是正確的。深圳搞了七八年了，取得了很大的成績……現在我可以放膽地說，我們建立經濟特區的決定不僅是正確的，而且是成功的。所有的懷疑都可以消除了。」

（一）「最大貢獻是引進了市場經濟」

深圳特區的意義，不僅因為其於較短的時間內在經濟建設方面所取得的巨大成就，更因為其就全局而言，在市場化體制改革試驗方面所取得的巨大成功。

改革開放之初，人們對於計劃經濟和市場經濟的認識還處於教條化和混亂化的爭論怪圈之中。一直到 1992 年，鄧小平在南方視察工作中講了一段話：「計劃多一點還是市場多一點，不是社會主義與資本主義的本質區別。計劃經濟不等於社會主義，資本主義也有計劃；市場經濟不等於資本主義，社會主義也有市場。計劃和市場都是經濟手段。」這一論斷使人們關於市場經濟的認識在改革開放十幾年實踐的基礎上產生了一

* 1979年深圳市創辦的最早的一家中外合資企業 —— 光明華僑電子廠（深圳康佳集團的前身）的立體聲收錄機裝配車間

次飛躍。1993年，中共十四屆三中全會通過了《關於建立社會主義市場經濟體制若干問題的決定》，把中國經濟體制改革推進到一個新的階段。

深圳特區的首要價值，就在於通過實踐證明了社會主義並不是與市場經濟水火不容的，社會主義建設不能與世界經濟隔絕。

通過在「新的體制試驗」上的先行先試，經濟特區摸索出了一系列卓有成效的做法，為搭建社會主義市場經濟體制的「四樑八柱」提供了重要的實踐參照。美國著名的中國問題專家傅高義先生，曾在其《先行一步 —— 改革中的廣東》寫道：「從1980年至1985年，深圳以其在建造新的辦公樓宇和新的工廠方面顯示出來的能力，及其通過香港易於感受到世界發展的優越條件，獲得了進行新的體制改革試驗這一不尋常的機會。……除了在城市規劃、建設和對外國企業實行開放方面有所創新之外，深圳還進行了（就業和勞動工資、簡化經濟官僚機構、對管理階層的民主監督、企業的自主權、銀行服務、本地企業之間橫向聯繫、土地使用的自主權等）幾個方面的體制改革。」

(二)「按照國際規則打籃球」

　　深圳，從一個落後的邊陲小鎮，僅僅數年時間就發展成為一個 40 多萬人的城市。到 1985 年，在經過了連續五年高速發展後，地區生產總值已經達到 39 億元，工業總產值達到 24.7 億元。1981 年至 1985 年的五年間，地區生產總值和工業總產值年平均增長速度分別為 50.3% 和 91.3%。

　　「深圳奇跡」震驚世界！

　　但是，在持續的高速增長背後，問題也在累積。這主要表現在基建規模過大、資金難以為繼，投資結構不合理、房地產項目過多（以酒店賓館為主），企業經營不善、經濟效益低下，許多企業不是積極開拓、而是想方設法利用外匯差價賺內地的錢；此外，非生產性項目過多，財力和物力被分散，造成總供給與總需求的脫節等問題也日益突出。由於建設主要靠銀行貸款，在 1985 年國家收緊銀根、銀行貸款減少的情況下，不斷擴張的基建投資難以為繼。從深圳特區建立到 1985 年底，累計完成基建投資 64.3 億元，其中銀行貸款達 19.3 億元，大部分將於 1986 年、1987 年到期，需本息還清。

　　在此背景下，1985 年至 1986 年，中央召開兩次特區工作會議，再次明確深圳的發展定位，即從前幾年的鋪攤子、打基礎轉到抓生產、上水平、求效益上來，將深圳真正建成以工業為主、以出口創匯為主的外向型的綜合性經濟特區。具體做法，主要是壓縮過大的基建規模，調整產業結構，整頓經濟秩序，提高經濟質量和效益；通過吸引外資，引進以先進技術為主，產品以出口為主，根據國際市場的要求開拓一批競爭力強、穩定適銷的「拳頭」產品。這次調整可謂「壯士斷臂」，最終確立了深圳發展外向型、以先進工業為主的綜合性經濟特區的地位。

　　主持這次經濟調整工作的，是當時從國務院副祕書長、黨組副書記任上調到深圳的李灝。1985 年 8 月，李灝到達深圳，任廣東省副省長、深圳市市長。此後，深圳邁出了大刀闊斧進行經濟調整的步伐。深圳的

經濟調整朝什麼方向去走？李灝曾在接受上海《文匯報》記者採訪時提出，深圳的改革要朝着「按國際規則打籃球」的方向推進。如果說，特區建設的前五六年，主要的成就是通過破除舊的體制機制來大力發展經濟，從而使得市場經濟得到普遍的認可的話，那麼，自 1985 年經濟調整

* 1983 年寶安縣聯合投資公司發行的股票，及隨後成立的深圳證券交易所，是廣東率先邁出金融體制改革步伐的歷史見證

* 1987 年 7 月，深圳發展銀行、萬科、金田三家股份企業經批准，先後向社會發行股票 8620 萬元，開拓了證券市場

開始，深圳則更多地表現為從搭建市場經濟的制度框架開始，對接世界經濟發展、「按國際規則打籃球」的特徵。

▶ **1986 年上半年**　　　　　深圳市政府成立了投資規劃、企業、物價和住房制度、勞動工資和社會保險、財稅、金融、外貿管理、基建管理、行政機構九個專題小組，擬訂改革方案，配套推進體制改革，在社會主義市場經濟體制建設上做了很好的嘗試。具體如下：

完善市場體制改革：1986 年，深圳以培育和完善市場體制的改革為目標，先後組建了生產資料市場，如化工材料市場、電子元器件市場、機電產品市場、建築材料市場、農副產品市場等，除國家規定的品種和價格外，各類商品價格由市場供求情況調節，並允許外商直接參與經營生產資料，初步解決了市場殘缺不全和有市無行或有行無市的問題。

土地使用制度改革：1987 年 9 月，深圳市政府採用協議方式有償出讓首幅土地；11 月，深圳市政府以公開招標方式有償出讓第二幅土地使用權；12 月，深圳市政府以公開拍賣方式將一幅地塊拍賣，從而開創了中國公開拍賣土地使用權的先河。

＊ 1987 年創辦的深圳發展銀行，位於蔡屋圍新 10 坊 1 號，它是中國第一家面向社會公眾公開發行股票並上市的商業銀行

＊ 1987 年 9 月，深圳經濟特區證券公司在羅湖成立，是全國第一家經營證券業務的金融機構。圖為該公司 1990 年位於友誼城 3 樓的營業部

　　金融體制改革：1985 年底，深圳成立了全國第一家外匯調節中心，並於 1986 年初掛牌經營。這一改革措施逐步在全國大中城市先後推行。1989 年 11 月，深圳市人民政府批准籌建深圳證券交易所；1990 年 12 月 1 日，深圳證券交易所正式營業。此外，深圳還成立了全國第一家由國家、企業和私人三方合股的區域性股份制商業銀行 —— 深圳發展銀行。深圳發展銀行的股票於 1987 年公開發行。

　　企業股份制與集團體制改革：1986 年 10 月，《深圳經濟特區國營企業股份化試點暫行規定》出台，積極推進國營企業股份制改革的新路子。1987 年 11 月，在六家集團（總）公司中實行董事會領導下的總經理負責制。這項改革的試點，朝着政企分開，所有權與經營權分離，企業決策權與控制權、監督權分離以及企業人事制度改革的目標推進了一步。

　　國有資產管理體制改革：1987 年 7 月，深圳率先成立投資管理公司，對市屬國有資產行使管理、監督職能，這是一項涉及深化財政體制、企業管理體制、投資體制和行政管理體制的重大改革，這項改革對全國財政體制與投資體制的改革起到了很好的借鑒作用。

科技管理體制改革：1987 年，深圳市人民政府頒佈《關於鼓勵科技人員興辦民間科技企業的暫行規定》，推出了鼓勵科技人員興辦民間科技企業的改革措施。鼓勵科技人員將個人所擁有的專利、專有技術、工藝方法、商標權等作為投資，合伙入股，進行開發性生產。這項改革在全國科技界引起了積極的反響。

幹部人事體制和公務員制度改革：1986 年啟動改革，重點是減少行政管理層次，變原來的縱向三級管理為二級管理。1986 年底，深圳市人民政府的十個行政局，公開在社會上招聘了 12 名局級領導幹部，把競爭機制引入幹部人事制度，成為幹部人事制度改革中的一個新突破。

社會保險制度改革：1989 年，國家體改委、國家計委確定深圳市為全國社會保險制度綜合改革試點地區之一，完成了「深圳特區社會保險制度改革方案」—— 一項以建立社會保險金與個人賬戶為核心、實現自我保障和社會共濟相結合的新型制度。1990 年，進一步推進工傷保險制度的改革，為後來深圳市社會保障體系的綜合改革奠定了基礎。

法制建設方面的探索：1986 年，深圳市政府首次提出建立一個「按國際規則打籃球」的目標體制，在中共十三大的政治報告中得到肯定。1988 年 12 月，深圳市委、市政府聯合發出了《關於開展借鑒移植香港和國外法規工作的通知》，成立了借鑒移植香港法規領導小組，組織有關部門開展了香港和國外法規的借鑒移植工作，並分成行政管理體制、土地房產、企業組織、金融票據、貿易和市場管理、交通運輸、海關、公務員等 11 大類進行。實踐證明，借鑒香港和國外發展市場經濟的法規法律，是加快特區立法，建立市場經濟法律體系的一條捷徑。

廉政體制改革：1987 年 5 月，成立深圳市監察局。1988 年 10 月，在原來監察局的基礎上組建了新的「市行政監察局」。與此同時，成立「市人民檢察院經濟罪案舉報中心」（即反貪局的前身）。後來這項改革在全國普遍推廣。

三、蛇口：改革開放的「試管」

　　蛇口工業區，一片位於深圳市南山區南頭半島東南部、面積不足十平方公里的土地，成功地扮演了中國改革開放的「試管」角色。這個由袁庚提出創辦的中國第一個對外開放工業區 —— 深圳蛇口工業區，被譽為「特區中的特區」，比經濟特區的成立早一年多。

　　在改革開放的最初十年，招商局蛇口工業區依託中央賦予的特殊政策，冒着極大風險，衝破中國數十年計劃經濟體制的約束，大膽進行了以市場為取向的經濟體制改革試驗，在蛇口進行了內容廣泛、全景式的改革，包括管理體制、分配制度、基建制度、用人制度、幹部制度、住房制度、社會保險制度等。從改革開放的觀念更新，到全景式配套的制度變革，蛇口的先行先試和成功經驗，無不在證明着蛇口作為中國改革開放「試管」的開創性價值和歷史意義。

▶ 1984 年 1 月 26 日　　鄧小平視察蛇口後，袁庚向鄧小平匯報工業區幾年來進行的經濟體制、管理機構、幹部制度、分配制度、住房制度等改革情況，最後說道：「我們在這裏進行了一點冒險，不知道是成功還是失敗？」

　　鄧小平沒有直接回答，而是微笑着看了陪同來的梁湘一眼。

　　梁湘說：「應該說是成功的，蛇口是深圳特區各項改革的先行點。」

（一）時間就是金錢，效率就是生命

▶ 1984 年　　　　　　　中華人民共和國成立 35 周年天安門前遊行隊伍中，北大學生行經金水橋邊，打出了綠色的橫幅 ——「小平您好！」通過電視畫面，這一溫暖

＊1984 年 1 月，鄧小
　平視察深圳經濟特區
　並題詞：「深圳的發展
　和經驗證明，我們建
　立經濟特區的政策是
　正確的」

的場景傳遍世界，成為共和國歷史上一段珍貴
的記憶。同樣在遊行隊伍中，蛇口工業區的車
隊打出的橫幅是「時間就是金錢，效率就是生
命！」後來有人評價說，這一句口號在當時的震
動，僅次於「小平您好！」

　　這句話是袁庚的原創。但袁庚說不是自己的創造，古人早就說過
了，一寸光陰一寸金，比我還厲害。

▶ 1981 年　　　　　　　袁庚在蛇口，寫下了四句口號 ──「時間就是金
　　　　　　　　　　　　錢，效率就是生命，顧客就是皇帝，安全就是
　　　　　　　　　　　　法律」。這幾句口號最初只是袁庚的書法作品，
　　　　　　　　　　　　公開亮相，波折多多。

　　不久之後，他的老戰友許智明把這個口號用紅漆在一塊三合板上寫
下來，豎立在指揮部的樓房前。但不幸的是，問世不過三天，這塊板子
便被當地的農民順手牽羊拿回了家，也許當夜就成了灶膛裏的火炭。

* 1982 年的蛇口工業區碼頭

▶ **11 月底**	在蛇口最熱鬧的商業街，袁庚的口號再度登場，出現在花園酒家門前的小廣場上，上面寫的是：「時間就是金錢，效率就是生命！事事有人管，人人有事管！」
▶ **1982 年**	改革非議紛至沓來。這年 3 月，谷牧視察蛇口，同年，上海某報刊登了《舊中國租界的由來》，這塊牌子被拆下來。
▶ **1983 年 8 月**	「清華三劍客」之一的周為民就任工業區宣傳處副處長，再度用這個口號做了一塊牌子。這一次，是一塊巨幅的標語牌，上面寫着「時間就是金錢，效率就是生命」，矗立在港務公司的門前。

＊1984 年 10 月 1 日，在國慶 35 周年的盛大慶典活動上，寫着「時間就是金錢，效率就是
生命」口號的蛇口工業區大型彩車駛過天安門廣場，接受黨和國家領導人的檢閱

▶ 1984 年　　　　　　　　鄧小平視察蛇口，袁庚請示：「小平同志，我們
　　　　　　　　　　　　　提出了一個口號，叫做：時間就是金錢，效率就
　　　　　　　　　　　　　是生命。不知這提法對不對？」

鄧榕提醒鄧小平說：「我們進來的時候看見了。」

鄧小平說：「對。」

智慧何等過人的袁庚話一出口已經知道給了鄧小平一道難題。他剛
剛得知，鄧小平在深圳市，聽完匯報不講話，也不表態。但因立此牌而
被罵作「要錢不要命」的袁庚，雖然迫切地需要這位中國改革開放的總
設計師點一個頭，卻也明白，在這樣的場合下，得到正面回答是不可能
的。片刻之間，袁庚就立即找了一個台階滑下，他自言自語地：「不知道
這個口號犯不犯忌？我們冒的風險不知道是否正確？我們不要求小平同

志當場表態，只要求允許我們繼續實踐試驗。」

鄧小平聽罷大笑，在場的人也全都笑了起來。

（二）用經濟的辦法來搞經濟

蛇口工業區在經濟建設上所採取的管理方式方法，讓經濟管理真正回歸了經濟本身：蛇口擺脫政企不分、企業是行政機關附屬物的狀態，在充分發揮企業自主權、運用經濟辦法進行經濟建設方面進行了卓有成效的改革。

1. 管理機構精兵簡政

蛇口設黨委會、管委會，分別由五人和七人組成。黨委會只有 17 個幹部，管委會六個室也控制在 70 到 80 個幹部之間。實行管委會領導下的經理負責制，設立勞動服務公司、地產公司、倉儲公司、物資供應公司、貿易公司、生活服務公司等 13 個專業公司，屬企業性質，獨立核算，自負盈虧。基建期間，設立工業區指揮部，轄辦公室、總工程師室、總會計師室三個室，屬行政編制，是黨委會、管委會的職能機構，員工只有 25 到 30 個人。指揮部的四位指揮分別兼任勞動服務、倉儲、地產公司的經理和總工程師室主任。這種機構設置層次簡單，反應靈活，改變了上下對口的傳統做法，提高了辦事效率和經濟效益，為以後很多開發區仿效。

2. 實行工程建設招標制

所有工程實行招標。工業區承包廠房設計、施工的中外建築公司都不是官方指定的，而是由企業公開招標，讓各建築公司開展自由競爭。中標的建築單位實行包造價、包質量、包工期、包材料，一包到底，一次包死，將工程層層下包，提前交工者有獎，延期交工者受罰。招標制用經濟的辦法來經營管理，引入競爭機制，不但降低了工程造價，而且大大調動了施工單位的積極性，保證了工程的質量和速度，為蛇口贏得了效率和信譽。

3. 公開招聘企業經營管理人才

工業區建設初期，人才十分缺乏。1980 年 3 月，國務院副總理谷牧在廣東、福建兩省會議的小結講話中談到用人問題，指出：現在需要解決的問題，比如勞動指標和技術力量可以不受限制，按實際需要，擇優招僱聘請。蛇口工業區負責人袁庚抓住機遇，着手起草報告，要求對各應聘應考專業人才，其所在單位在其本人自願原則下應予支持鼓勵，不要加以為難。得到了谷牧的同意，蛇口開始四處網羅人才。主要採用兩種辦法：一是通過公開招聘有專業技術專長的中青年知識分子，經過培訓量才錄用；二是組織在職幹部脫產學習文化、專業知識，並按成績好壞和實際工作能力挑選人才。1981 年底，蛇口工業區為培訓企業管理人員，採用公開招考、擇優錄取、專業培訓的辦法，從廣州、武漢、北京、成都等大中城市公開招考錄取了 50 多名在職幹部，在工業區培訓中心舉辦企業管理培訓班，根據經濟特區的特點和需要，重點進行企業管理、外貿業務和商業英語等知識的培訓。

人才招聘使蛇口工業區杜絕了幹部調動中的「走後門」現象，為在業務上造詣較深、有志於特區企業管理的專業人才的脫穎而出營造了良好的制度環境。

4. 搞股份制建設

蛇口工業區是國家交通部所屬的招商局建立的，但它卻在新辦的企業中迴避了一般國有企業的框架，率先嘗試搞股份制，創辦股份公司，走出了一條具有自身特色的發展之路。最早股份化的合資公司是中集集團（中國國際海運集裝箱股份有限公司），1980 年 1 月脫胎於蛇口一家生產鐵柵欄的小作坊。而蛇口的一個會計師事務所，經歷了財務結算中心、蛇口工業區財務公司後，最後發展為赫赫有名的招商銀行。平安保險則起家於蛇口的退休基金，成立於 1988 年 3 月，現在已是中外知名的行業翹楚。

四、在「爭議」中前行

作為中國改革開放的試驗田，作為市場經濟的先行者，作為共和國歷史上的新生事物，在當時的政治生態和經濟形態下，深圳的成長必然伴隨着爭議和辯論。因此，在一定程度上，可以說深圳特區的成長，是在不斷的「爭議」中走過來的。不同的「爭議」很多，但就其重要性而言，深圳主要經歷了 1979—1983 年「經濟特區能否在社會主義國家設立」的爭議、1985—1986 年深圳經濟特區定位的爭論、1988 年的「蛇口風波」、1989—1992 年特區姓「公」還是姓「私」的攻防、1994 年特區「特」與不「特」的辯詰、起於 2003 年對深圳是否被拋棄的「天問」等等。

（一）1982 年的「秋風」

▶ 1982 年　　　　　　　　　一直備受「姓『公』還是姓『私』」爭議的特區，因為走私的猖獗而陷入巨大的困境之中，甚至剛剛開步走了兩年多的特區差一點就被吞噬掉了。

中共廣東省汕頭地區政法委員會原副主任王仲，從 1979 年下半年到 1981 年 5 月，在擔任中共海豐縣委書記期間，利用領導和指揮緝私工作的職權，大量侵吞國家緝私繳獲的手錶、收錄機、電視機等物資，折款 5.8 萬多元，還受賄、索賄折款 1.1 萬多元。另一名海豐縣負責人葉媽坎，在海豐當副書記，竟然親自駕船出海收取私貨。

這只是「碩鼠」。

很多沿海地方，出現了漁民不打魚，工人不做工，農民不種地，學生不上學，一窩蜂似的在街頭巷尾、公路沿線兜售走私貨的現象。

走私事件捅到了中央。1981 年底，中紀委一份反映廣東一些幹部甚

至擔負領導職務的幹部極端嚴重的走私販私犯罪活動的簡報送到了中共中央政治局常委的手上。12月14日，鄧小平致函胡耀邦：「這類事為什麼總處理不下去，值得深思！我建議由中紀委派一專門小組進行徹底追究，越是大人物、大機關，處理越要嚴、要重。」1982年1月5日，三位中共中央政治局常委同時作了批示——

中共中央總書記胡耀邦：

坦白地說，黨風不正，廣東在人們心目中是走在前列的，請省委一定要抓住不放。譬如深圳，那裏的黨組織就要自上而下發動全體黨員發誓搞好，搞好了就為全黨爭了光，爭了氣。搞不好，就為全黨丟了醜，丟了臉。怎麼不能搞好呢？難道自認為是有點骨氣的中國共產黨黨員連這一點本事也沒有嗎？

中共中央政治局常委、中央紀委第一書記陳雲：

對嚴重的經濟犯罪分子，我主張要嚴辦幾個，判刑幾個，以至殺幾個罪大惡極的。並且登報，否則黨風無法整頓。

同日，鄧小平在陳雲的批語中加寫了「雷厲風行，抓住不放」八個字。

▶ **1982 年 1 月 11 日**　中共中央發出緊急通知，提出嚴厲打擊走私販私、貪污受賄等嚴重的違法犯罪行為。2月10日，中央召開廣東、福建兩省負責人座談會，廣東省黨政負責人任仲夷、劉田夫、梁靈光、李堅真、郭榮昌、吳南生、寇慶延、梁湘、薛光軍、王寧、楊應彬、陳越平、黃靜波、熊飛、杜瑞芝、薛焰、范希賢、楊德元共18人被召進京參會。

　　在中共中央書記處的會議室中，氣氛格外緊張，除了發放反走私等好幾份文件之外，還有一份中共中央書記處研究室編的《舊中國租界的由來》。

　　廣東所有負面都被抬上了桌面，不少人給廣東下了定論：這是資產階級向我們發動的又一次進攻！廣東工作「活」過了頭！廣東這樣發展下去，不出三個月就得垮台。

　　任仲夷和劉田夫、梁靈光等領導人最擔心的就是，走私販私案件，會不會讓中央收回對廣東的特殊政策？任仲夷鄭重提出：中央在廣東實行特殊政策的決策是正確的，如果堅持下去，再有幾年，廣東的面貌就會有顯著的變化。幸好，在座的中央領導人給了一顆定心丸：中央對兩省的政策只有總結經驗，繼續前進，不會改變。

　　但沒想到的是，因為「政治局常委對廣東的幹部思想通不通，還很不放心」，加上有人舉報任仲夷說過「投機倒把」的話，剛剛回到廣東傳達中央精神的任仲夷被中央的一個電話再度召回了北京。2月19日，他帶上了劉田夫再度進京。

　　回到廣東後的任仲夷，面對着前來聽省委傳達中央指示的地、市、縣領導幹部，他說：「廣東工作中出現的問題省委要承擔責任，我作為第一書記，更要承擔領導責任。在此，我鄭重地告訴你們，只要不搞違法亂紀和犯罪活動，工作上允許犯錯誤，那些幹勁足、闖勁大的幹部，更要予以鼓勵！」

　　會場裏掌聲四起，任仲夷提出了他的「三個堅定不移方針」──打擊經濟領域的嚴重犯罪活動堅定不移，對外開放和對內搞活經濟堅定不移，執行讓人民群眾富裕起來的政策堅定不移！針對廣東活過頭了的議論，任仲夷覺得，廣東還有很多該活的沒活起來，所以在這次會上，他又提出了24字方針：「對外開放，對內搞活，思想先行，管要跟上，越活越管，越管越活。」

▶ 1982 年 5 月 1 日　　　　是貫徹執行中共中央、國務院《關於嚴厲打擊經
　　　　　　　　　　　　　　濟領域中嚴重犯罪活動的決定》所規定的坦白
　　　　　　　　　　　　　　從寬的期限屆滿，50 天的時間裏，全省各地有
　　　　　　　　　　　　　　1502 名經濟犯罪者投案自首，坦白交代問題，
　　　　　　　　　　　　　　其中 77 名屬縣科局級以上的國家工作人員，屬
　　　　　　　　　　　　　　萬元以上的大案有 46 個，交代的贓款共 265 萬
　　　　　　　　　　　　　　元，已清退贓款 157 萬元。截至同年 11 月，全
　　　　　　　　　　　　　　省揭露出經濟犯罪案件 6800 多宗，其中大案要
　　　　　　　　　　　　　　案 622 宗。在反走私鬥爭中，截獲走私船隻 693
　　　　　　　　　　　　　　艘，罰沒走私款物總值 9700 多萬元。

　　寇延慶評任仲夷說：「關鍵時刻能頂住風浪，政治堅強，黨性堅定，
一身正氣，兩袖清風。」

▶ 1982 年 5 月　　　　　　任仲夷在接受上海記者採訪時，提出了著名的
　　　　　　　　　　　　　　「排污不排外思想」理論：「我們不排外，排外
　　　　　　　　　　　　　　是不對的，但是我們要排污。實行開放政策，
　　　　　　　　　　　　　　也帶來一些新問題。『近水樓台先得月』，但也
　　　　　　　　　　　　　　會先污染。盲目排外是錯誤的、愚蠢的；自覺排
　　　　　　　　　　　　　　污是必要的、明智的。排污要分清界限，要排
　　　　　　　　　　　　　　真正的污，要作具體分析，要總結經驗，吸取
　　　　　　　　　　　　　　教訓，統一認識。」

　　在任仲夷的強力護航下，特區繼續向前了。

（二）鄧凡引爆「深圳失敗論」

▶ 1985 年六七月間　　　　香港學者陳文鴻以「鄧凡」筆名在《信報》大
　　　　　　　　　　　　　　量發表文章，僅在一個月內，就連續發了十多

篇評論文章，對深圳提出一系列質疑拷問的觀點，認為作為改革開放先行者的深圳，有不少地方出現了名不符實的情況，「潛藏在樣板軀體之內的病魔已相當兇狠」。比如，他為深圳列舉了最重要的集中「疾病」：盛行「撈一把」的歪風、假補償貿易大家發財、「知識分子」的複雜心態等。

鄧凡的這些評論文章，「呼應」的是鄧小平在 1985 年 6 月 29 日會見阿爾及利亞民族解放陣線黨代表團時的講話。鄧小平曾談道：「深圳經濟特區是個試驗，路子走得是否對，還要看一看。它是社會主義的新生事物。搞成功是我們的願望，不成功是一個經驗嘛。」

鄧凡這一系列文章，顯然造成了思想混亂。一時之間，針對深圳經濟特區的種種議論甚囂塵上。有說深圳是靠國家「輸血」的，有說深圳是利用黑市外匯發財的，更有認為深圳的建設根本就是錯誤的。鄧凡文章的「解讀」，甚至引發了早期來深圳投資的外商的疑慮，他們覺得鄧凡的文章分析得有道理：你說是試驗，失敗了也是個試驗，可你們要是失敗了，我們的投資怎樣收回來？我們的投資可不是給你們做試驗的。

不可否認，作為新生的事物，特區的發展難免會存在這樣那樣的問題，但這些問題並不是根本性的，是可以在發展中消化和解決的。巧合的是，這些文章的發表剛好緊跟在鄧小平發表講話之後，無形中強化了人們的「理解」。這場風波如果不平息，將嚴重影響特區建設者的信心、影響投資者的信心。在新華社香港分社的安排下，深圳市政府啟動了輿情應對的應急機制。時任深圳市委祕書長的鄒爾康於 1985 年 7 月接受了香港《大公報》記者陳永平的採訪，就深圳經濟發展和香港《信報》的批評，作了態度誠懇、平和客觀的解釋。在這篇題為《鄒爾康談深圳特區發展中若干問題》的採訪文章中，鄒爾康開門見山明確地說，鄧小平的

＊1992年1月，88
　歲高齡的鄧小平視
　察廣東，發表了著
　名的南方談話。圖
　為鄧小平在深圳國
　貿大廈聽取深圳市
　委領導的工作匯報

講話含義是一致的，即經濟特區這幾年的發展是成功的，但辦經濟特區
是一個試驗，以後還有很多新問題要繼續探索、解決。鄧小平的講話，
加強了我們作為特區工作者的責任，我們今後要更謹慎、更努力，把特
區辦好。

　　對「輸血」論，鄒爾康指出，一開始建立經濟特區時，中央就是「只
給政策不給錢」，截至1985年，50億元基本建設投資，國家撥款僅1.3
億元，銀行貸款12億元，其餘都是外商和內地省市在深圳的投資。針對
深圳工業基礎薄弱、僅靠轉口貿易支撐的說法，鄒爾康說，這種說法是
不全面的，深圳工業的發展不能說十分讓人滿意，但並不脆弱，發展很
快，工業產值從1979年到1985年六年時間翻了40倍。

　　鄒由此指出，有了良好的條件，有了前幾年的經驗，相信特區經濟
一定會成功。

　　隨後，鄒爾康與新華社香港分社祕書長楊奇及深圳市委宣傳部工
作人員一起，在香港會見了數十家香港媒體，當面澄清了一些問題。此
後，這股風波才平息下來。

（三）所有制問題大論戰

　　進入 20 世紀 90 年代，社會主義市場經濟體制建設已經成為中國改革開放的自覺追求。但社會主義市場經濟體制到底應該怎樣建設，應該經過怎樣的發展路徑？這些問題卻並沒有現成的答案，需要在實踐中總結經驗，進行理論提升。所有制問題就是其中一個躲不開、繞不過的重大理論問題，也是與改革發展實際緊密聯繫的實踐問題。

　　20 世紀 90 年代以後，以華為為代表的一批民營高科技企業迅速發展，成為深圳經濟的中流砥柱。同時，中興通訊等國有企業通過股份制改革成功向民營經濟轉變之後，也開始嶄露頭角。因此，當理論界各派為姓「公」姓「私」問題爭論不休，全國各地的市場經濟轉軌也因為所有制問題爭議而膠着糾結的時候，改革最前沿的深圳，卻已經走在全國前面至少 5 年的時間，並將理論的思考推向了深處。其中最具代表性的人物，就是厲有為。

　　厲有為是深圳歷史上第六任市長、第五任市委書記。1990 年 12 月，51 歲的厲有為來到了深圳。從 1990 年到 1998 年，厲有為歷任深圳市人

* 1992 年 1 月 24 日，鄧小平來到珠海，受到群眾熱烈歡迎

大常委會主任、市長和市委書記，這八年正是深圳快速發展的黃金期。

進入 90 年代，中國的經濟體制改革逐步推向深入，特區建設也已經進入第二個十年。這時，改革開放已經從「天頭國腳」的廣東，擴大到了全國各地。全國上下競相爭優創先，創新之舉不再是特區的專利。相比之下，深圳十多年輝煌成就造就的優越感，使一些特區人逐漸丟失了「拓荒」的信念和動力，代之以養尊處優的傲慢甚至滋生了腐敗。與此同時，姓「社」姓「資」的爭議漸漸平息，姓「公」姓「私」的爭論逐漸佔據高音部。

▶ **1996 年底**

厲有為在赴中央黨校學習期間，通過認真閱讀馬克思主義經典著作，並結合深圳改革實踐，寫就了一篇學習體會《關於所有制若干問題的思考》，並在一次校內的研討會上宣讀了這篇文章。在文章中，厲有為表達了這樣一個主題：在社會主義初級階段生產力相對不發達的情況下，人為地改變生產關係 —— 財產佔有方式，實行全民所有制式的公有制，就類似拔苗助長，違背生產關係必須適應生產力發展水平的客觀規律。在當前，生產資料的佔有形式和計劃經濟的體制不適應現代社會主義生產力發展的要求。為此，他提出，「除了公有制與私有制以外，有沒有第三種所有制形式？」文章的答案是，有「第三種所有制存在形式。它介於公有制與私有制之間，既有私有制屬性，同時又具有公有制的性質。它的特徵是，適應社會化大生產的需要，促進生產力發展。它是若干私人資產的集合，組成不可能分割的集體資產，但是並沒有剝奪私人資產的所有權，只是所有權與

法人財產權相分離，所有權與經營權相分離。它為全體資產所有者謀利益，因而它具有公有制的性質和社會屬性。我們可以稱這種所有制為社會所有制」。

* 1990 年 12 月 1 日，中國歷史上的第一個證券交易所在深圳成立。1992 年 8 月 9—10 日，深圳發生百萬人爭購股票抽籤表而引起的騷亂事件。圖為全國各地「購表大軍」匯集深圳證券交易所門前

這或者可以看做是先行一步的深圳特區，在社會主義市場經濟體制建設中對所有制問題的新探索和新思考。而厲有為作為當時深圳特區創新發展的領頭人，選擇了在中央黨校這樣一個場合來發出聲音。在文章的第七部分，厲有為提出，「在中國社會主義初級階段，有哪些生產資料的佔有形式能適應和促進生產力發展？」文章認為：「具體講可以有以下幾種佔有形態：各級政府所有的公有制；由社區集體形成並集體擁有的資產，為社區集體佔有的資產，可稱為社區所有制；由勞動者個人投資及合成的集體資產，由勞動者集體採取某種方式行使所有權、經營權、財產處置權和收益分配權；由社團投資形成的資產，可稱之為社團所有制；勞動者個人將其勞動所得的剩餘部分轉化為資本，在大公司中購入部分產權或部分股權；單位和個人把科學技術作為資本投入並與其他資本相結合而形成的資本，可稱之為技術資本……以後，混合所有制會越來越多，越來越普遍。」

珠江三角洲地起宏圖

改革開放伊始，廣東作為先行先試之地，中央給予了充分的政策支持，但在資金方面，卻是一個懸而未決的問題。在此背景下，引進外來資金，特別是近在咫尺的香港的投資，就成為當時的首選。

▶ **1979 年 1 月 21 日**　　廣州越秀山體育場人頭攢動，數萬人擠滿了看台。這一天，第一屆「省港杯」首回合的比賽將在這裏打響。

這項賽事的舉辦，在當時轟動了整個中國體育界。1978 年秋，以霍英東為首的香港代表團一行來到了廣州，與廣東省有關部門商討一年一度的粵港交流計劃。但是，和往年不同，這次霍英東提出了一個與眾不同的新設想：希望廣東省足球協會和香港足球總會各派球隊，每年進行兩個回合的比賽。

經過多方努力，1978 年底粵港兩地足球界的代表簽訂了「省港杯」足球賽協議書，決定從 1979 年開始在元旦和春節期間舉辦一年一度的「省港杯」。「省港杯」設置主客場兩回合比賽，即每年分別在廣州和香港舉行一場比賽。兩回合進球多的隊伍獲勝，若兩回合打和，不設置客場進球多獲勝的規定，需要加時繼續比賽，加時賽再和就進行點球決戰。

　　事實上，「省港杯」為粵港兩地的交流打開了一扇門。從一開始，它
的職能就不只是僅僅停留在粵港兩地體育賽事的交流上。1978 年，撥亂
反正之初，十年「文革」已造成內地與港澳之間巨大的歷史鴻溝。許多香
港同胞對內地情況缺乏起碼的了解，特別是工商界人士，連回內地探親
都不敢，更別說回內地投資了。1978 年底，中共十一屆三中全會召開，
中共中央提出改革開放。但如何改革？如何開放？各地基本上都是「摸
着石頭過河」，各顯神通，探索適合本地實際的做法；香港與廣東近在咫
尺，但對內地的新變化和發展機會，卻是一頭霧水，無從下手。此時，
一個有眼光、有膽識又酷愛足球的香港人 —— 霍英東，第一時間了解到
中央工作會議討論改革開放的動態。霍英東不顧當時國際足聯限制香港

* 廣州白天鵝賓館，由霍英東先生與廣東省政府投資合作興建，酒店於 1983 年開業，是內
　地第一家與港資合作的五星級酒店

隊和內地球隊進行比賽的禁令，果斷決定率團來到廣州。他以香港足球
總會會長的身份，與廣東省足球協會商定舉辦「省港杯」足球賽，試圖
用足球試探廣東改革開放之門。

　　在 1979 年初的這場比賽中，香港隊除了運動員、教練員外，還有
一個 200 多人的神祕觀球團隊，他們是由霍英東等人組織來廣州觀看
比賽的香港各界人士，以工商界為主，還有來自文教界、社團組織等界
別的。比賽結束後，這些觀光團的成員並沒有馬上回香港，而是來到了
廣州附近的番禺、佛山、東莞等地，受到各地政府的熱烈歡迎和隆重接
待。他們的神祕任務，就是到珠三角等地，了解當地的發展情況，談生
意，談項目，投資文教衞生事業，等等。

　　從第一屆開始，創辦人霍英東先生每年都會組織一個數百人的龐
大貴賓團來到廣州觀摩比賽，早期團員就包括曾憲梓、何賢等香港工
商界名流。此後，港商回鄉投資的浪潮迅速在珠三角掀起，拉開了港
人回內地投資的序幕，由此帶來了數年之後珠江三角洲地區整體性的
飛躍。

一、建立珠江三角洲經濟開放區

　　自古以來，珠江三角洲就是相對富庶和發達之地。優越的自然條
件，加上南北交流、海外貿易帶來先進生產技術和科學、思想文化的傳
播，使珠江三角洲地區成為嶺南經濟和社會發展的代表性地區。近代以
來，西風東漸，珠江三角洲地區成為西方現代思想文化觀念進入中國的
橋頭堡，成為各種新思想新風尚的發祥地。1978 年中共十一屆三中全會
以後，珠江三角洲地區再一次成為引領全國改革創新的先行地區、對外
開放的前沿地帶，創造了當代中國的發展奇跡。

（一）設立珠江三角洲經濟開放區

▶ **1985 年 2 月 18 日**　中共中央、國務院下發了一份《關於批轉〈長江、珠江三角洲和閩南廈漳泉三角地區座談會紀要〉的通知》，正式設立長江、珠江三角洲和閩南廈漳泉三個沿海經濟開放區。中央確定珠江三角洲經濟開放區的範圍，包括佛山市及所轄的中山市、南海縣、順德縣、高明縣，江門市及所轄的開平縣、新會縣、台山縣、鶴山縣、恩平縣，廣州市的番禺縣、增城縣，深圳市的寶安縣，珠海市的鬥門縣，惠陽地區的 4 個市 12 個縣（通常稱為小珠江三角洲，或小珠三角），總人口為 951 萬，總面積為 21492 平方公里。

該通知指出：開闢沿海三個經濟開放區，是中國實施對內搞活經濟、對外實行開放的又一重要步驟，是社會主義經濟建設中具有重要戰略意義的佈局。這三個經濟開放區應逐步形成貿－工－農型的生產結構，即按出口貿易的需要發展加工工業，按加工的需要發展農業和其他原材料的生產。要圍繞這一中心，合理調整農業結構，認真搞好技術引進和技術改造，使產品不斷升級換代，大力發展出口，增加外匯收入，成為對外貿易的重要基地。同時，又要加強同內地的經濟聯繫，共同開發資源，聯合生產名牌優質產品，交流人才和技術，帶動內地經濟的發展，成為擴展對外經濟聯繫的窗口。

珠江三角洲經濟開放區的設立，是改革開放以來珠三角地區整體上快速發展的結果。在歷史上，珠江三角洲地區已經形成了以廣州為中心、輻射整個嶺南地區的政治、經濟、文化網絡。改革開放以後，特區

（尤其是深圳）以及珠江三角洲整體上的快速發展，很大程度上改變了珠三角原有的區域關係，如何在更高的層面對珠三角發展予以統籌，以更好地發揮珠江三角洲的優勢、引領廣東經濟更快更好地發展，成為一個需要重視的問題。

　　珠江三角洲經濟開放區最初的設想，得到國務院有關領導人的大力支持。1983 年 6 月中旬，谷牧副總理在北京接見廣東省主要領導，指出：「上海搞了長江經濟區，珠江也有個三角洲，這個三角洲同上海不同，華僑多、港澳同胞多。」「在珠江三角洲地區，怎麼創造條件，確定些優惠的東西，以充分調動廣大華僑熱愛家鄉的積極性。實行特殊政策、靈活措施，就要在這個問題上做文章。」

　　在向國務院匯報並得到支持後，廣東省成立了專題調研團隊，着手珠江三角洲經濟區的調查研究和規劃。

▶ **1983 年 12 月前後**　谷牧副總理視察珠江三角洲深圳、江門、佛山等地，廣東省委、省政府向谷牧匯報了《珠江三角洲經濟區規劃的初步設想》。廣東省所做的努力，得到了谷牧的肯定，但他認為「提出問題力量不夠，容易被人忽視」。他建議要換一個角度來提出問題，即「廣東實行特殊政策、靈活措施以後，珠江三角洲的經濟發展很快，按現在的發展情況看，需要對珠江三角洲地區經濟的進一步發展作出統一規劃、統一領導，以利更充分地發揮它的作用，並對全省全國作出貢獻」。他建議廣東省委、省政府還要進一步聽取專家和有關市、縣的意見，在向中央有關部門匯報並取得共識之後，再爭取在 1983 年春節前向中共中央、國務院報告。

▶ **1984 年 6 月 25 日**

廣東省政府負責人在省人大會議上提出設立珠江三角洲經濟開放區的設想與定位：「珠江三角洲是我省最富庶的地區，有鄰近港澳和著名僑鄉的優勢。我們要運用特殊政策、靈活措施，以廣州為中心，以深圳、珠海為窗口，以中小城市為骨幹，以廣大農村為腹地，以南海油田為依託，組成完整的經濟網絡，加快發展步伐。把珠江三角洲建成為一個投資環境好，能夠大量引進僑資外資，引進先進技術，引進智力和人才的社會主義僑鄉；一個經濟文化發達，能夠提前實現社會主義現代化、領先富起來的先行區；一個有充分說服力的對外開放的示範區。從而支援和帶動山區和其他地區，促進全省經濟的發展。」

▶ **1985 年 1 月下旬**

在北京召開的「長江三角洲、珠江三角洲和閩南廈漳泉三角地區座談會」上，廣東提出珠江三角洲經濟開放區的發展目標：（1）工農業總產值，在 1980 年的基礎上，提前 5 年翻一番，提前 10 年翻兩番。（2）大中城市，重點行業、重點產品和骨幹企業，基本上經過更新改造，引進技術，達到相當於 70 年代末、80 年代初的國際先進水平。（3）擴大對外貿易，帶動整個經濟的騰飛。外貿出口總值在 1990 年爭取翻兩番。（4）人民生活水平提前實現小康水平，1990 年達到人均國民收入 800 美元。

為達到這一目標，廣東省將採取相應的措施：

第一，調整農業生產結構，擴大鮮活商品出口。貫徹貿工農的方針，逐步調整農業生產結構，引進先進技術和良種良畜，改造傳統農業，把珠江三角洲經濟開放區建成為廣東現代化農業示範區和農副產品、食品出口基地，擴大內外銷售，並逐步開拓國際市場。

第二，調整工業佈局，加快老企業的技術改造。有計劃地把企業改造同對外引進結合起來，省、市、縣對技術改造要統一規劃，合理佈局，通盤安排，分級實施。重點發展輕紡、食品、飼料、電子、建材、家用電器、石油化工以及微電腦的應用推廣，儘可能採用國際技術標準，提高檔次。工業還要發展為調整農業結構服務的企業，如鮮活商品的保鮮、包裝、深加工等。

第三，搞好經貿體制的改革。對鮮活商品出口港澳直來直去，減少環節，降低消耗，逐步擴大出口。除外貿專業公司外，還要成立一批貿工農經濟實體，在統一計劃、統一政策的前提下，以縣為單位，直接經營，或聯合經營。同時，建立若干個行業協會，協助政府管理出口限價，進行諮詢和協調。

第四，加強基礎設施建設。電力方面，加快沙角電廠建設，加快黃埔電廠油改煤機組改造，加快廣州至香港、廣東至廣西輸變電線路建設。交通方面，加快京廣鐵路複線衡（陽）廣（州）段建設，希望中央及早批覆廣東利用貸款、外資修建三（水）茂（名）鐵路的請示。郵電方面，珠江三角洲擬在 1990 年建成程控電話網。

第五，繼續執行信貸金融改革體制。建議批准廣東繼續在全省實行存貸掛鈎，差額包乾、多存多貸的信貸體制。建議允許部分外資銀行在廣州設立分行。請求批准建立廣東省銀行，允許地方發行債券、股票。

第六，加強領導和強化管理。要加強宏觀指導，加強進出口管理和外匯管理。加強經濟立法，進一步制定和完善各項管理制度，加強

* 1984 年，經國務院批准，廣州經濟技術開發區成立，圖為其奠基典禮場面

檢查監督，堵塞漏洞，以保證珠江三角洲經濟開放區改革開放的順利
進行。

▶ 1985 年 2 月 18 日　　中共中央、國務院下發《關於批轉〈長江、珠江
　　　　　　　　　　　三角洲和閩南廈漳泉三角地區座談會紀要〉的通
　　　　　　　　　　　知》，批准設立長江、珠江三角洲和閩南廈漳泉
　　　　　　　　　　　三個沿海經濟開放區。

▶ 1987 年　　　　　　經國務院批准，珠江三角洲經濟開放區「擴
　　　　　　　　　　　容」。擴容後的珠江三角洲，通常稱為大珠江三
　　　　　　　　　　　角洲，範圍包括 28 個市、縣及一個郊區，重點
　　　　　　　　　　　工業衛星鎮增至 242 個，同時建立出口生產體
　　　　　　　　　　　系項目 429 個。

（二）珠江三角洲經濟開放區的發展成就

在國家和省給予的優惠政策推動下，珠江三角洲地區實現了超乎尋常的經濟增長。各地鄉鎮企業如雨後春筍般湧現，「三資」企業和「三來一補」企業星羅棋佈，整個珠江三角洲成為新興的門類眾多的工業基地，珠江三角洲經濟開放區這一發展模式，被國內外稱為「珠江三角洲模式」（簡稱「珠江模式」）。在短短的數年內，珠江三角洲地區發生了翻天覆地的變化，在經濟增速、經濟規模、產業結構、居民收入、社會事業發展等方面取得了舉世矚目的發展成就。

1. 經濟快速增長

根據有關研究，珠江三角洲地區自 1980 年至 90 年代中後期，經濟增速大大高於全省其他地區。1980 年，珠江三角洲地區生產總值 119.2 億元；至 1997 年底，其地區生產總值達到 5222.4 億元，比 1980 年增長了 42.8 倍。拿 1981 — 1984 年間珠江三角洲和亞洲「四小龍」的情況比較，珠江三角洲的各項主要總量增長指標都超過亞洲「四小龍」的增長速度，成為同時期全球經濟增長名副其實的「奇跡」。

高速增長帶來了經濟規模的迅速擴大，使珠江三角洲在廣東省的經濟地位日益突出：1997 年珠江三角洲生產總值所佔比重從 1980 年的 48.5% 上升到 71.4%；工農業總產值所佔比重從 56.3% 上升為 74.7%；外貿出口總額和實際利用外資所佔比重分別為 73.8% 和 81.1%。

2. 產業結構升級

改革開放之初的 1980 年，珠江三角洲地區三次產業國內生產總值的構成比為 25.8：45.3：28.9，到 1997 年變為 7.5：49.6：42.9，完成了初級工業化的階段，進入了工業化中級發展階段。

最大的變化來自工業領域。鄉鎮工業和外商投資工業企業迅速發展，從根本上改變了改革開放前以製糖、造紙和一般輕紡為主的工業結構，家用電器、機械、建材、電子、食品、石油加工、化纖和精細化工等成為整個珠江三角洲地區的支柱行業。一大批工業產品成為全國知名品牌，「廣貨」一時風行全國：「健力寶」飲料，「藍帶」啤酒，「美的」鴻運扇，「神州」熱水器，「TCL」電話，「萬寶」「華凌」「容聲」電冰箱，「威力」「金羚」「五羊」洗衣機，「珠江」鋼琴，「華寶」「科龍」空調，「五羊」「中華」自行車，「南方」摩托車，「廣州」「五羊」鐘錶，「華南」縫紉機等。

3. 收入水平提高

與經濟快速增長相對應，珠三角地區人民收入水平也水漲船高。據王光振、張炳申主編《珠江三角洲經濟》，1980 年全區人均生產總值 732 元（人民幣），1997 年已達 23645 元，年平均增長 22.7%。1980 年全區職工人均年工資 756 元，到 1994 年增至 8557 元，年平均增長 18.9%。與此同時，公共和集體財富也得到較快增長。全區城鄉居民儲蓄年末餘額從 1980 年的 21 億元增至 1997 年的 4796.2 億元，年平均增長 37.6%；地方財政收入從 23.45 億元增至 340.33 億元，年平均增長 17.4%。

4. 基礎設施建設加速

改革開放初期，珠江三角洲幾乎沒有什麼現代化的基礎設施，道路狹窄而簡陋，通信條件落後，河網交錯卻沒有錢來建橋；除廣州市有幾家賓館外，全區沒有像樣的旅遊賓館。隨着地方財政收入能力大幅度增強，珠江三角洲各市縣紛紛投入大量財力進行基礎設施建設，以改善投資環境，吸引外資進入。經過十多年的發展，珠江三角洲的投資環境發

生了根本性的變化。至 90 年代中後期，以廣州為中心的全區水、陸、空現代交通網絡已初步形成，客貨運輸越發方便快捷。廣深、廣珠、廣肇、廣花、廣從、廣惠公路已完成拓寬改造工程，沿途河湧輪渡逐步退出歷史舞台，一座座大橋凌江飛渡。全區公路里程從 1980 年的 1.29 萬公里，增加到 1994 年的 2.06 萬公里。廣深鐵路完成雙線改造，三茂、廣梅汕鐵路建成通車。廣州、深圳、珠海等市新建和改建一批港口設施，吞吐能力明顯提高，國際標準集裝箱運輸規模增長迅速。白雲機場成為中國最繁忙的航空港之一。郵電事業突飛猛進，大通路微波、光纖、電纜、數字程控電話通信網絡建成。

5.城鎮建設日新月異

人口城市化程度大幅度提高，一個現代化的城鎮體系和城市群正在珠江三角洲形成。到 1994 年，全區建制鎮 401 個，加上 9 個地級市和 16 個縣級市的街道（辦事處），街鎮總數達 597 個，平均每 70 平方公里擁有一個街鎮。

6.社會文化事業方興未艾

隨着經濟的發展，珠三角地區各級政府越發注重社會文化事業的投入，社會發展指數大大高於全省平均水平，環境、人口、經濟、居民生活、勞動、社會保障、衛生保健、教育科技、文化體育等領域指標名列前茅。教育的發展和投入越來越受到重視，辦學方式日趨多樣。各種文化設施長足發展，文化活動更加豐富多彩而健康向上。社會保障體制改革在深圳、佛山、順德等地率先進行，各種形式的社會保障和福利事業不斷發展。生態環境保護問題開始受到各級政府的高度重視。

二、廣東「四小虎」

　　從全球的視野看，中國於 20 世紀 70 年代末啟動的改革開放，正是全球性產業轉移的重要時段。廣東毗鄰港澳的區位優勢，使廣東先後承接了中國香港、中國台灣等地區和韓國、日本等國家的產業轉移，形成了獨特的外源型經濟發展模式，經濟特區尤其是深圳特區正是其中受益最大者。同時，廣東適時設立珠江三角洲經濟開放區，使得珠江三角洲地區整體上也成為產業轉移的受益者。珠三角整體快速發展，湧現了許多堪稱發展奇跡的典範，廣東「四小虎」是其中的佼佼者。

　　20 世紀 80 年代中期，時任新華社記者的王志綱，受亞洲「四小龍」說法的啟發，將當時珠江三角洲經濟快速發展的標杆地區南海縣、順德縣、中山市及東莞市稱作廣東「四小虎」。四縣市面積 6106 平方公里，佔全省面積的 2.85%；1986 年社會總產值 171.68 億元，佔全省社會總產值的 13.4%；人均國民收入 1790.8 元，城鄉人均儲蓄 1092.5 元，分別為全省人均國民收入和城鄉人均儲蓄的 201.2% 和 295.4%。

(一)「四小虎」的發展奇跡

　　改革開放初期，「四小虎」實際上都是典型的農村地區。比如東莞，在計劃經濟年代就是典型的農業縣。中山、順德、南海也都是典型的農業經濟，桑基魚塘就是這一地區標誌性的農業。改革開放，開啟了珠江三角洲地區工業化的道路，它們通過不同的路徑，推進了工業化的起飛，創造了珠三角地區快速城市化的「神話」。

1. 順德

順德縣建於明景泰三年（1452 年），明清兩代由廣州府管轄，辛亥革命後屬粵海道，中華人民共和國成立後劃入珠江行署，後歷經粵中專區、佛山專區管轄，1983 年 6 月改歸佛山市建制。

順德縣是廣東「四小虎」之首。從改革開放之初，順德縣連續多年在社會總產值、工農業總產值、地方財政收入、實際利用外資等總量指標方面居珠江三角洲經濟開放區 16 個市縣首位，並在主要的人均經濟指標上領先於「四小虎」其他縣、市，創造了經濟發展的驚人紀錄。據王光振等《廣東四小虎 —— 順德‧中山‧南海‧東莞經濟起飛之路》的數據 ——

社會總產值：1987 年全縣為 54.75 億元（按當年價格計算），比 1980 年增長約 4.2 倍，年均遞增 26.5%。

工農業總產值：1987 年全縣為 38.22 億元（按 1980 年不變價），比 1978 年增長 3.5 倍，年均遞增 18.2%。

國民收入：1987 年為 17.71 億元，比 1980 年增長 2.5 倍，年均遞增 19.6%。

社會商品零售總額：1987 年為 10.98 億元，比 1978 年增長了 4.7 倍，年均遞增 21.3%。

外貿出口：1987 年外貿出口收購實績為 8.43 億元，比 1978 年增長 4.8 倍，年均遞增 21.6%；直接出口貿易額 1.26 億美元，比 1978 年增長 1.5 倍，年均遞增 10.7%。

此外，實際利用外資累計達 1.6 億多美元；整個社會固定資產投資增長 47.9 倍；財政增收 1.4 倍；城鎮職工人均收入增長 2.7 倍，農村人均收入增長 5.7 倍，全縣城鄉居民儲蓄存款餘額增長 26.3 倍，達 14.18 億元，全縣 11 個鎮全部邁進了產值超億元的行列。至 1987 年，工農業產值超千萬元的村達到 60 個，產值超千萬元的企業達到 96 個。

＊順德美的企業 20 世紀 90 年代的現代化廠房

　　至 20 世紀 90 年代中後期，順德已經形成全國最大的家電工業品生產基地，其中，風扇、空調、燃氣用具、電飯煲、微波爐、消毒碗櫃等主要工業產品佔全國市場的 1/6～1/3，個別產品甚至佔據超過 70% 的份額。

2. 南海

　　南海縣處於珠江三角洲這塊黃金寶地的北端，全縣總面積 1152.6 平方公里。南海縣自隋開皇十年（590 年）建縣，已有 1000 多年的歷史。改革開放十年間，南海縣經濟迅速增長，人民生活水平不斷提高。通過數據，可以一窺南海縣改革開放十年間所發生的巨變 ——

　　國民生產總值：1988 年全縣為 22.4 億元，比 1980 年增長 2.82 倍，年均遞增 18.24%。

* 南海獅山工業園

* 南海千燈湖公園

工農業生產總值：1988 年全縣為 50.85 億元（按 1980 年不變價），
比 1978 年增長 5.88 倍，年均遞增 21.27%。

農村經濟總收入：1987 年全縣為 35.71 億元，比 1980 年增長 5.29
倍，年均遞增 30%。全縣 15 個鎮，各鎮經濟總收入都超過 1 億元，其中

有 5 個鎮超過 3 億元，有 3 個鎮超過 2 億元。全縣 238 個經聯社，總收入超 1000 萬元的有 103 個。

國民收入：1986 年全縣國民收入 16.29 億元，人均國民收入 1903 元，居全省各縣市之冠，在全國排名第二。1987 年全縣國民收入 20.74 億元，相當於 1980 年的 3.85 倍，人均國民收入 2344 元，年均增長 21.24%。

至 20 世紀 90 年代中後期，南海已經形成了全方位出口的大外貿格局。全市提供商品出口產值超百萬美元的企業有 138 家，其中超千萬美元的有 20 多家，遠洋直接貿易的國家和地區達 28 個。

3. 東莞

位於廣東省中南部，地處珠江主入海口的東岸，前鄰深圳，後靠廣州，處於廣州－深圳－香港經濟走廊的中段。東莞於東晉咸和六年（331 年）立縣，初名寶安，唐至德二年（757 年）更名東莞。現全市總面積 2465 平方公里。1985 年經國務院批准撤縣設市，1988 年升格為地級市。

改革開放十年，東莞市的工農業生產總值年均遞增 23%，社會總產值年均遞增 25%，國民收入年均遞增 23.6%，出口年均遞增 18.9%。十年間，各項數據的增長表現出明顯的加速趨勢：1980－1983 年，全市國民收入年均遞增 16.1%，工農業總產值年均遞增 11.3%，財政收入年均遞增 6.6%；1984－1987 年，上述各項指標年均遞增分別為 28.2%、31.2% 和 23.9%。

十年間，東莞市國民經濟發展取得了令人矚目的成就。1987 年全市工農業總產值達 36.45 億元，社會總產值 62.75 億元，國民生產總值 34.38 億元，國民收入 29.02 億元，財政收入 2.02 億元，人均國民生產總值 2750 多元，人均國民收入 2321 元。

至 20 世紀 90 年代中後期，東莞已經發展成為外向型經濟的典型。1997 年，全市一般貿易出口 5.15 億美元，較上一年增長 25.6%；全年

* 東莞現代製造業基地

引進、利用外資項目 1685 宗；在東莞投資的台商企業和管理技術人員有 1.5 萬多人，台資企業從業人員 40 多萬人，湧現了高埗裕元、石碣台達、虎門新寶等一批規模較大的企業。

4. 中山

中山市地處珠江三角洲南端，西北江下游，珠江口西岸的沿海地區，全市總面積 1683 平方公里。中山市古稱香山縣，始建於南宋紹興二十二年（1152 年），距今有 800 多年歷史。香山之名，相傳在 1300 多年前，因五桂山一帶「多神仙花卉，香聞十里」而得名。1925 年，為紀念孫中山先生而易名為中山縣。1983 年 12 月，經國務院批准改為中山市，1988 年 1 月升格為地級市。

據王光振等《廣東四小虎 —— 順德・中山・南海・東莞經濟起飛之路》，1987 年中山市的總產值達到 38.3 億元，比 1978 年的 7.1 億元增

長 4.39 倍，年均增長 20.6%。其中工業總產值 26.9 億元，比 1978 年的 4.4 億元增長 5.1 倍，年均增長 22.3%；農業總產值 11.4 億元（含村以下工業），比 1978 年的 2.7 億元增長了 3.2 倍，年均增長 17.3%；全市社會商品零售總額 12.29 億元，比 1978 年的 2.72 億元增長 3.5 倍，年均增長 18.2%。1980 年國民收入總額為 5.4 億元，到 1987 年增至 21.95 億元，增長 3.06 倍，年均增長 22.2%；1980 年職工年平均工資 759 元，1987 年增至 2259 元，增長 1.98 倍，年均增長 16.9%；1978 年農村人均純收入 131 元，1987 年增至 1134 元，增長 7.66 倍，年均增長 27.1%。1978 年城鄉居民儲蓄存款餘額 5445 萬元，1987 年增至 15.6 億元，增長 27.65 倍，年均增長 45.2%，其中城鎮人均儲蓄額達 2594 元，農村人均儲蓄額達 1079 元。

　　至 20 世紀 90 年代中後期，中山形成了以家用電器、電子、紡織、製衣、塑料皮革等產業為主體的輕工業體系，億元以上工業產值的鎮區有 30 多個，企業集團發展到 100 多家。

＊ 中山威力集團

（二）「四小虎」奇跡的原因

對於「四小虎」的發展奇跡，傅高義在《先行一步：改革中的廣東》中將其原因歸結為「地方積極性」：

和其他經濟特區相比，小珠江三角洲有許多不利條件。深圳和珠海得到來自北方的大量技術人才和管理人才的全力支持，中央各部及其下屬也都為當地建設慷慨解囊……相比之下，小三角洲各縣市就像土裏土氣的農村表弟，只能自力更生，自謀發展。但是，我們的農村表弟也自有可利用的優勢，小珠江三角洲 16 個縣市平均人口 60 萬，每個縣的上層管理幹部不過數百人。這些人大都在鄰近香港的本地生長，懂得如何利用廣東的開放政策……他們對自己的小社會有共同的認識，對其歷史有共同的了解，對未來有着共同的責任。

實際上，傅高義在很大程度上確實找到了珠江三角洲經濟騰飛的文化「密碼」。

「四小虎」的成功，首先在於敢於打破思想禁錮，用足用活中央給予的特殊政策。他們創造性地把中共十一屆三中全會路線與本地實際緊密地結合起來，制定了一系列具體化的、地方化的政策措施。

其次，尊重市場規律，以市場為導向合理配置資源，使生產結構協調發展。以國有、集體經濟為主體，多層次多形式地發展外向型經濟，積極參與國際分工和競爭，這是「四小虎」較為典型的發展定位。在此基礎上，充分利用本地豐富的農產品資源，引進良種和先進農業技術，大力發展以農產品出口基地為主體的創匯型農業；充分注重工業化發展，一方面充分發揮輕紡、食品工業等傳統優勢，以國際市場為導向調整產品出口結構，提高產品檔次，另一方面大力發展電子、機電、家用電器等新興工業，從而極大地強化了工業產品出口能力。

再次，重視投資環境建設，增強對外資的吸引力。在加快交通、通

信和水、電供應的建設，大力發展服務業、旅遊業等第三產業，優化投資「硬」環境的同時，高度重視「軟」環境的建設，簡化辦事流程，提高辦事效率。

最後，重視科學技術的力量，提升生產效率。通過大力引進先進技術設備，使之迅速轉化為生產力，並加強消化、吸收、創新，逐步形成自己的技術特色，使名、優、新產品不斷湧現。依靠科學技術進步，培育一批新興產業，改造傳統產業，淘汰落後產能，推動了各地產業結構的轉換和升級。

(三)「四小虎」成功經驗及其啟示

「四小虎」抓住發展機遇，創造出經濟發展的巨大成就，其中的經驗無疑是值得總結和提煉的。從根本來說，以下幾方面尤其重要。

1. 建立適合當地實際的經濟發展模式

「四小虎」同樣地處珠江三角洲，但其經濟基礎、產業結構、人文環境卻有所不同。改革開放後，各地結合自身實際，形成了各有特色的發展路徑。「四小虎」中，南海縣是村級企業為主體，「五個輪子一齊轉」

＊ 海印夜市

（國營、集體、聯合體、個體、「三資」企業齊頭並進）；順德縣形成了以鎮辦集體企業為骨幹，帶動鄉鎮其他企業協調並進的發展趨勢；中山市以市屬國營企業為龍頭，通過引進先進設備、加快技術改造，形成了引領發展的局面；東莞市在發展「三來一補」企業方面最為突出，「三來一補」企業遍地開花，同時抓好流通、營商環境建設，形成了三大產業協調發展的局面。

2.建立社會主義市場經濟

市場經濟，不等同於純粹的商品經濟，不等同於放棄計劃和管理。從過去長期實行的純計劃體制下的產品經濟，轉換到社會主義市場經濟，一方面充分發揮市場配置資源的作用，另一方面重視對市場經濟發展的可控性、前瞻性，這樣一種「體制改革」的自覺，使「四小虎」得

* 20世紀80年代，聞名全國的廣州高第街成衣批發市場

以相對順利地實現了從傳統的計劃體制到社會主義市場經濟的轉換。以東莞為例。改革開放前十年，東莞的「三來一補」企業遍地開花，推動東莞經濟快速增長，但如何實現經濟的可持續發展，如何有效地推動產業升級，則是需要政府前瞻性地予以規劃的。1994 年東莞市政府調整戰略，「開展第二次工業革命，實施產業轉型，推動經濟增長方式轉變」，「由勞動密集型產業向資本、技術密集型產業轉變，由數量擴張型發展向質量效益型發展轉變，由政府主導型經濟向市場主導型經濟轉變」的經濟發展戰略，使東莞得以順利地承接了以電子產品為主的第二波世界產業轉移。也正是有了 90 年代的前瞻性佈局，才使得進入 21 世紀後，東莞在加強自主創新的潮流中，能有效地推動產業結構優化，資本、技術密集型產業迅速擴容，外商投資項目從低附加值、粗加工向高附加值、深加工升級，生產手段從單純的進口組裝（OEM）向依靠國內人才開發設計生產（ODM）轉變。同時，產品結構也由以服裝、紡織、玩具、塑料製品等為主逐步轉向以電子通信設備、電氣機械及器材等為主，出口結構由以紡織、服裝等為主逐步轉向以機電、電子產品為主，高新技術產品的研製、加工、生產、出口的比例逐年提升。

3. 切實抓好政府職能的轉變

一方面，保持政策的連續性，對上屆制定的發展規劃，凡經縣人大正式通過了的，都繼續貫徹執行實施。另一方面，轉變政府職能，將政府職能逐步由直接控制轉到間接控制，由微觀管理轉到宏觀管理；以經濟槓桿調節經濟發展，通過建章立制，把政府職能切實轉到為經濟建設、為基層、為群眾服務上來。一是建立和健全政府的辦公制度，堅持對每個重大問題都先調查後決策。二是建立政府各部門任期目標責任制。根據政府工作重點和本部門的職能制定任期目標，把工作任務、指標分解到科室，落實到人，以切實提高辦事效率。三是加強職能部門間的協作，以促進經濟發展為目標，形成定期聯合辦公制度，提高工作效率。

4. 抓好黨的建設

在經濟社會發展的各項工作中，大多數的中共黨員尤其是黨員領導幹部能夠身先垂範，吃苦在前，成為改革開放中突破僵局的中流砥柱，在人民群眾中起到了極其重要的榜樣作用。

黨的建設尤其是各級領導班子的黨風廉政建設是重中之重，是保證黨組織先鋒模範作用的根本性工程。共產黨作為社會主義中國的執政黨，其作風行為在社會上有着巨大的示範性作用。黨風不純，影響到社會風氣，妨礙社會公正發展。在當時新舊體制轉換的過程中，社會上難免存在制度漏洞，以及各種權錢交易的機會，這對各級黨組織和政府部門是一個嚴峻的考驗。在這一過程中，「四小虎」較好地處理黨的先進性建設的問題。以東莞為例。1988 年 8 月 14 日，《人民日報》第一版發表了中共中央辦公廳調研室的調研文章《東莞十年 —— 對中國沿海農村社會主義建設一個成功典型的考察》，文章指出黨在改革開放中所起到的領導核心作用：

在東莞市前進的軌道中，全市各級黨委的戰鬥堡壘作用是耀眼的亮點。九年中，東莞市 1800 多個黨支部堅持站在改革開放的第一線，沒有一個癱瘓或半癱瘓的。全市 4 萬多名共產黨員中，湧現出一大批懂技術、會管理、帶領群眾治窮致富的先進人物，發揮了先鋒模範作用。他們中表現好的和比較好的佔 98% 以上。因違犯黨紀國法受到處分的只佔黨員總數的 1.6%。由於黨組織在領導全市發展經濟，改變貧窮落後面貌中取得了巨大的成績，給群眾帶來了實實在在的利益。黨的威信空前提高，黨的組織充滿活力。

這種情況在「四小虎」另外三地也同樣存在。比如順德，一方面，縣委認真加強各級黨組織的建設，要求各級黨員領導幹部都要做到以開拓、拚搏的精神發展經濟，又要求以求實團結的作風搞好各級班子建設，以公正廉潔來規範黨員領導幹部的行為，為全縣黨員、人民樹立良

好的形象。另一方面，對嚴重違法亂紀的幹部，尤其是黨員幹部，決不姑息，一經查明，從重從嚴懲處；對各級黨政機關、管理部門的不正之風堅決予以糾正。20 世紀 80 年代中後期，大力清理整頓機關經商辦企業的問題，對全縣各機關辦的 57 家公司，停辦了 24 家，脫鈎了 33 家；對全縣 34 個行政事業單位的 654 個收費項目進行登記清理；對超標準建房的 83 戶分別作出處理，對重點的 16 戶分別採取紀律和經濟上的處分；等等。由於縣委對黨風建設抓得及時，從縣到鎮、村的各級黨組織基本上都能保持較好的作風，在經濟建設社會發展中起到了很好的帶頭作用。

三、「廣東製造」的奇迹

改革開放的歷史，也是中國製造快速成長的歷史。從 1980 年至 1997 年的 17 年間，中國製造業從佔世界製造業增加值的 1.4% 上升至 5.9%，至 1999 年，中國工業產值近 5000 億美元，在全球市場的比重為 5%，排名第四位。相比之下，世界上其他的製造業大國如美國、日本的增長相對較低，日本 20 世紀 90 年代後甚至出現了負增長。到 20 世紀末，中國在一些優勢產業、優勢產品的製造方面，在世界上已經佔有相當重要的地位。

在此背景下，珠江三角洲地區日漸成長為全球規模較大而且很具影響力的製造業基地與高新技術產業基地。其中最具影響力的是電子資訊產品的製造。珠江三角洲地區集聚了一批競爭能力較強的 IT 企業，美國的 IBM、微軟、希捷、摩托羅拉，加拿大的北方電訊，日本的索尼、東芝，韓國的三星，荷蘭的飛利浦，芬蘭的諾基亞等世界知名的 IT 企業紛紛落戶珠江三角洲地區，使這裏成為名副其實的「國際製造基地」，計算機零部件的配套能力在 95% 以上，2001 年出口超億美元的 IT 企業有多家。在這裏生產的台式電腦和筆記本電腦佔全國的 1/3，生產的計算機硬盤佔世界總量的 30% 以上；生產的計算機驅動器、軟盤、鍵盤和主板等

重要元器件，佔世界的 10%；生產的電視機、程控交換機佔全國的一半以上。深圳市主導產品微型計算機的配套能力達到 2000 萬台，相關企業 1600 多家，計算機零部件的 90% 都可直接在深圳完成採購。

（一）香港與珠三角的「前店後廠」

珠江三角洲地區在成為「世界工廠」的過程中，香港投資的作用功不可沒。改革開放後，尤其是 20 世紀 80 年代中期以後，香港對珠江三角洲地區進行了大規模的製造業投資，大量勞動密集型製造業轉移到珠三角地區。數據顯示，1985 年香港經濟中工業還佔有比較重要的地位，當年製造業在國內生產總值中的比重為 21.9%，整個工業佔近 30%。1990 年，製造業比重已經降至 17.6%，之後每年約下降 2 個百分點，到 1994 年製造業的比重僅為 9.2%，1996 年則下降到了 7.2%。

不過，香港製造業比重快速下降，並不意味着香港對製造業資源控制能力的下降。相反，隨着製造業向珠江三角洲等地擴散，香港對珠三角製造業資源的控制能力反而是提高了。1996 年，香港特區政府和「香港明天會更好」基金會曾委託美國麻省理工大學專門做了一份關於香港製造業轉移對香港經濟社會發展影響的調查。調查結論肯定了這一趨勢。

＊1981 年 2 月，7 名華僑、港澳同胞子女集資在文德南路辦起了廣州市第一個「五自」（自籌資金、自找店舖、自由組合、自主經營、自負盈虧）理髮店 —— 嘉美髮廊，也是廣州市第一個個體髮廊

原因在於，隨着製造業規模的不斷擴大，成本不斷上升的香港與成本低廉的珠江三角洲結合起來，有助於香港實現產業升級，使香港轉型為以服務業為主，而其所輻射的範圍，則可擴大到以珠江三角洲為核心的整個東亞地區。

1. 珠三角吸引香港投資的總體情況

改革開放後，珠江三角洲地區成為全國吸引外資最多的地區，也是利用外資最為成功的地區之一。據廣東省統計局 2000 年的數據，1980－1999 年的 20 年間，珠江三角洲實際利用外資（包括對外借款在內）累計達 808.3 億美元，佔同期廣東累計實際利用外資總額的 73%，佔全國的 20%。2000 年，珠江三角洲實際利用外資達到 125.41 億美元，佔廣東的 86.04%。其中，來自香港的投資就佔據了大半壁江山。1979－1999 年，廣東與香港商人共簽訂利用外資合同 202459 宗，合同利用香港資金 1388.3 億美元，實際利用香港資金 792.6 億美元。2000 年，廣東吸引的港資持續增長，共協議利用香港資金 55.97 億美元，實際利用香港資金 90.65 億美元。

這一現象的出現，與兩地的地緣聯繫密切相關。珠江三角洲地區與香港近在咫尺，兩地之間有悠久的史緣、親緣和人緣關係。加上香港本來地域狹小，能源欠缺，因此，改革開放以後，珠江三角洲地區成為香港資金投資地的首選。香港企業通過開辦「三來一補」和「三資」企業，把大量勞動密集型的中小企業的生產工序轉移到珠江三角洲地區，使其成為香港低成本加工業的基地。同時，香港把加工業的市場開發、設計、採購、產品銷售、管理等前端、後端工序留在本地，從而使兩地形成「前店後廠」的區域分工合作格局。

2. 珠江三角洲吸引香港投資的歷史進程

自改革開放伊始到 20 世紀末，香港在珠江三角洲的投資一直呈穩步增長趨勢，投資內容從最初的簡單的勞動密集型企業，發展到參與珠江

三角洲經濟各領域的投資；投資範圍從近香港的深莞地區，擴展至珠江三角洲，乃至整個華南地區；投資規模從最初的小企業試探性投資，到大財團大規模的投入，珠江三角洲經濟逐步與香港經濟走向深度融合。

　　自改革開放到 20 世紀末，香港製造業基本完成向珠三角的產業轉移，其間，大致可以分為三個階段。

▶ **第一階段**
1979—1984 年

這一階段，珠江三角洲地區各地充分利用政策優勢，利用毗鄰香港的地理位置優勢，以及和香港的地緣關係，以極低的地價、廉價的勞動力吸引香港商人來珠江三角洲投資勞動密集型加工業。這一階段，港商投資主要集中在深圳和廣深鐵路沿線，特別是東莞地區。五年間，珠江三角洲地區共簽訂利用香港資金項目 4.9 萬多個，協議利用香港資金 64.08 億美元，實際利用香港資金 18.09 億美元。

▶ **第二階段**
1985—1992 年

由於珠江三角洲地區的投資環境日趨成熟，有關投資政策與法規逐步落實，香港企業對珠江三角洲投資信心增強。這一時期，來自香港的投資數量激增，投資主要集中在第二產業，投資比重逾 69%。相比之下，第三產業佔 28%，第一產業只佔有 2.4%。與第一階段主要集中在廣深鐵路沿線不同，這一階段的香港投資，已從毗鄰香港的區域擴散到整個珠江三角洲。7 年間，珠江三角洲地區共簽訂利用香港資金項目 7.08 萬個，佔 1979—1999 年間總數的 40%；協議利用香港資金 341.45 億美元，實際投資規模也有了明顯的增加，由上一階段平均每宗合

同實際利用香港資金投資額的 3.68 萬美元，上升到 17.7 萬美元。

▶ **第三階段**
1993—1999 年

1992 年，鄧小平南方談話後，珠江三角洲吸引香港資金達到了一個新的高度。首先是直接投資比重繼續擴大。港商直接投資已達到這個時期實際投資總額的 88%，間接投資與其他投資已下降到 8% 和 4%。其次，投資規模有所加大。實際利用香港資金額一直保持平穩的增長，平均增長率為每年 15% 左右；每宗利用香港資金合同的實際利用額，由上個階段的 17.7 萬美元增加到 81.1 萬美元，1996 年更是達到前所未有的 200 萬美元。說明大財團、大公司的投資項目增多，標誌廣東吸引香港資金達到一個較為成熟的階段。再次，港資投資的領域和地域範圍也在不斷地擴大。1994 年，港資開始涉足金融保險業；投資區域除了主要集中在珠江三角洲外，還開始向周邊地區擴散。

＊ 1994 年，由香港同胞陳進財先生與恩平市粵華總公司合資的福達汽車廠生產的福達汽車

（二）廣東製造的東莞樣板

東莞被稱作是「世界工廠」。1978 年，中國對外開放後第一家「三來一補」的來料加工企業誕生在東莞。以「三來一補」為起點，東莞經濟進行了外向型的工業化。與深圳、中山、順德、南海、惠州、番禺等地相比，東莞的港澳台資本及其他外資所佔的比重明顯要高出一截。東莞的外商投資企業主要集中在製造業，製造業投資佔總投資的比重為 89.51%，製造業單位數佔全部外商投資企業單位數的 98%，製造業總產值佔全部外商投資企業總產值的比重更是高達 90.91%。

從改革開放至 21 世紀初，東莞製造業發展大致經歷了兩個重要的時期。從改革開放之初「滿天星星」式的野蠻生長，到逐漸顯出集群化發展的態勢，東莞用了十來年的時間。到 1990 年前後，受益於歐洲紡織服裝業的轉移，東莞完成了第一次產業結構轉型，紡織服裝業成為重要支柱產業。從 1995 年到 21 世紀初，東莞進行了第二次產業結構轉型，其標誌是電子信息業取代紡織服裝製造業成為東莞第一大支柱產業。在這一波產業承接過程中，90 年代末期，東莞形成了以電子通信設備、電氣機械及器材、電力、塑膠製品、紡織、服裝等為主體的製造業群體，其中電子信息業更成為東莞的主要支柱產業。

截至 2001 年，東莞實際利用外資 132.72 億美元，「三來一補」企業、「三資」企業總數為 11611 家，佔東莞市工業企業總數的 64.1%。其中，廣東福地彩色顯像管、新科電子、三星電機、裕元電子、光寶精密機械等集團在東莞的投資均在 1 億美元以上。在東莞投資的企業，世界 100 強企業有 12 家，500 強企業有 30 家，跨國公司有 124 家，境外上市公司近 800 家。其中包括美國杜邦，瑞士雀巢，荷蘭飛利浦，德國赫斯特，法國湯姆遜，韓國三星，日本日立、索尼、住友金屬，英國太古集團，芬蘭諾基亞以及中國香港偉易達等。

從外資來源看，1978－1995 年，東莞實際利用外資 50.63 億美元，其中 80% 均來自香港。20 世紀 90 年代以後，台資企業蜂擁而來，最

終成就了東莞作為 IT 全球製造業基地的地位。到 20 世紀末，東莞台資企業的數目佔全國的比重為 10%，佔廣東約 1/3，東莞成為台商在大陸投資最密集的集中地。

從時間上看，台商進入東莞可以分為以下階段。1989 － 1991 年是試探階段，三年共有 450 家台商進入，平均每年約 150 家；1992 － 1994 年鄧小平南方視察後，在台商投資大陸的高潮中，有一批台灣傳統產業來到東莞，如製鞋業、家具業、電線電纜業、塑膠業等，三年間進入東莞的台資企業達到 959 家，平均每年超過 300 家。1995 － 1996 年是台商觀望和轉型的階段，兩年共有 303 家台商來到東莞。1997 年台商進入的速度有所增長，到 1998 年台資企業發展到 2300 家，協議投資總額 25 億多美元，實際利用台資總額 24 億美元，常住台商及台籍技術、管理人員近 2 萬人，台資企業工人達 40 多萬。東莞台資企業增長得最快的是 1999 － 2000 年，1999 年進入的台資企業達到 595 家，2000 年達到 418 家，到 2000 年 6 月底，台資企業已經達到了 3962 家，佔東莞全市外商投資企業總數的 29%。這些企業中，包括 600 多家的鞋業，400 多家的五金、塑膠業，300 多家的家具製造業，以及 200 多家燈飾業等，它們與當地的港資企業及外資企業一起形成了鞋業、五金、燈飾、家具業的製造基地，推動東莞成為全世界的鞋業、燈飾、家具等產品的製造和採購中心。在東莞投資規模最大的是台灣寶成鞋業，共有萬名員工，是世界最大的製鞋基地。

尤其值得大書特書的是電子信息業。至 1999 年，東莞的信息電子企業達到 2860 家，電子信息業成為全市的第一大支柱產業。2000 年，東莞電腦資訊產品出口總值達到 76 億美元，佔當年全市出口總值的 44%。2001 年，東莞電子信息產業實現產值 800 億元，佔全市工業總產值的 45%。作為全國最大的生產基地，國內電腦業界將東莞的地位概括為「北有中關（村）、南有東莞」。以台資為主的東莞 IT 企業，其產品可以劃分為三大類：消費電子類、電子配件類、電腦配件類。按 1999 年統計資

料，電子配件類企業數量最多，佔台資 IT 企業總數的 44%；電腦配件類企業佔 35%；消費電子類企業佔 21%。

▶ **2001 年**　　　　　　東莞電腦資訊及相關類產品出口額 86.5 億美元，佔全市出口總額的 45.5%。其中，磁頭、機箱佔全球市場 40%，敷銅板、驅動器佔全球市場 30%，高級交流電容器、行輸出變壓器佔全球市場 25%，收錄機佔 23%，電腦掃描儀、微型馬達佔 20%，鍵盤佔 16%，主板佔 15%。

時至世紀之交，東莞向着世界性的電腦資訊產品生產基地和購銷中心邁進。每天，4000 多個集裝箱貨櫃進出東莞和香港。世界前十位的電腦公司，如 IBM、康柏、惠普、貝爾等，都把東莞作為重要的電腦和零部件採購中心。

「如果東莞到深圳的高速公路塞車 15 分鐘，全世界的電腦價格都會因此產生波動。」「世界上每十雙運動鞋中就有一雙產自東莞的台企。美國總統也許沒有想到，他每天運動健身時穿的鞋，很有可能就出自中國東莞的一個小鎮。」這正是當時東莞製造業的真實寫照。

（三）廣東製造的順德樣板

位於珠江主入海口西岸地區的順德，用 20 年的時間，從一個以傳統養殖業為主的農業縣一躍而成為中國製造業的名牌之都，不能不說是一個奇跡。

順德製造業非常發達，形成了家電、精細化工、包裝印刷、紡織服裝、機械裝備等八大支柱產業，其中最具代表性的是家電製造業。2000－2003 年連續四年位列全國縣域經濟首位。2006 年，在全國縣域城市中地區生產總值率先突破千億，十鎮街齊頭並進，一鎮一品，每個鎮都擁有一個以上「國家級」的產業品牌作為該鎮的城市名片，推動順德

這小小的 806 平方公里的土地崛起，成為一個舉世矚目的「製造業王國」。

　　順德是中國最大的家電生產基地，擁有「美的」「科龍」「容聲」「格蘭仕」「萬家樂」「萬和」「康寶」「東菱」等著名品牌，電冰箱、空調器、電子消毒櫃、熱水器等家電產品銷量居全國領先地位，還是全球最大的電風扇、電飯煲、微波爐供應基地。順德憑藉產業規模龐大、名牌雲集、配套完善、技術領先四大優勢而被譽為中國的「家電王國」，具備一定規模的家電及配件生產企業超過 2000 家。根據順德家用電器行業的統計，2005 年，順德家電企業生產電冰箱 300.61 萬台，佔全國同類產品總產量 10%；空調器 1163.48 萬台，佔全國 17%；微波爐 2870.1 萬台，佔全國 58%；電風扇 1310.33 萬台，佔全國 11%；電飯鍋 1725.07 萬台，佔全國 28%。家電製造業不但成為順德經濟的重要支柱，還在全國佔有極為重要的地位。2005 年順德家電產值 752.07 億元，超過全國家電業總產值 10%，佔全區工業總產值的 37.5%，如加上配件類企業產值，該比例可達 50%。

　　順德製造業的發展，走了一條與東莞「三來一補」模式不同的道路，即品牌化發展之路。順德製造所走的品牌化之路，最初的起步也是從貼牌（OEM）開始的。據估算，至 20 世紀 90 年代末期，順德製造中貼牌生產還佔 70% 的份額，自有品牌只有 30%。格蘭仕的品牌之路是一個非常有代表性的例子。格蘭仕是一個成功的品牌經營典範，也是一個 OEM 的成功典範，它通過貼牌生產，快速地轉型發展成為自有品牌的知名企業。發展之初，其在為國外企業做加工製造的時候，堅持將成套的設備引進到格蘭仕來，甚至還要相應的技術。正是這種「拿來主義」的自覺，格蘭仕很快地實現了生產、營銷、技術、管理等各個方面的低成本整合和擴張。至 21 世紀初，格蘭仕年產微波爐逾 1200 萬台，出口量佔行業總出口量的 85% 以上，全球市場佔有率達 30%，穩坐世界第一的寶座。

　　這種「品牌 + 貼牌」的大規模製造模式，決定了順德經濟的外向度同樣較高。順德非常重視吸納國際資金、技術、設備、管理經驗來改造

傳統產業，創造了「小城市引進大財團」的效應，其結果是，一大批國際知名大企業、跨國公司紛紛前來投資和合作，40 多家世界知名跨國公司先後前來投資，如日本東芝、三洋、松下、百樂滿，德國博世、克虜伯，加拿大北方電訊，美國惠而浦、安普，韓國浦項以及香港合和、新世界、恆基兆業、蜆殼、震雄等。外來資本重點投資高檔家電、光機電一體化行業、通信電子行業以及基礎設施和第三產業等領域，大大提高了全市經濟的整體素質和國際化水平。至 21 世紀初，全市建設資金的60% 來源於外資，30% 的產品在國際市場實現價值。全市「三資」企業有1300 多家，產值佔工業總產值的 30% 以上。

國際資本的參與，成為提升順德製造業特別是家電產業水平的一條快捷方式。圍繞着家電製造行業，順德成為中國乃至國際上家電零部件生產供應大本營和 OEM 基地。從微電腦控制器、壓縮機、磁控管等核心部件，到簡單的五金配件，順德形成了完整的、成熟的家電產業鏈。順德做 OEM 或零配件供應的中小企業星羅棋佈，本地家電企業採購半徑一般不出 50 公里，在兩個小時之內就可以得到基本的家電配件，企業的部分零部件可以保持零庫存。

除家電產業外，其他產業的發展也是可圈可點，比如，勒流鎮被譽為全世界自行車自製率最高、自行車出口量最大的「自行車王國」，產品100% 外銷。龍江鎮、樂從鎮建立了以家具製造為主的工業體系和支柱產業，贏得了「中國家具第一鎮」「家具之都」的稱譽。

四、珠三角崛起世界級城市群

(一) 珠三角從單中心到多中心

中華人民共和國成立後，尤其是 20 世紀六七十年代，珠三角地區因為毗鄰香港，地處國防前線，被列為戰備一線，基本上屬於建設禁區，

經濟相對封閉，國家投資較少，導致珠三角地區城鎮發展緩慢，廣東工農業總產值持續十多年處在全國平均水平以下。1978 年，全廣東的經濟總量僅佔全國的 5.1%。

這一時期，珠三角地區城鎮化進程緩慢。1978 年與 1949 年相比，城市數量只增加佛山、江門、肇慶、惠州四個，10 萬～20 萬人口的中等城市只有佛山、江門、肇慶和中山，而集鎮的建設更顯萎縮，1978 年僅有 32 座建制鎮，城鎮化水平由 1949 年的 15.72% 微升到 1977 年的 16.26%，基本處於停滯狀態。珠三角城鎮空間延續了歷史上以廣州為單一中心的格局，但廣州對周邊城鎮的輻射影響有限，中心城市與珠三角各城市之間關係鬆弛。

變化來自改革開放以後。改革開放政策的實施，使珠三角由過去的國防前線、邊遠地區變成了對外開放的前沿地帶，區位條件發生了根本性轉變。

1. 珠三角形成「雙中心」城市格局

得益於粵港「前店後廠」式產業分工的形成，以及由此而帶動的更多更廣泛的外來投資，珠三角以天時地利之便，經濟快速發展，經濟體量增大。同時，外資導向型的工業化模式在珠江三角洲地區遍地開花，吸引了大量外來人口的加入，人口快速增長，極大地促進了珠三角整體上城鎮化的進程，城鎮結構和佈局由此發生了根本性變化。

深圳無疑是這一結構性變化的最大受益者。深圳原本只是一個偏僻落後的邊陲小鎮，整個寶安縣只有 28 萬人。改革開放後，深圳特區舉全國之力而強勢崛起，迅速成為中國改革開放對內對外的一個展示性窗口。到 2000 年，深圳成為一個擁有 700 萬人口（其中常住人口為 432.94 萬）的大城市。

從 1978 年到 20 世紀 90 年代末，深圳、珠海、中山、東莞、順德、台山、番禺等相繼設市，城市數量從 5 個增至 12 個，其中有 9 個屬於省

轄地級市。與此同時，在珠江三角洲地區，中小城鎮也迅速發展，湧現了一大批新興工業化城鎮（專業鎮），在經濟發達的東莞、順德、南海、中山等地，大都形成了一鎮一產業的經濟格局。大城市 — 中等城市 — 城鎮，整個珠江三角洲地區由此逐步形成了以廣州、深圳為中心的「雙中心」的、規模宏大的城市 — 城鎮網絡格局。

2. 多中心網絡化城市群格局形成

隨着工業化的不斷升級，珠三角地區經濟總量在全省及全國國民經濟總量所佔比例迅速增加。1980 年，珠三角地區 GDP 總量佔全省的 47.7%，全國的 2.6%；到 2002 年，珠三角地區 GDP 總量佔全省比重已達 80%，在全國的比重達到 9%。產業結構上，由最初的以發展第一、第二產業為主，逐步轉為第二、第三產業並舉。1980 年，珠三角地區第一產業在三次產業構成中佔比 25.8%，到 2001 年縮減為 4.9%；相比之下，1980 年第二產業在三次產業構成中佔比 45.3%，到 2001 年增長為 49.8%；第三產業增長最快，1980 年在三次產業構成中佔比 28.9%，到 2001 年增長為 45.3%。

隨着產業結構的調整和升級，珠三角城市群空間結構和佈局已發生根本性改變。珠海、佛山、中山、東莞、江門、肇慶等相繼進入大城市之列，城市群體功能呈多樣化，交流更加密切，發展成城鄉一體、類型完備的多層次城鎮體系，「雙中心」城市格局逐漸向多中心、網絡化格局演化，形成東中西三大城市群體。其中，珠江口東岸地區形成了以深圳為中心，包括東莞和惠州在內的城市群體，中部形成了以廣州為中心，包括佛山（順德、南海）和肇慶在內的城市群體，珠江口西岸地區形成了以珠海為中心，包括中山和江門在內的城市群體。按照第五次全國人口普查（2000 年）的統計數據，珠三角總人口達到了 4150 萬人，其中暫住人口達 1800 萬人，佔總人口的 43% 左右。

在三大城市群中，中小城鎮星羅棋佈，平均每個市縣有 20 多個建制

鎮，城鎮密度近 100 個 / 萬平方公里，城鎮間平均距離不到 10 公里，形成了蔚為壯觀的大都市連綿區雛形。

20 世紀 90 年代末香港、澳門的回歸，使珠三角城市群呈現出新的組團格局，逐步形成了以香港－深圳、廣州、澳門－珠海為核心的大珠三角城市群。從產業分工的角度看，珠三角粵港之間的關係，從香港回歸之前的以香港為中心的垂直分工，逐漸演變為港澳與內地珠三角之間的水平分工為主，區域融合發展的訴求空前強化。至 2008 年，珠三角整體城鎮化水平已經達到 80%，創造了 29745.58 億元的 GDP 總量（港澳除外），佔全省的比重從 1980 年的 47.7% 提高到了 84%，佔全國的比重也由 2.6% 提升到 12%，成為中國乃至亞太、全球最具發展活力、最有發展潛質的經濟區域之一。

（二）珠三角區域整合進行時

1. 早期的努力

早在改革開放之初，廣東省委、省政府就開始有推動珠三角整體發展的設想，並於 1985 年由國家層面設立珠江三角洲經濟開放區，享受國家和省給予的優惠政策。1988 年 2 月，國務院批覆廣東省政府《關於廣東省深化改革、擴大開放、加快經濟發展的請示》，原則上批准了廣東作為綜合改革試驗區，進行包括金融、外經貿易、價格、勞動、人事、工資、財政、企業、農村等各方面的綜合改革試驗。廣東綜合改革試驗區的獲批，加快了珠江三角洲地區經濟轉型發展的整體推進。

▶ 1994 年 11 月　　　　　由廣東省委、省政府牽頭成立了珠江三角洲經濟區規劃協調領導小組，並於 1995 年組織編制了《珠江三角洲經濟區現代化建設規劃綱要（1996－2010）》。不過，規劃推出後，由於缺少更具操作性的抓手，實施效果並不盡如人

意，珠三角各城市的發展仍然是各自為政，城市競爭總體上處於無序狀態。

▶ 2003 年 2 月　　建設部和廣東省聯合啟動珠江三角洲城市群規劃調研，試圖尋求城鎮密集型地區協調發展的有效機制和途徑，為全國的城鎮化建設提供借鑒。2005 年 4 月，建設部和廣東省政府聯合頒佈《珠江三角洲城鎮群協調發展規劃（2004 — 2020）》，這是中國第一個通過立法形式保障區域城市協調發展的地方法規。這一規劃明確了生態優先、集約利用土地資源、轉變增長方式的區域總體發展思路，並且更加注重規劃實施中的可操作性。如對城市群發展實施分類指引、分級管治，對於涉及珠三角整體利益的區域綠地、區域性交通通道等區域戰略性資源，提出硬性的規劃控制要求，由省級政府直接監管或協調。此後，這部規劃的實質性作用開始顯現。如廣州、佛山同時開展了與周邊地區協調發展的規劃研究，重點對廣州、佛山交界地區的基礎設施建設進行銜接；深圳龍崗與東莞、惠州也就共建污水處理設施問題進行研討、共商對策。

2. 推動港澳與內地珠三角融合發展

隨着港澳回歸祖國以及粵港產業合作從垂直分工轉型升級為水平分工，粵港澳融合發展越來越成為三地的共識。粵港澳各自的規劃都把對方作為重要的影響因素納入研究範圍。早在 1995 年編制第一版《珠江三

角洲經濟區城市群規劃》的時候，廣東就已認識到「城市發展與港澳關係密切」，並把「對港澳回歸行使主權」作為影響地區的重要因素，在空間格局上，提出打造「廣深（香港）發展軸」「廣珠（澳門）發展軸」兩大主軸的發展格局。2004 年版的《珠江三角洲城鎮群協調發展規劃》延續並深化粵港澳合作的發展思路，提出「強化中心，打造脊樑」的發展戰略，聚合「廣州—深圳（香港）」「廣州—珠海（澳門）」區域發展主軸的核心功能，打造具有強勁核心競爭力的區域發展「脊樑」，帶動珠江三角洲、全省以至「泛珠三角」整體發展。《香港 2030 規劃遠景與策略》（2001 年「初議報告書」）也開展對粵港兩地的社會經濟聯繫研究，指出「香港的策略規劃工作應顧及珠江三角洲地區的發展趨勢和發展潛力，在發展過程中兩地更應發揮互補互助的作用」。

　　基於粵港澳融合發展的趨勢，粵港澳三地自 21 世紀初啟動了旨在推動更緊密合作的制度安排。2003 年 6 月，時任中華人民共和國商務部副部長安民與時任香港特別行政區政府財政司司長梁錦松分別代表中央政府和香港特別行政區政府共同簽署了《內地與香港關於建立更緊密經貿

＊ 2006 年 1 月，在珠海舉辦的首屆港澳與珠三角西部發展論壇

關係的安排》（簡稱 CEPA）。其總體目標是逐步減少或取消雙方之間實質上所有貨物貿易的關稅和非關稅壁壘逐步實現服務貿易的自由化，減少或取消雙方之間實質上所有歧視性措施促進貿易投資便利化。2003 年 10 月，中華人民共和國商務部副部長安民與澳門特別行政區政府經濟財政司司長譚伯源分別代表中央政府和澳門特別行政區政府在澳門正式簽署了《內地與澳門關於建立更緊密經貿關係的安排》及其六個附件文本。雙方就全部內容達成一致，主要包括貨物貿易和服務貿易的自由化，以及貿易投資便利化三個方面。

　　CEPA 從 2004 年開始實施，此後幾乎每年都簽訂一個補充協議。直到 2013 年，簽訂了 10 份補充協議，由最初涵蓋 273 個香港原產地貨品及 18 個服務業領域，擴展到 1770 多種香港原產地貨品和 48 個服務業領域。到 2015 年，內地服務貿易對香港幾乎全部開放。基本完成了內地與港澳之間投資便利化、貿易自由化的制度對接。當然，問題並沒有完全解決。在制度框架內，很多具體的操作細則有待進一步落地，比如，香港的高端服務業，怎麼認證，怎麼在內地落地和兌現，都還沒有清晰的操作細則。用通俗的話來說：「大門幾乎全打開了，但小門還沒開。」

3.實施《珠江三角洲地區改革發展規劃綱要（2008 － 2020 年）》

▶ 2008 年 12 月　　　　國務院常務會議審議並原則上通過《珠江三角洲地區改革發展規劃綱要（2008 － 2020 年）》（以下簡稱《規劃綱要》）是一個標誌性的事件。珠三角改革發展上升為國家戰略，攜手港澳打造珠三角世界級城市群。國家「十二五」規劃中也明確提出「深化粵港澳合作……促進區域經濟共同發展，打造更具綜合競爭力的世界級城市群」。

　　此後，珠三角城市群的一體化建設被提上廣東省委、省政府的工作議程。2009 年 6 月，廣東省人民政府辦公廳印發《關於加快推進珠江三角洲區域經濟一體化的指導意見》，就珠江三角洲區域經濟一體化、交通一體化、能源水資源供應一體化、信息一體化、產業發展一體化、環保生態一體化、城市規劃一體化、公共服務一體化等提出指導意見。2010 年 7 月，廣東省人民政府辦公廳印發《珠江三角洲城鄉規劃一體化規劃（2009 － 2020 年）》，對珠三角城鄉規劃一體化發展的目標導向、現狀問題、主題和途徑等進行佈局。還建立了珠三角改革發展現場工作會議制度，對各市實施《規劃綱要》的情況進行評估考核。

　　數年時間下來，珠江三角洲地區改革發展取得豐碩成果。當初定下的「一年開好局、四年大發展、九年大跨越」的宏偉目標中，「一年開好局」早已順利完成。到 2013 年，「四年大發展」目標全面實現，珠三角地區初步形成科學發展的體制機制，經濟實力、自主創新能力和國際競爭力顯著增強，區域經濟一體化佈局初步實現，惠及全民的社會保障體系基本形成。珠三角人均 GDP 超萬美元。廣東省規劃綱要辦提供的數據顯示：2012 年，珠三角地區生產總值達 47897.25 億元，比 2008 年增長 45.8%，佔全省 79.1%；人均 GDP 達 8.4563 萬元，折合美元 1.3454 萬元，增長 29.6%。

▶ **2013 年 5 月**　　　　廣東省委、省政府印發《實施〈珠三角規劃綱要〉實現「九年大跨越」工作方案》（以下簡稱《方案》）。《方案》再次明確《規劃綱要》「九年大跨越」的總體目標：到 2017 年，珠三角率先全面建成小康社會取得決定性成效，在推進轉型升級中加快發展，增強核心競爭力，基本建立完善的社會主義市場經濟體制，科學發展的體制機制更加完善，經濟發展方式取得顯

著進展，形成具有世界先進水平的科技創新能
力，粵港澳合作和區域一體化達到更高水平，
生態環境明顯改善，社會軟實力明顯增強，人
民生活水平全面提高。

自主創新驅跨越發展

▶ **1985 年**　　　　《羊城晚報》發表了一篇題為《從「星期六工程
師」引出的》文章，報道了當時許多工程師利用
周末的時間，到廣東各地鄉鎮企業「走穴」的情
形。這些「星期六工程師」大多是來自國有科研
院所和國有企業的科研技術人員。廣東省科委
1987 年做的一項調查發現，在廣州的一些科研
單位，有 8%～10% 的科技人員在從事「星期六
工程師」活動。

　　「星期六工程師」，實際上是改革開放初期科技推動創新發展的最初
的躁動。20 世紀 80 年代初中期，廣東大地上遍地開花的鄉鎮企業，對科
技人才求賢若渴，於是，過去只能在實驗室、象牙塔裏閉門造車的科研
人員，在企業大量的科技創新、技術需求中，找到了實現知識價值的「第
二戰場」。當時國家科委一位負責人高度評價此現象，稱提出「星期六工
程師」，是廣東的一大發明。

　　「星期六工程師」現象，對發揮科技的引領作用產生積極的影響，為
此，國務院於 1988 年 1 月發文「允許科技幹部兼職」。此後，廣東省委、
省政府大力推行科研體制改革，全國科技人員「孔雀東南飛」「到廣東

去、到特區去」成為熱潮。

多年以後，廣東改革開放走向深入，各項體制改革協同推進，推動廣東經濟不斷躍升新台階，以自主創新為核心的創新驅動發展正在成為現實。

一、製造業的創新「裂變」

改革開放以來，廣東受惠於毗鄰港澳的區位條件，憑藉土地、原材料、廉價勞動力及人才的比較優勢，迅速形成了產業優勢，成為出口導向型加工製造業的集聚區，成為全球最重要的製造業基地之一。製造業的快速發展，也支撐着廣東經濟規模持續多年穩居全國第一的寶座。

問題在於，從國際產業分工的角度看，過去 30 年在積極參與全球化的過程中，珠三角大多數企業都主要以低成本、大規模、模仿創新的生產方式參與國際分工，居於全球產業鏈的中低端，總體而言是通過付出環境破壞、資源浪費等代價，賺取微薄的代工費。這樣的發展模式，雖然快速地提升了 GDP，但卻無法有效提升利潤。時至 21 世紀初，尤其是在 2008 年世界金融危機前後，隨着土地、原材料、廉價勞動力等要素比較優勢的逐漸消失，廣東製造業成本不斷被拉高，以紡織服裝、食品飲

* 1986 年 4 月，深圳舉辦了中國首次以出口技術為主的大型技術交易會。參加交易的技術和產品共 1720 項，大部分為中國尖端技術和產品

料、建築材料、家具製造等為代表的勞動密集型傳統產業優勢不再，許多代工企業更是陷入無錢可賺的境地。

　　與此同時，曾經「先行一步」的廣東，面臨着國內其他地區越來越強大的「追兵」，長三角、京津冀、武漢等地發展速度飛快，廣東曾經在諸多行業的領先優勢不斷縮小。比如，以 2013 年的數據看，廣東省居全國第一位的電子信息產業規模以上增加值同比增長 9.0%，落後全國同行業增速 2.3 個百分點，與第二位江蘇的差距也日漸縮小。2013 年廣東省居全國第二位的電氣機械和器材製造業增加值同比僅增長 7.9%，低於全國同行業增速 3.7 個百分點。2013 年廣東省居全國第六位的鐵路、船舶、航空航天和其他運輸設備製造業增加值僅增長 0.2%，低於全省規模以上工業增速 8.5 個百分點，低於全國同行業增速 4.6 個百分點。

＊ 1998 年 10 月，廣東經濟技術貿易洽談會在美國洛杉磯舉行。這是廣東省至 2003 年為止在境外舉辦的規模最大、規格最高、內容最豐富、影響最廣泛的綜合性招商洽談會。圖為美國會場開幕盛況

　　從更大的範圍看，廣東製造業還面臨着一些發達國家加速製造業回歸、發展中國家以更低的成本吸引製造業轉移的「雙重擠壓」，在人口紅利消失、要素成本上升、土地和環境約束日益加劇的情況下，在「前有堵截，後有追兵」的情況下，廣東經濟如何繼續保持領先優勢？對此，廣東省委、省政府在實踐中漸漸明晰了思路，確定了廣東製造業轉型升級的兩大抓手：一是產業轉移；二是發展自主品牌和進行工業企業的技術改造。

（一）「雙轉移」促轉型升級

▶ 2005 年 3 月

廣東省政府頒佈了《關於廣東省粵北山區及東西兩翼與珠江三角洲聯手推進產業轉移的意見》，開始在廣東省山區及東西兩翼地區籌建產業轉移園。以此為標誌，珠三角與粵北山區及東西兩翼之間的產業轉移逐漸開展起來。到 2007 年底，廣東已經建立了 23 個省級認定的產業轉移園。

▶ 2008 年

產業轉移政策升級，廣東省政府於 5 月 24 日出台了《關於推進產業轉移和勞動力轉移的決定》及七個配套文件，正式啟動「雙轉移」戰略。「雙轉移」戰略是對先前產業轉移政策的升級，一方面，將珠三角地區勞動密集型產業向粵東西北欠發達地區轉移，促進這些地區的經濟發展，並推動勞動力向當地第二、三產業轉移；另一方面，在珠三角地區勞動密集型產業比重顯著下降的同時，騰出空間，吸引先進製造業及高端服務業進駐珠三角，吸引更多的較高素質勞動力，向發達的珠三角地區轉移。

「雙轉移」戰略對珠三角地區傳統勞動密集型及資源依賴型行業的9 類 73 種產品製造企業下達「逐客令」，鼓勵其生產環節從珠三角轉移至粵東西北地區的產業轉移園。同時，要求將省內 600 萬農村勞動力經過免費培訓後，輸入至珠三角先進製造業及服務業。為吸引珠三角企業向東西兩翼及粵北地區轉移，廣東省政府提出，要在五年內支付 500 億元，幫助這些地區建設基礎設施及產業工業園，降低這些地區的工業電價，降低稅費，加大對產業轉移園的信貸投放力度等。

到 2012 年，「雙轉移」取得顯著成效。根據 2013 年廣東省政府工作報告，「珠三角『騰籠換鳥』『擴籠壯鳥』步伐加快，累計轉出企業超過7000 家，淘汰關停企業 7 萬多家；新引進企業近 3 萬家，平均投資規模是淘汰關停企業的 108 倍。省產業轉移工業園增至 36 個，工業增加值佔東西北地區比重由不足 1% 升至近 20%。共培訓農村勞動力 376 萬人，轉移就業 603 萬人，東西北就近就業比例逐年上升」。

（二）自主創新強「內功」

20 世紀 90 年代末，亞洲金融危機之後，廣東省委、省政府已經意識到應當逐步降低廣東經濟的外向依存度，以內生發展為導向，增強廣東內源型經濟，走內源型經濟和外源型經濟相結合的發展路子。為此，廣東省委、省政府着力於提高自主創新能力，自 1998 年相繼出台了系列政策文件。

▶ 1998 年 9 月　　　　廣東省委、省政府頒發了《中共廣東省委、廣東省人民政府關於依靠科技進步推動產業結構優化升級的決定》，提出要把增創科技新優勢擺在全省首要地位，推動經濟結構和經濟增長方式的戰略性調整。

▶ 2000 年　　　　　廣東省委、省政府召開全省技術創新座談會，印發了貫徹《中共中央、國務院關於加強技術創新，發展高科技，實現產業化的決定》的通知。

▶ 2003 年 3 月　　　廣東省委、省政府印發《關於加快民營科技企業發展的實施意見》《廣東省財政扶持中小企業發展專項資金管理辦法》，提出了一系列扶持高新技術產業、民營科技企業發展的政策措施。

▶ 2004 年 8 月　　　廣東省委、省政府召開全省科技教育人才工作會議，頒佈《關於加快建設科技強省的決定》，提出繼續深化科技體制改革，建立和完善區域創新體系，集中力量突破核心技術和關鍵技術，突出科技成果產業化，大力發展高新技術產業，用高新技術和先進適用技術改造傳統產業，加強區域科技合作，提高科技國際化水平。

▶ 2005 年　　　　　廣東省委、省政府印發《關於提高自主創新能力提升產業競爭力的決定》和《廣東省中長期科學和技術發展規劃綱要（2006 — 2020 年）》，提出到 2020 年，全省區域自主創新能力和產業競爭力達到中等發達國家水平，基本建成創新型廣東。

▶ 2007 年　　　　　廣東省委、省政府印發《廣東省「十一五」科技發展規劃》《廣東省產業技術自主創新「十一五」專項規劃》《廣東省教育部科技部產學研結合發

展規劃（2007 — 2011 年）》等，提出教育部和廣東省攜手部屬高校與廣東產業界開展產學研合作的聯合行動（省部產學研結合）等措施，推動廣東實施自主創新戰略。

　　數年時間下來，相關的措施開始取得明顯成效。到 2006 年，廣東省的專利申請量、授權量分別為 90886 件和 43516 件，均佔全國總量的 19%，其中發明專利申請量達 21351 件，比 2002 年提高了 3.5 倍，超過全國申請量的 1/6，連續兩年居全國第一；全省高新技術產品產值 15548 億元，是 2001 年的 3.3 倍；高新技術產品出口額超過 1020 億美元，是 2002 年的 2.1 倍，繼續位居全國第一。另外，全省擁有中國名牌產品和馳名商標數量位居全國首位和前列。

　　危機倒逼轉型加速。2008 年世界金融危機爆發，廣東長期以來形成的以加工貿易為主的外向型經濟也深受影響，這使廣東上下進一步強化了提高自主創新能力、發展內源性經濟的共識。

▶ 2008 年 7 月　　　　　廣東省委、省政府印發《關於加快建設現代產業體系的決定》，提出以提升產業自主創新能力為重點，加快發展高新技術產業，培育發展戰略性新興產業，落實扶持自主創新的政策。

▶ 2008 年 9 月　　　　　廣東省委、省政府印發《廣東省建設創新型廣東行動綱要》，指出要把自主創新作為經濟社會發展的戰略核心，將廣東建設成為創新環境優越、創新體系完善、創新機制健全、創新人才集聚、創新成果眾多、創新效益顯著、自主創新支撐引領能力強大的創新型省份。

▶ 2008 年 9 月　　　　　廣東省委、省政府印發《廣東省加快吸引培養高

層次人才的意見》，提出要進一步提高自主創新
能力，實施人才強省戰略。

▶ 2008 年 10 月　　　　廣東省人民政府、科技部、教育部聯合出台《廣
東自主創新規劃綱要》，把自主創新作為轉變經
濟發展方式的核心推動力，並在土地、稅收、
資金扶持、人才引進等方面，全方位向自主創
新傾斜。

▶ 2011 年 11 月　　　　廣東省人大常委會通過《廣東省自主創新促進條
例》，對研究開發與成果創造、自主創新成果轉
化與產業化、創新型人才隊伍建設與服務、自
主創新激勵與保障等自主創新全過程出台新的
措施。這也是中國第一部促進自主創新的地方
性法規。

▶ 2012 年 5 月　　　　廣東省政府出台《關於加快我省優勢傳統產業
轉型升級的意見》，確立以紡織服裝、食品飲
料、建築材料、家具製造、家用電器、金屬製
品、輕工造紙及中成藥製造等八個行業為支柱
的傳統優勢產業體系，推動建立以企業技術中
心、工程中心、工程實驗室為主導的企業創新
平台和面向產業創新服務的產學研合作創新平
台，增強企業引進吸收再創新能力和集成創新
能力。

在廣東省委、省政府的強力推動下，上下齊心合力，廣東自主創新
在數年時間內再上新台階，產生「裂變」效應。至 2012 年廣東全社會研
發投入規模達 1250 億元，比 2007 年增加 840 億元，年均增長 25%，研

發經費佔 GDP 比重從 2007 年的 1.3% 提高到 2012 年的 2.1%。2012 年全省研發人員達 45 萬人，人才總量比 2007 年翻了一番，規模全國第一。2009 — 2012 年間，廣東共獲國家「973」計劃首席科學家項目 36 項，是前 11 年所獲項目數總和的 3 倍多，標誌着廣東基礎研究和原始創新能力躋身國內前列。

　　根據科技部監測報告，廣東科技進步綜合指數從 2007 年的 58.81 提高到 2011 年的 68.34，連續五年位居全國各省區首位。技術自給率從 2007 年的 53.9% 持續快速上升，2012 年達 68%，接近創新型國家和地區的 70% 水平。

▶ **2013 年初**　　　　　《廣東省人民政府工作報告》總結過去五年自主
　　　　　　　　　　　　創新的成就：

　　研究與實驗發展經費支出佔生產總值比重從 1.3% 提高到 2.1%，技術自給率從 53.9% 上升到 68%。發明專利授權量、PCT 國際專利受理量穩居全國第一。省部院產學研合作成效顯著，共實施合作項目 2 萬多項，累計實現產值超過 1.2 萬億元。電子信息、新能源、高端裝備製造、生態環境等重點領域的一批關鍵技術取得突破，超材料、中微子、基因組、幹細胞等方面創新成果躋身國際領先水平。獲得「973」首席科學家項目 37 項。新增中國馳名商標 337 件。主導或參與制修訂一批國際標準、國家標準和行業標準。

二、站上「創新驅動發展」的風口

▶ **2012 年 11 月**　　　　中共十八大召開，新的時間從這裏開啟。

　　以習近平為核心的新一屆中央領導集體，高度重視創新驅動發展戰

略的實施。中共十八大以來，習近平總書記就創新驅動發展戰略發表過一系列重要講話。比如，2014 年 5 月，他在上海考察時指出：「當今世界，誰牽住了科技創新這個『牛鼻子』，誰走好了科技創新這步先手棋，誰就能佔領先機、贏得優勢。中國經濟總量已躍居世界第二位，同時發展中不平衡、不協調、不可持續問題依然突出，人口、資源、環境壓力越來越大，拚投資、拚資源、拚環境的老路已經走不通。」同年 8 月，在中央財經領導小組第七次會議的講話中，習近平總書記指出：「中共十八大提出的實施創新驅動發展戰略，就是要推動以科技創新為核心的全面創新，堅持需求導向和產業化方向，堅持企業在創新中的主體地位，發揮市場在資源配置中的決定性作用和社會主義制度優勢，增強科技進步對經濟增長的貢獻度，形成新的增長動力源泉，推動經濟持續健康發展。」

（一）習近平總書記對廣東寄予厚望

中共十八大以來，習近平總書記對廣東在新一輪改革開放中的責任擔當寄予厚望，他多次指示廣東，要在結構調整上支撐全國，要為全國推進供給側結構性改革、實施創新驅動發展戰略提供支撐。

習近平總書記 2012 年 12 月視察廣東時，即要求廣東繼續大膽探索和紮實工作，大力實施創新驅動發展戰略，加快科技成果向現實生產力轉化，力爭在推進經濟結構戰略性調整、加快形成新的發展方式上走在全國前列。2014 年 3 月全國兩會，習近平總書記參加廣東代表團審議時，要求廣東充分發揮創新驅動作用，努力實現「鳳凰涅槃」；2014 年，習近平總書記在中央有關會議上，強調廣東要做創新驅動排頭兵。2017 年 4 月，習近平總書記在對廣東工作的重要批示中，要求廣東堅持新發展理念，為全國推進供給側結構性改革、實施創新驅動發展戰略、構建開放型經濟新體制提供支撐。2018 年 3 月全國兩會期間，習近平總書記參加廣東代表團審議時發表重要講話，要求廣東以新的更大作為開創工

作新局面，在構建推動經濟高質量發展的體制機制上走在全國前列、在建設現代化經濟體系上走在全國前列、在形成全面開放新格局上走在全國前列、在營造共建共治共享社會治理格局上走在全國前列。

（二）廣東構建區域創新體系

自主創新能力的持續提升，使廣東有底氣從構建區域創新體系的高度來展開佈局。在新的歷史起點上，廣東以世界眼光謀劃區域創新體系，探索改革發展與創新驅動的新路徑、新舉措。

▶ 2014 年 6 月　　　　廣東頒佈《中共廣東省委　廣東省人民政府關於全面深化科技體制改革加快創新驅動發展的決定》，這是十八屆三中全會之後，全國第一個頒佈實施的關於深化科技體制改革、實施創新驅動發展戰略的頂層設計和綱領性文件。

▶ 2016 年 2 月　　　　廣東頒佈《廣東省國民經濟和社會發展第十三個五年規劃綱要》，明確「十三五」期間，廣東要基本建立開放型區域創新體系。加快建設創新驅動發展先行省，構建創新型經濟體系和創新發展新模式。初步形成開放型區域創新體系和創新型經濟形態，國家級高新技術企業數量大幅增長，自主創新能力居全國前列，綜合指標達到創新型國家水平。要基本建立具有全球競爭力的產業新體系。供給側結構性改革攻堅和產業中高端發展取得重要突破和進展，現代服務業和先進製造業發展水平不斷提高，戰略性新興產業快速發展，農業現代化取得明顯進展，基本建成產業新體系。

＊ 珠海高新區一景

　　自中共十八大以來的數年間，廣東着手構建促進創新發展的政策體系，修訂和制定了《廣東省自主創新促進條例》（2016 年 3 月）、《廣東省促進科技成果轉化條例》（2016 年 12 月）等法規，出台了《廣東省人民政府關於加快科技創新的若干政策意見》（2015 年 2 月）、《珠三角國家自主創新示範區建設實施方案（2016 — 2020 年）》（2016 年 4 月）、《「十三五」廣東省科技創新規劃（2016 — 2020 年）》（2017 年 2 月）、《廣深科技創新走廊規劃》（2017 年 12 月）等 30 多份相關政策文件，圍繞高新技術企業培育、新型研發機構建設、企業技術改造、孵化育成體系建設、高水平大學建設、自主核心技術攻關、創新人才隊伍建設、科技金融融合等為主的「八大舉措」，全面佈局區域創新體系構建。

（三）站上創新驅動發展的「風口」

　　從 20 世紀 90 年代末啟動，到改革開放 40 周年的時間節點上，廣東從製造業轉型升級為以自主創新為抓手、落腳點的創新發展體系正在顯山露水，轉變發展方式和轉換發展動力正在成為現實。

　　自中共十八大召開六年來，廣東深刻領會和貫徹習近平總書記治國理政新理念新思想新戰略，實施創新驅動發展戰略，推動實現新舊動能轉化，創新型經濟格局正在加速形成。

　　繼深圳於 2014 年獲批國家自主創新示範區，2015 年 9 月，國務院批覆同意廣州、珠海、佛山、惠州仲愷、東莞松山湖、中山火炬、江門、肇慶等八個國家高新技術產業開發區建設國家自主創新示範區。迄今為止，珠江三角洲國家自主創新示範區已逐步形成以深圳、廣州為龍頭，珠三角其他七個地市為支撐的「1+1+7」建設格局，形成了以深圳、廣州為核心，珠海、佛山、東莞、中山等為骨幹，佈局合理、協調發展、特色鮮明的一小時經濟圈。2015 年，珠三角地區生產總值達到 6.2 萬億元，佔全國比重超 9%；擁有國內最先進的現代產業體系和較完善的配套體系，形成了產值超 2 萬億元的珠江東岸高端電子信息產業帶和超萬億元的珠江西岸先進裝備製造產業帶。

＊ 松山湖科技產業園區

* 江門高新產業新城

▶ 2018 年 1 月　　　　　《廣東省政府工作報告》指出：

　　五年來，我們堅持把創新驅動發展作為核心戰略和總抓手，啟動並紮實推進國家科技產業創新中心和珠三角國家自主創新示範區建設，區域創新綜合能力排名躍居全國第一。預計全省研發經費支出從 1236 億元增加到超過 2300 億元，居全國第一，佔地區生產總值比重從 2.17% 提高到 2.65%。新增 3 個國家級高新區。國家級高新技術企業從 6652 家增加到 3 萬家，躍居全國第一。高新技術產品產值達 6.7 萬億元，年均增長 11.4%。有效發明專利量、PCT 國際專利申請量及專利綜合實力連續多年居全國首位，技術自給率和科技進步貢獻率分別達 72.5% 和 58%。質量強省建設成效顯著，國家級質檢中心和聯盟標準總量均居全國第一，國家質量工作考核連續三年獲最高等級 A 級。

　　中共十八大以來，廣東以提高自主創新能力為核心，大力實施創新驅動發展戰略，全面深化科技體制改革，堅定不移地推進區域創新體系建設。六年間，取得累累碩果，全省科技創新駛入發展「快車道」。根據《「十三五」廣東省科技創新規劃（2016－2020 年）》，廣東省在綜合實

力、原始創新能力、科技創新支撐引領、區域創新體系、創業創新環境
等方面取得實質性的突破，廣東站上創新驅動發展的「風口」：

綜合實力穩居全國前列。2015 年，全省區域創新能力綜合排名連續
8 年位居全國第二；研究與開發（R&D）投入佔地區生產總值（GDP）比
重從 2010 年的 1.76% 提高至 2.47%；技術自給率從 2010 年的 65.3%
提高到 71%，接近創新型國家和地區水平；有效發明專利量和 PCT 國際
專利申請量分別達 138878 項和 15190 項，其中 PCT 國際專利申請量佔
全國比重超過 50%；全省研發人力投入達 50.2 萬人／年，規模居全國第
一。國家自主創新示範區（以下簡稱國家自創區）、國家高新技術產業開
發區（以下簡稱國家高新區）建設取得重大突破，省重大科技專項和承
擔的國家重大、重點項目順利實施。

原始創新能力建設取得重要突破。珠三角大科學工程創新體系建設
步伐加快，中國（東莞）散裂中子源、中微子實驗室（江門）等大科學
工程進展順利，國家大數據科學研究中心、加速器驅動嬗變系統研究裝
置、強流重離子加速裝置等國家重大科技基礎設施相繼落戶廣東。全省
在超級計算、超材料、基因科學、新一代移動通訊技術、光電顯示等領
域取得一批重大原創成果。

科技創新支撐引領作用明顯增強。2015 年，全省高新技術產品產
值達 5.18 萬億元，是 2010 年的 1.78 倍；省級以上高新區實現營業總
收入達 2.66 萬億元，比 2010 年翻了一番。戰略性新興產業培育發展有
力推進，LED 產業產值達 4300 億元，是 2010 年的 5 倍多，佔全國半
壁江山；北斗衛星導航、3D 打印、工業機器人等產業發展取得新進展。
科技企業孵化器建設加快推進，2015 年達 399 家，孵化面積達到 1348
萬平方米，在孵企業超 1.5 萬家，眾創空間 150 多個，累計「畢業」企
業 5000 多家，「畢業」企業總收入超過 3000 億元。專業鎮特色產業
加快轉型升級，省級專業鎮生產總值從 2010 年的 1.31 萬億元增加到

2015 年的 2 萬億元，佔全省的比重從 2010 年的 28.4% 提高到 2015 年的 30%。

　　區域創新體系逐步完善。企業的技術創新主體地位加速提升，全省科技型企業超過 5 萬家，90% 以上的研發經費來源於企業，70% 以上的省級重大和重點科技計劃項目由企業牽頭或參與，2015 年經國家認定的高新技術企業達 11105 家，是 2010 年的 1.5 倍。實驗室體系基本成型，全省有 26 家國家重點實驗室、6 家省部共建國家重點實驗室培育基地、201 家省重點實驗室、64 家省企業重點實驗室和 32 家省重點科研基地。2015 年，全省擁有省級新型研發機構 124 家。「三部兩院一省」產學研合作向縱深發展，累計建成各類產學研創新平台 1600 多家、產業技術創新聯盟 100 多家。區域和國際科技合作進一步深化。

　　創業創新環境不斷優化。2011 年頒佈實施了全國第一部促進自主創新的地方性法規《廣東省自主創新促進條例》，率先出台了企業研發準備金制度、創新產品與政府遠期約定採購、經營性技術入股等政策。普惠性科技扶持政策全面實施，2015 年企業研發費用稅前加計扣除政策為企業減免稅收超過 100 億元。全面實施各項人才計劃，「十二五」期間共引進 5 批 117 個省級創新科研團隊，聚集高端人才 850 多人，吸引各類科技人才 6000 多人。實施省級科技業務管理陽光再造行動，確立「511」新型科技計劃體系，健全了科研項目、資金、評價等管理制度。科技金融服務體系進一步完善，創業投資機構加快集聚，深圳前海股權交易中心、廣州股權交易中心和廣東金融高新區股權交易中心等區域產權交易平台建設成效明顯，累計掛牌企業 4000 多家。連續舉辦中國創新創業大賽和全省科技進步活動月等活動，大力弘揚創新文化和科學精神。

　　未來已來。廣東部署將在 2020 年基本建立開放型區域創新體系，屆時，一個包括具有強大集聚輻射能力的國家級和區域性重大創新平台體系、以企業為主體的自主研發體系、產學研緊密結合的協同創新體系、

* 中國（廣東）自由貿
  易試驗區深圳前海蛇
  口片區

服務中小科技型企業的孵化育成體系和面向大眾創業萬眾創新的科技公共服務體系等構成的龐大的創新驅動系統將煥發出前所未有的創新合力。在這一過程中，廣東將繼續發揮改革開放排頭兵的作用，在政府職能轉變、科技體制改革、創新資源共享、科技成果產業化、知識產權保護和運用、科技產業金融相結合、促進開放創新等領域的改革創新中先行先試。

三、自主創新的深圳樣本

▶ 2017 年 9 月

全球首個支持新一代「北斗三號」信號體制的高精度導航定位芯片在深圳正式發佈。這是一款擁有完全自主知識產權的國產基帶和射頻一體化芯片，吸引了全世界的高度關注。芯片一直是中國電子製造業的心頭之痛，這款由深圳華大北斗科技有限公司研發的具有完全自主知識產權的芯片，具有超低功耗、實現在亞米級即一米以內精確定位的特點，未來可廣泛應用

　　　　　　　　　　　　　　　　於車輛管理、汽車導航、可穿戴設備、航海導航、GIS 數據採集、精準農業、智慧物流、無人駕駛、工程勘察等領域。

　　北斗芯片，是深圳自主創新偉業的一個濃重縮影。在深圳，像北斗芯片這樣「爆款」的自主創新產品還可以列出一份長長的清單。

▶ 2012 年 12 月　　　　　　習近平總書記在考察廣東時強調，深圳要大力實施創新驅動發展戰略，加快完善創新機制，全方位推進科技創新、企業創新、產品創新、市場創新、品牌創新。六年來，深圳銳意進取，以世界眼光集聚全球創新網絡資源，深圳自主創新進入快車道，已然形成從「跟跑」向「並跑」「領跑」邁進的態勢。

（一）深圳自主創新的發展歷程

　　30 多年來，深圳沿着貿易、代工、模仿及授權生產、自主開發、自主創新的鏈條拾級而上，正逐步實現從跟隨模仿式創新向源頭創新、引領式創新躍升。梳理深圳自主創新的歷程，大致可以將其劃分為三個不同的發展階段。

　　1. 第一階段，深圳自主創新「孕育成長」時期（1980 年代末至2000 年）

▶ 早在 1985 年 11 月　　深圳市科學技術委員會召開了第一次科技工作會議。會議確定了「以工業為主」的發展思路，大力發展以外向型為主的工業企業。此後，為了鼓勵民營科技企業的發展，於 1987 年 2 月頒

* 深圳市首屆高新技術成果拍賣會於 1992 年 8 月 8 日在深圳經濟特區舉行，此為中國首創

佈了《深圳市人民政府關於鼓勵科技人員興辦民間科技企業的暫行規定》（2001 年終止）。

▶ 1991 年 8 月　　深圳市委、市政府頒佈《關於依靠科技進步推動經濟發展的決定》。該決定把發展科學技術擺到經濟和社會發展的首要位置，標誌着深圳市開始有意識地發展高新技術產業。具體的做法，就是大力推進民營科技企業發展，提高本土經濟的比重，同時，注重引進外資的質量，以解決經濟發展中的問題。

▶ 1992 年 4 月　　深圳市科技工作會議召開。此後，通過了《深圳市關於企業獎勵技術開發人員的暫行方法》（1993 年 6 月）、《深圳市企業技術開發經費提取和使用的暫行辦法》（1993 年 6 月）和《深

圳經濟特區民辦科技企業管理規定》（1993 年 6
月）等政策法規，鼓勵科技開發，為科技人才和
高新技術企業大開「綠燈」。

此後，深圳市政府先後出台了兩部綱領性文件，即 1995 年 10 月發
佈的《關於推動科學技術進步的決定》和 1998 年 2 月出台的《關於進一
步扶持高新技術產業發展的若干規定》（史稱「22 條」，1999 年修訂），
開創了國內以系統化的優惠政策促進科技發展的先河，並直接引發了深
圳新一輪的高新技術產業發展熱潮。

持續的政策扶持，推動深圳高新技術產業在改革開放的第二個十年
保持了高達 30% 的增長速度，培養了一批以華為、中興、騰訊為代表的
優秀民營高科技企業，成績喜人。

2. 第二階段，深圳自主創新「體系化」時期（2001－2012 年）

深圳驕人的成績背後，掩蓋不了深層次問題的逐步暴露。從當時的
情況來看，雖然高新技術產業開始逐步佔據主導地位，但大部分仍屬於
層次較低的加工裝配型高新技術產業，高技術含量有限，自主研發的成
分嚴重不足。加上 2000 年前後，長三角地區加大吸引外資的力度，大量

＊1999 年 1 月，
羅湖區高新技術
創業中心成立，
為深圳首家區屬
科技創業園

外資及國際高技術產業向長三角轉移,給深圳帶來巨大衝擊。2003年,因網文《深圳,你被誰拋棄?》而引發的網絡大討論,即是對此變化的民間回應。不過,隨着深圳經濟轉型升級的加速,深圳市委、市政府已經做出前瞻性的思考,下決心改變過去以技術引進為主的做法,將重心逐步轉移到以依託本土企業自主發展高新技術產業的軌道上來。

▶ **2001 年 7 月**　　中共深圳市委印發《關於加快發展高新技術產業的決定》。該決定確定突出高新技術產業發展重點,推動產業結構優化升級;完善區域技術創新體系,提高自主技術創新能力;培育崇尚創新的社會氛圍,營造有利科技創業的綜合環境。

▶ **2004 年初**　　　深圳市委、市政府出台了《關於完善區域創新體系推動高新技術產業持續快速發展的決定》。該決定在國內率先明確提出建設區域創新體系的發展戰略,把資源配置的重心由企業的微觀層面向企業群的中觀和宏觀層面轉移,集中解決企業急需而又無法做到的公共技術平台、公共條件平台、科技要素市場等平台建設及其他公共服務問題,為高新技術產業的技術創新提供有力支撐。

　　在不斷優化的自主創新環境中,深圳高新技術產業持續快速發展,華為、中興等龍頭企業的技術突破使深圳通訊產業成為第一個跨入國際高新技術產業鏈高端的行業,並帶動了一大批配套企業向技術創新鏈的上游攀升。與此同時,一批中小型高新技術企業的自主創新也取得了驕人的成績,如朗科閃存盤發明專利、賽百諾世界第一的基因藥物,以及比亞迪、邁瑞、騰訊等優秀本土企業進行的自主創新活動。

▶ 2004 年

深圳實現高新技術產品產值 3266.52 億元，佔全市工業總產值比重超過 50%。其中，擁有自主知識產權的產品產值達到 1853.09 億元，佔全部高新技術產品產值的 56.73%；研發（R&D）投入總量達到近 125 億元，佔 GDP 的 3.67%，這個比例比全國平均水平高出近三倍，達到發達國家的水平。深圳自主創新的傑出成就，引起了國家部委的高度重視。2005 年上半年，國家科技部調研室組成「自主創新經驗與政策」調研組，先後三次到深圳調研，將深圳自主創新十多年所走過的路及其獨特經驗，歸納為「深圳道路」和「深圳模式」，將其突出特點歸結為「四個 90%」：全市 90% 以上研究開發機構設在企業；90% 以上的研究開發人員在企業；研發經費的 90% 以上來自於企業；90% 的專利由企業所申請。

▶ 2006 年 1 月

深圳市委、市政府頒發《關於實施自主創新戰略建設國家創新型城市的決定》。該決定正式提出建設「國家創新型城市」，並將自主創新戰略上升為深圳城市發展的主導戰略。4 月，深圳市 19 個政府部門圍繞該決定分別從鼓勵創新、科技投入、政府採購、人才、教育、標準化戰略、保護知識產權、司法保護等領域制定了 20 項配套的政策文件，從而形成了「1+20」的配套政策體系。

▶ 2008 年 9 月   深圳市委、市政府印發《關於加快建設國家創新
                         型城市的若干意見》，同月，市政府印發《關於
                         加強自主創新促進高新技術產業發展若干政策
                         措施的通知》。

▶ 2008 年 10 月   深圳制定出台的《深圳國家創新型城市總體規
                         劃（2008－2015 年）》，是全國首部國家創新
                         型城市總體規劃。該規劃提出深圳要實現發展
                         方式、體制機制、科技、產業、社會文化等領
                         域的全面創新，率先建成創新體系健全、創新
                         要素集聚、創新效率高、經濟社會效益好、輻
                         射引領作用強的國家創新型城市，成為有國際
                         影響力的區域創新中心。

　　此後，深圳先後出台實施新一代信息技術、生物、互聯網、新材
料、新能源、文化創意六大戰略性新興產業規劃及系列配套政策，打
造新的經濟增長點。至 2012 年底，深圳已經形成戰略性新興產業和現
代服務業雙引擎帶動的發展態勢。根據 2013 年深圳市政府工作報告，
其中「六大戰略性新興產業總體增速為經濟增速兩倍以上，佔本市生
產總值比重超過 25%，我市成為國內戰略性新興產業規模最大、集聚性
最強的城市之一。服務業佔本市生產總值比重提高到近 56%，現代服務
業佔服務業比重達 68%。自主創新成為經濟增長內生動力。全社會研發
投入佔 GDP 比重提高到 3.81%，居全國領先水平，PCT 國際專利申請量
8024 件，佔全國的 40.3%，連續 9 年居全國首位。高新技術產品產值
1.29 萬億元，其中具有自主知識產權的達 61%。內需拉動作用明顯增
強」。

3. 第三階段，深圳自主創新「國家示範區」時期（2012－　　）

▶ 2012 年 11 月　　　　中共深圳市委、市政府印發《關於努力建設國家自主創新示範區實現創新驅動發展的決定》。該決定提出深圳經濟特區作為國內首個國家創新型城市，要通過推進國家自主創新示範區建設，發揮深圳創新體系優，創新能力強，創新環境好的獨特優勢，率先完善創新體制機制，在開放合作中加速集聚全球創新資源，形成國際前沿水平的科技創新能力，服務國家發展戰略需要；發揮經濟特區在新時期的示範引領、輻射帶動作用，為創新型國家建設作出新的貢獻。

▶ 2014 年 5 月　　　　　國務院正式批覆同意深圳建設國家自主創新示範區，深圳成為繼北京中關村、武漢東湖、上海張江之後第四個國家自主創新示範區，也是中國首個以城市為基本單元的國家自主創新示範區。

▶ 2012 年以來　　　　　深圳創新載體建設速度明顯加快。數據顯示，深圳已累計建成國家、省、市級重點實驗室、工程實驗室、工程研究中心等創新載體 1578 家，其中國家級 110 家、省級 175 家，覆蓋了國民經濟社會發展主要領域。這些創新載體也成為深圳開展核心關鍵技術攻關的橋頭堡。

▶ 2017 年起　　　　　　深圳加大了基礎研究佈局，開始實施「十大行動計劃」，佈局十個重大科技基礎設施、十大基礎研究機構、十大諾貝爾獎科學家實驗室、十大

科技產業轉型專項、十大海外創新中心、十大製造業創新中心、十大未來產業集聚區、十大生產性服務業公共服務平台、十大「雙創」示範基地和十大人才工程，涵蓋創新硬件、基礎設施、人才引進、空間載體、產業佈局等各方面，從創新源頭到產業鏈上下游及配套服務系統佈局，打造完整創新生態鏈。

▶ **截至 2017 年**　　深圳圍繞自主創新體系建設，已先後出台與科技創新相關的政策法規文件 200 餘件，從財政金融支持、人才支撐、創新載體建設、科技服務業發展等各個方面，形成了覆蓋自主創新體系全過程的政策鏈。

＊ 深圳軟件產業基地

大規模長時間全方位的自主創新體系建設，使深圳的創新能力得到飛躍式發展。從 2012 年的新一代信息技術、生物、互聯網、新材料、新能源、文化創意六大戰略性新興產業，發展到 2016 年的七大戰略性新興產業，以及海洋、航空航天、生命健康、機器人可穿戴設備和智能裝備四大未來產業。深圳還在生物、互聯網、新能源、新材料、文化創意、新一代信息技術和節能環保七大戰略性新興產業基礎上，先後前瞻佈局了生命健康、海洋經濟、航空航天、智能裝備、機器人、可穿戴設備等未來產業，着力打造梯次型的現代產業體系，培育創新型經濟新的增長點。

目前，深圳科技企業已經形成梯次分明的序列。一批行業龍頭企業，成為深圳創新驅動發展的重要名片。華為、騰訊、華大基因、大疆創新等一批創新能力較強的骨幹企業在新一代通信技術、新型顯示、基因測序、超材料、新能源汽車和無人機等部分領域關鍵核心技術取得重大突破，領先優勢進一步增強。同時，一大批科技型中小企業加速壯大，正成為深圳創新驅動的重要生力軍。

▶ **截至 2017 年**　　深圳國家級高新技術企業總量已達 10988 家，佔廣東省 49%，位居全國第二，僅次於北京。

▶ **2016 年**　　深圳新興產業增加值達 7847.72 億元，佔 GDP 比重由 2012 年的 29.9% 提高到 40.3%；高技術製造業增加值 4762.87 億元，佔全市規模以上工業增加值比重 66.2%，比 2012 年提高了 8.5%。從重點行業看，計算機、通信和其他電子設備製造業增加值 4393.47 億元，佔規模以上工業增加值比重超過 60%，比 2012 年提高了 6.6%。

目前，深圳企業正不斷向全球創新鏈、價值鏈的上游攀升，PCT 國際專利年申請量約 2 萬件，連續 13 年居全國各城市首位。世界知識產權組織等機構發佈的《2017 年全球創新指數報告》指出，在全球熱點地區創新集群中，深圳居第二位，僅次於日本東京，領先美國矽谷。

▶ 2018 年 1 月　　　在中共深圳第六屆委員會第九次全體會議上，深圳提出「率先建設社會主義現代化先行區」，到 2020 年，深圳將基本建成現代化國際化創新型城市，高質量全面建成小康社會；到 2035 年，建成可持續發展的全球創新之都，實現社會主義現代化；到本世紀中葉，建成代表社會主義現代化強國的國家經濟特區，成為競爭力影響力卓著的創新引領型城市。

顯然，創新已經成為深圳這座城市的獨特文化，從政府到企業再到個人，創新的基因無處不在，成為深圳不斷進取的動力源泉。

（二）自主創新「深圳模式」的經驗

深圳是國內率先提出把自主創新戰略作為城市發展主戰略的城市。自 21 世紀以來，深圳不斷強化創新「自覺」，加強創新體系的頂層設計，建立和完善了「以市場為導向、企業為主體」的區域創新體系，創造了被學界稱作「深圳模式」的自主創新之路。在近年來國內城市創新能力的一系列評比中，深圳均位居榜首，展現出爭當自主創新「領跑者」的實力。

歸納深圳模式的特點，其主要有以下幾個方面。

一是以市場為導向。市場發揮決定性、基礎性作用，把科技研發與市場實現緊密結合，這是深圳模式的一個顯著特點。

二是以企業為創新主體。由企業作為實施創新的主體，政府則通過以支持企業研發為主的科技計劃和公共財政，支持企業實施技術攻關，

* 深圳國際生物
  谷大鵬海洋生
  物產業園

支持孵化器建設。深圳以企業作為創新主體的模式歷來享有盛譽,「4 個
90%」一直未變。如今,又新增兩個 90%:90% 的創新企業是本土企業,
90% 以上的重大科研項目、發明專利來源於龍頭企業。

　　三是注重制度創新。針對創新和創業中科技資金使用難、成果轉化
難、收益分配難、產權保護難、空間保障難等突出問題,深圳不斷改革
科技體制,形成了比較完善和系統的配套政策體系。

　　在對科技研發投入的過程中,深圳建立了無償與有償並行、事前與
事後結合、穩定支持與競爭擇優相結合的財政科技多元化投入機制。同
時,通過銀政企合作、科技保險、天使投資引導、股權有償資助等支持
方式,全面撬動銀行、保險、證券、創投等資本市場各種要素資源投向
科技創新。

　　對急需資金扶持的重點科技計劃項目,政府以股權投資的方式予以
直接支持。此舉顛覆了政府無償資助、直接管理項目的傳統方式,通過
財政資金階段性地持有股權並適時退出,為財政資金保值增值、良性循
環開闢了新路。通過這一系列創新舉措,深圳基本建立了從實驗研究、
技術開發、產品中試到規模生產的全過程科技創新融資模式。

　　四是注重創新生態建設。深圳率先建立「綜合創新生態體系」，着力營造良好的市場環境、法治環境、國際化環境，促使創新、創業、創投、創客「四創聯動」。首先是優良的市場環境，是深圳創新發展的前提條件。激發市場活力、培育創新土壤，最核心的就是處理好政府與市場之間的關係。在深圳，很多企業家想得最多的是怎麼對接市場、進行研發，而不是怎麼和政府打交道。其次是良好的法治環境，是深圳創新發展的祕訣所在。從 20 世紀 80 年代尤其是從 1992 年被賦予經濟特區立法權後，深圳共推出 126 部法律，基本涵蓋經濟、社會、管理各方面。深圳還實行最嚴格的知識產權保護，因為沒有嚴格的知識產權保護，就很難有原始創新。再次是很高的國際化程度。如果說改革開放初期的很多深圳企業家突出特點是解放思想、打破傳統，勇於接受挑戰，新一代的企業家則更加注重與世界對接，看重創意、技術、商業模式的改變。

　　五是實施人才強市戰略。創新的核心要素是人才。深圳通過積極實施人才強市戰略，從人才住房保障、人才培養、人才評價、創新創業獎勵等方面，出台了促進人才優先發展的政策，努力打造人才宜居宜業城市。從 2012 年至今，深圳已累計引進「廣東省珠江人才計劃」創新團隊 44 個、「孔雀計劃」創新團隊 86 個、「海歸」人才 7 萬多人，引進海外留學人員連續三年增幅超 40%。通過聚集全球的創新資源和「腦礦」，深圳正加速在新材料、新能源、新一代光電技術、生物醫藥等領域實現引領式創新。與此同時，深圳加大人才培養力度，面向全球引進優質教育資源，推進高等教育開放式跨越發展，一批特色學院在這裏拔地而起。

　　改革開放 40 周年，廣東作為先行一步的排頭兵，正在建設以廣州、深圳為龍頭的珠三角國家自主創新示範區，以「敢闖」的精神、「敢創」的勁頭、「敢幹」的作風，把以自主創新為核心的創新發展做到極致，把廣東改革開放先行地的「金字招牌」舉得更高、擦得更亮。

文化發展凝聚精氣神

　　改革開放後的廣東，一直以「先行一步」的面貌出現在世人面前，
這裏有歷史機緣的因素，更有思想觀念上敢於創新的文化基因和文化傳
統。自 1976 年粉碎「四人幫」，到改革開放 40 年後的今天，廣東在文化
發展之路上不斷改革創新，譜寫了文化發展的新篇章，開拓了文化發展
的新境界。

一、文化改革發展的廣東路徑

　　改革開放初期的廣東，文化界的思想率先活躍，在全國起到了引領
風氣的重要作用。

▶ 1977 年 6 月　　　　廣東文藝界第一次全省性的揭批「四人幫」大會
　　　　　　　　　　之後，廣東報刊在全國率先批判「三突出」「根
　　　　　　　　　　本任務論」「文藝黑線專政論」等。1977 年 12
　　　　　　　　　　月，廣東省文聯第一屆第二次全體委員（擴大）
　　　　　　　　　　會議召開，省委正式宣佈在全國率先恢復文聯
　　　　　　　　　　和各文藝家協會活動。1977 年 12 月 6 日，省委
　　　　　　　　　　正式發文，批准恢復省文聯、各文藝家協會建

制；恢復廣東粵劇院、廣東潮劇院、廣東瓊劇
院、廣東漢劇院、廣州美術學院、廣州音樂專
科學校及廣東舞蹈學校。廣東文藝界的活躍，
在全國引起強烈反響。1978 年 3 月 2 日，《人民
日報》以頭版頭條報道了廣東文藝界「三個活
躍」（即思想活躍、創作活躍、演出活躍）的可
喜局面。

　　此後，廣東文化建設「大膽地試，大膽地闖」，不斷衝破不合時宜的
觀念束縛，以解放思想引領改革開放，以改革推動發展，開啟了一個個
輝煌的文化發展新篇章。

＊ 1979 年 1 月《南方
　日報》發表《思想非
　來一個大轉變不可》
　的社論

（一）文化與市場「親密接觸」（1979 年至世紀之交）

　　改革開放初期，憑藉毗鄰港澳的地緣優勢和中央賦予的特殊政策，廣東率先打破了由政府「包辦」文化的計劃經濟模式。

▶ **1979 年**　　　　　　　　　廣州東方賓館成立了全國第一支企業辦的專業
　　　　　　　　　　　　　　　文藝團隊，開辦了全國首家經營性的音樂茶座；
　　　　　　　　　　　　　　　與此同時，廣東粵劇團也在同時期率先嘗試到
　　　　　　　　　　　　　　　香港去搞商業演出。這些現象的出現，標誌着
　　　　　　　　　　　　　　　文化體制改革在廣東率先破局。

　　此後，以音樂茶座及營業性舞會、演出等形式為主的文藝演出活動在市場化方面首先得到承認，在國家文化主管部門的推動下，文藝院團的市場化改革日益活躍。至 80 年代中期，以承包經營責任制為主要形式的藝術院團改革，逐步在全國地市級以下得到推廣。1988 年 2 月，文化部、國家工商行政管理局聯合發佈的《關於加強文化市場管理工作的通知》，第一次明確使用了「文化市場」的概念，規定了文化市場的管理範圍、任務、原則和方針。1988 年 9 月，國務院轉發文化部《關於加快和深化藝術表演團體體制改革的意見》，提出在藝術表演團體的組織運行機制上逐步實現「雙軌制」的具體改革意見。按照該意見精神，藝術表演團體實行「雙軌制」，即少數代表國家和民族藝術水平的，或帶有實驗性的，或具有特殊的歷史保留價值的，或少數民族地區的藝術表演團體，由政府主辦，要少而精；大多數藝術表演團體，應當採取多種所有制形式，由社會主辦；打破「大鍋飯」「鐵飯碗」，進一步推進人事制度、分配制度等內部機制改革，如全民所有制藝術表演團體對藝術表演人員要實行聘任合同制或演出合同制；建立完善的文化市場體系，為藝術表演團體和藝術表演人員提供良好的競爭環境；政府文化主管部門對藝術表演團體實行間接管理，藝術表演團體成為獨立的社會主義藝術生產的經營實體。

＊ 1981 年，全國首家音樂茶座 —— 廣州東方賓館翠園宮音樂茶座

　　在此背景下，廣東加大力度，將部分文化事業單位通過轉企改制推向市場。1988 年 12 月，廣東頒佈《廣東省直屬藝術表演團體體制改革方案》，對藝術院團「放水養魚」，大大調動了文藝院團的積極性。至 20 世紀 90 年代初，大部分省級以下的藝術團體都改為由社會主辦的民間職業團體。這些劇團自籌資金、自負盈虧，演職員實行合同制，演員按勞取酬，經營方式靈活。

▶ **1992 年**　　　　　　　　鄧小平視察南方並發表重要談話；同年，中共十四大勝利召開，確立了建設社會主義市場經濟的改革目標，中國改革開放和現代化建設進入了一個新的階段。

　　圍繞「發展社會主義市場經濟」的改革目標，廣東加大文化體制改革的力度，並嘗試向分類改革推進，以組建文化產業集團為突破口成為這一階段文化體制改革的重點。

▶ **1993 年 2 月**　　　　　　羊城晚報報業集團作為改革試點，在全國報業

中率先實行社長領導下的總編輯、總經理負責
制，在管理體制上實行「事業單位企業管理」，
採編部門及財務、技術等部門採取管理中心
制，廣告、發行、網絡、物業管理等部門全部
實行公司化管理。

　　在前期試點的基礎上，廣東將改革的經驗做法推向全面。1996 年 1
月，全國首家報業集團 —— 廣州日報報業集團正式成立，它標誌着廣東
報業向集團化建設邁出重要一步，同時也為做大做強廣東文化產業起到
了良好的示範作用。此後，全省陸續組建了南方日報報業集團、羊城晚
報報業集團、深圳報業集團和家庭期刊集團等集團企業。以廣東報業為
代表的媒體產業逐漸進入了集團化、產業化、規模化的經營階段。

＊ 1993 年南國書香節廣州中國圖書交易會

此後，全省範圍內文化藝術、新聞出版、廣播電視等事業單位紛紛轉企改制，逐步推進企業化經營和市場化運作。到了 90 年代末 21 世紀初，廣東的文化體制改革初顯成效，文化市場逐步完善，文化管理體制基本理順。

（二）文化改革發展由試點到全面推進（2002 — 2012 年）

自 2003 年起，中央系統性地啟動文化體制改革，決定用十年的時間，到 2012 年底前，基本完成文化體制改革的工作。改革採用「試點 —擴大試點 — 全面推開」的循序漸進做法，務求改革的穩妥見實效。在中央系統推進文化體制改革的 10 年間，廣東相繼提出「文化大省」和「文化強省」戰略，在時段上與中央整體推進文化體制改革的進程大體一致。

1.「文化大省」建設時期（2002 — 2008 年）

▶ 2002 年 11 月　　　　中共十六大召開，報告提出文化生產力是綜合國力的重要標誌，並首次將文化建設領域的工作區分為「文化事業」和「文化產業」兩個方面，要求對深化文化體制改革、加快發展文化事業和文化產業作出重大部署，「抓緊制定文化體制改革的總體方案」。

▶ 2002 年 12 月　　　　廣東省委九屆二次全會召開，全會正式提出建設「文化大省」。會議指出，要「在推進經濟強省建設的同時，加快推進文化大省建設，為經濟社會發展提供精神動力和智力支持。要全面提高全省人民的思想道德素質和科學文化素質；以深化文化體制改革為動力，大力推動文化事業和文化產業發展」。

▶ **2003 年初**　　　中宣部會同文化部、國家廣電總局、新聞出版總署等有關部門，在深入調查研究的基礎上，擬定了《文化體制改革試點工作方案》。7 月，中共中央辦公廳和國務院辦公廳聯合轉發了經中共中央、國務院批准的《中宣部、文化部、國家廣電總局、新聞出版總署關於文化體制改革試點工作的意見》，正式確定北京、上海、廣東、浙江、重慶、深圳、瀋陽、西安、麗江等九個省市為文化體制改革綜合性試點地區，山東大眾報業集團、國家圖書館、中國電影集團公司等 35 家單位具體承擔試點任務，並由國務院印發《文化體制改革試點中支持文化產業發展的規定（試行）》和《文化體制改革試點中經營性文化事業單位轉制為企業的規定（試行）》兩個文件，兩文件都對文化體制改革涉及的財政稅收、投融資、資產處置、工商管理等十個方面的問題提出了明確的指導意見，從具體政策上支持和推動文化體制改革的發展。

▶ **2003 年 7 月**　　廣東省成立了文化體制改革試點工作領導小組，與原已成立的文化體制改革和文化大省建設領導小組合二為一，既負責改革試點工作，又負責文化大省建設工作。9 月 23 日，省委、省政府召開了廣東省文化大省建設工作會議，並於會後印發了《中共廣東省委、廣東省人民政府關於加快建設文化大省的決定》《廣東省建設文化大省規劃綱要（2003 － 2010 年）》兩份

文件，強調廣東要以列入全國文化體制改革綜合試點省為契機，儘快建立黨委統一領導、政府依法管理、行業自律、企事業單位自主經營有機統一的文化管理體制，實行政事分開、政企分開、管辦分開，為文化事業和文化產業的發展提供良好的體制環境。此後，中共廣東省委辦公廳、省人民政府辦公廳於 2003 年下半年印發《廣東省文化體制改革試點工作方案》，明確了廣東文化體制改革試點工作的指導思想、基本要求和工作目標，提出了改革文化管理體制、轉換微觀運行機制、加快文化市場建設、制定和實施相關配套政策、優化文化資源配置、提升對外文化交流水平等六項改革試點工作主要任務。方案還確定廣州、深圳、東莞三市為省文化體制改革試點地區，南方日報報業集團等 12 個單位為省文化體制改革第一批試點單位。

▶ 2003 年 12 月 17 日　廣東省政府辦公廳再印發《關於深化文化體制改革建設文化大省的若干配套經濟政策》，要求政府在文化經營上要「退」，文化事業上要「扶」，文化投資上要「引」，文化市場上要「管」，使政府不再是包辦文化的「婆婆」，而是做自己該做的事。與此同時，進一步放開文化產業領域，將民辦文化企業納入現有省支持民營企業的專項資金範圍予以支持。

　　此後，廣東的文化體制改革和文化建設由此進入加速發展的階段。在這一階段，廣東作為全國文化體制改革的試點省份，文化體制改革工作完成階段性驗收。

▶ 2005 年 4 月　　　　全省文化體制改革試點工作會議在廣州召開，制定下發了《廣東省文化體制改革和文化大省建設領導小組關於進一步擴大文化體制改革試點範圍的意見》，改革試點範圍擴大，進一步向面上拓展，廣東新增了珠海、佛山、惠州、中山、江門、肇慶、汕頭、韶關、湛江九個市和嶺南美術出版社、廣東教育書店等九個單位為廣東省第二批文化體制改革綜合性試點市和單位。

▶ 2006 年 4 月　　　　省委、省政府召開全省深化文化體制改革工作會議，主題是學習貫徹中央精神，總結交流改革試點工作經驗，全面部署深化文化體制改革和文化發展工作。會後，印發了《中共廣東省委、廣東省人民政府關於深化文化體制改革、加快文化事業和文化產業發展的決定》，要求繼續解放思想，深化文化體制改革。

▶ 2007 年 4 月　　　　廣東省人民政府辦公廳印發《廣東省文化產業發展「十一五」規劃》，明確深化文化體制改革，加快政府職能轉變，推動政企分開、政資分開、政事分開、管辦分離；推動經營性文化事業單位轉企改制，完善法人治理結構；不斷完善文化市場綜合執法的體制機制，進一步加強文

化市場綜合執法。在「十一五」期間實現全省文
化產業力爭實現年均增長 15% 以上、到 2010 年
達到 3000 億元的總目標。

　　廣東文化體制改革工作持續加快推進，文化大省建設成效顯著，根
據 2008 年廣東省政府工作報告，「文化資源得到整合優化，組建了一批
大型文化集團。文藝創作繁榮發展，湧現出一批具有嶺南特色和時代精
神的精品力作。基層文化和群眾文化工作得到加強，公共文化服務體系
不斷完善，首創公共文化流動服務網絡，建成一批高水準的重點公共文
化設施。文化遺產保護力度加大，開平碉樓與村落成功列入世界文化遺
產名錄。音樂『金鐘獎』永久落戶廣州。文化產業蓬勃發展，中國國際
音像博覽會、中國（深圳）國際文化產業博覽會等成為亮麗品牌」。

2.「文化強省」建設階段（2009－2012 年）

▶ 2009 年 7 月　　　　　　廣東省委辦公廳、省政府辦公廳印發《關於加快
　　　　　　　　　　　　提升文化軟實力的實施意見》，首次明確提出要
　　　　　　　　　　　　實施「文化強省」戰略。該意見在明確戰略目
　　　　　　　　　　　　標、路徑、要求的基礎上，提出了加快提升廣
　　　　　　　　　　　　東省文化軟實力的七大舉措，即全面實施提高
　　　　　　　　　　　　公民素質工程、文化精品工程、文化改革創新
　　　　　　　　　　　　工程、公共文化服務體系建設工程、文化產業
　　　　　　　　　　　　提升工程、文化「走出去」工程、高端文化人才
　　　　　　　　　　　　培養和引進工程等。

▶ 2010 年 7 月　　　　　　中共廣東省委召開十屆七次全會，專題研究文
　　　　　　　　　　　　化強省建設，審議通過了《廣東省建設文化強省
　　　　　　　　　　　　規劃綱要（2011－2020 年）》，對全面深化文
　　　　　　　　　　　　化體制改革、推動廣東文化大發展做出部署。

＊廣州塔

為此，省委、省政府還專門制定文化強省建設綜合評價指標體系和《廣東省建設文化強省規劃綱要（2011－2020 年）》分工方案及實施文化強省建設「十大工程」。計劃 2011－2015 年，全省財政將投入 250 億元以上用於支持文化強省建設。

與此同時，按照中央的部署和要求，廣東文化體制改革也進入全面提速階段，由試點鋪開轉入全面攻堅。在鞏固前期改革的基礎上，廣東全省上下協同推進，提前完成了中央部署的文化體制改革工作攻堅任務，湧現了不少可圈可點的改革亮點。

在文化市場綜合執法機構的組建和完善方面。早在 1983 年，深圳市率先在市文委內專設了文化市場管理處，建立專職的文化稽查隊，由市、區（縣）文化部門統一指揮，為全國推進文化市場綜合執法改革提

供了有益的嘗試。2005 年，廣東針對全省 21 個地級以上市原本分散在文
化局、廣電局和出版局的稽查隊合併，成立文化市場綜合執法機構，在
廣電系統初步實現了政事、政企分開和管辦分離的文化行政執法管理體
制，在全國率先完成了市、縣兩級組建文化廣電新聞出版局和文化市場
綜合執法機構的工作。2009 年，廣東在國內率先組建省級文化市場綜合
執法局，全省統一的文化市場綜合執法體系由此基本形成。

　　在創新國有文化資產管理體制方面。2009 年，在全國率先成立了廣
東省國有經營性文化資產監督管理辦公室，實現了管人、管事和管資產
的有效結合。2010 年 8 月，由南方廣播影視傳媒集團和 19 個地級市電
視台以聯合發起、資產入股的方式組建的省廣播電視網絡股份有限公司
掛牌成立，由此創造了獨具特色的國有經營性文化資產整合的「廣東模
式」，在全國廣電行業引起了較大的反響。截至 2011 年，廣東共完成轉
制的經營性文化事業單位近 300 家，核銷事業單位編制 7000 多個；全面
完成了全省 50 家圖書、音像和電子出版單位，104 家新華書店，2 家電
影製片廠，3 家國有電視劇製作機構，省和 21 個地級以上市電影公司、
有線廣電網絡機構的轉企改制任務。

＊廣東省博物館新館

▶ 2012 年 2 月　　　　在太原召開的全國文化體制改革工作會議上，廣東省榮獲「全國文化體制改革工作先進地區」稱號，廣州、深圳、珠海、佛山、惠州、東莞、中山、江門、肇慶、清遠十個市也同時被評為「全國文化體制改革工作先進地區」。

（三）十八大以來的廣東文化改革發展

中共十八大以來，以習近平總書記重要講話精神為引領，文化改革發展在新的起點上再出發，一批具有引領性、標誌性的制度創新成果相繼出台。截至 2017 年，中共十八屆三中、四中、五中、六中全會所確定的 104 項文化體制改革任務都已經基本完成，文化創新創造的活力由此被進一步激活。

在此背景下，廣東乘勝前進，全方位推進文化改革發展，文化建設工作再創佳績。中共十八大以來，廣東整體推進文化體制改革，文化改革發展漸入佳境。

第一，調整壓縮文化行政審批事項，推行行政審批的標準化。中共十八大以來，廣東採取委託、下放等方式，將省級行政審批權限轉移給地方及有關單位實施，如：將「館藏二、三級文物修復、複製、拓印許可」中的「複製、拓印許可」以及「博物館二級以下（含二級）藏品取樣方案審批」「從事考古發掘的單位保留少量出土文物作為科研標本審批」和「外國公民、組織和國際組織參觀未開放的文物點和考古發掘現場審批」委託給考古發掘資質單位實施；將「非國有文物收藏單位和其他單位借用省級國有文物收藏單位館藏二級以下文物審批」委託給省級國有文物收藏單位實施。取消了一批行政審批事項，取消「文物商店銷售文物審核」「設立經營性互聯網文化單位審批」等。

第二，放寬市場准入門檻。2013 年以來，廣東省文化廳先後取消對上網服務場所和遊戲遊藝場所總量及佈局規劃的行政性規定，取消設

立經營性互聯網文化單位最低註冊資本 100 萬元、從事網絡遊戲經營
活動最低註冊資本 1000 萬元的限制。從而有效地激發了廣東文化市場
主體及活動的增加。2017 年，廣東省文化廳新審批設立的經營性互聯網
文化單位 2708 家，主體數量躍居全國首位；審批營業性涉外、涉台演出
1049 件；審批藝術品進出口經營活動 113 宗；審核遊戲遊藝機機型機種
965 款。

　　第三，持續完善網上辦事大廳建設。廣東近年來致力為企業和民眾
提供方便快捷的「一站式」網上辦事服務。通過電子政務建設，優化行
政審批流程，規範政府行為，推動向服務型政府轉型。

二、精神文明建設漸入佳境

▶ 1979 年 9 月　　　在中共十一屆四中全會上討論通過的葉劍英為
國慶 30 周年大會準備的講話稿中，首次提出
了「建設社會主義精神文明」的命題。講話稿指
出「我們要在建設高度物質文明的同時，提高全
民族的教育科學文化水平和健康水平，樹立崇
高的革命理想和革命道德風尚，發展高尚的豐
富多彩的文化生活，建設高度的社會主義精神
文明。這些都是我們社會主義現代化的重要目
標，也是實現四個現代化的必要條件」。

　　改革開放 40 年轉眼即將過去，我們對於精神文明建設的認識和實
踐，也伴隨着時間的推移而不斷深化和深入，精神文明建設的成果也越
發紮實而具實效。先行一步的廣東，在中共中央加強社會主義精神文明
建設的統一部署下，積極探索符合廣東實際的做法，形成了富有廣東特
色的精神文明建設路徑。

（一）改革開放之初對「精神污染」的處理

改革開放初期，國門打開，外來的各式思想觀念、行為方式紛紛進入中國。這時，就難免出現泥沙俱下的情況。但當時許多人的思想觀念依然禁錮在極左的束縛中，對任何新的變化新的做法都習慣地用固有的尺子來丈量、評判。面對這樣的情況，如果都以「一關了之」「一禁了之」的做法來處理，無疑是錯誤的，是於改革開放無益的。這就需要黨委政府班子頂住壓力，發揮中流砥柱的作用，正確把握問題處理的方向和尺度。

▶ **80 年代初期**

精神文明建設就開始面臨「門」開了之後如何正確看待外來思想文化的問題。1981 年冬，思想文化領域開展反精神污染的整治運動。當時，主要包括拆「魚骨天線」、堵香港電視、打非掃黃、清理非法小報、整頓音樂茶座歌舞廳、打擊文化走私行為、堵截沒經檢批的外來圖書入境等具體工作。但在這個過程中，有的地方採取了簡單化的粗暴做法，即不分青紅皂白，對外來的文化產品、文藝活動一掃而光，對外來

*1979 年春節，廣東電視台與香港電視廣播有限公司在廣州烈士陵園聯合舉辦了大型文藝節目《羊城賀歲萬家歡》，開創了粵港友好合作大型文藝節目的先河

的生活方式一律一批到底。結果，有些外商見內地如此「污」「外」不分，紛紛擔心又要「閉門」了，再也不敢放膽來投資。

▶ 1982 年春　　時任省委第一書記的任仲夷接受了記者採訪，及時、鮮明地提出「排污不排外」的方針。他指出，「盲目排外是錯誤的、愚蠢的；自覺排污是必要的、明智的」。在實踐中，我們也是按照這個方針來把握分寸，指導具體的工作。什麼是污、淫穢色情的東西？不符合人類基本道德規範的東西，違背四項基本原則的東西，就是「污」，應當把它們堵在國門之外，混進來了也要予以取締。但是，國外一些別具特色的舞蹈、新潮音樂歌曲、新異服飾、個性化生活方式等，這些都是很正常的文化現象，體現了人性的多樣性發展，也反映了人的基本需求，有的還包含着人類優秀的文化成果。此外，國外的一些有關發展民主政治、建設法制社會、保護和尊重人權的思想，同樣是有價值的東西，值得我們學習和借鑒，為什麼一定要排斥呢？

　　對「外來」與「污染」的辯證分析，有力地激發了人們理性對待新生事物的自覺，提升了廣大幹部群眾的認識水平，澄清了許多人們的模糊認識。鄧小平在中共第十二屆中央委員會第二次全體會議上說到，加強黨對思想戰線的領導，克服軟弱渙散的狀態，已經成為全黨的一個迫切的任務。在工作重心轉到經濟建設以後，全黨要研究如何適應新的條件，加強黨的思想工作，防止埋頭經濟工作，忽視思想工作。此後數年

間，廣東堅持「排污不排外」的方針，把「清外污」與「清內污」相結合，把「清污」與精神文明創建相結合，排除了右與「左」的干擾，有效地清除了「精神污染」，社會主義精神文明建設取得了顯著成效。

（二）注重實效，探索精神文明建設新路

改革開放 40 年來，在中央的統一指導和部署下，廣東結合自身實際，創新做法，形成了一套廣覆蓋、重內涵、富實效的創建精神文明的做法。

1.將精神文明建設納入政策規劃

改革開放以來，中央將精神文明建設工作放到重要位置，出台相關的政策規劃，這是精神文明建設工作不斷取得突破的基礎所在。自 1979年提出精神文明建設的說法以來，中央在各種重要會議中都將精神文明建設納入重要議題。如：1980 年 12 月召開的中央工作會議，把精神文明建設列為重要議題。1981 年 6 月，中共十一屆六中全會審議通過的《關於建國以來黨的若干歷史問題的決議》，把社會主義精神文明建設定位為社會主義現代化建設道路的十個要點之一。1982 年 4 月，中央政治局討論「打擊經濟領域中嚴重犯罪活動」的會議上，第一次提出建設社會主義精神文明是堅持社會主義道路的「四項必要保證」之一。

▶ **1986 年 9 月**　中共十二屆六中全會通過了《中共中央關於社會主義精神文明建設指導方針的決議》，這是第一次在黨的全會上以決議的形式把社會主義精神文明建設列入現代化建設的總體佈局。該決議指出「建設社會主義精神文明，是解決社會主義社會主要矛盾、實現社會主義根本目的的要求，是我們堅持社會主義道路，進行現代化建設的最重要保證之一」。

* 1982 年，廣州粵劇團第一次赴加拿大、美國演出，獲廣大華僑和外國評論家的高度評價。紐約亞洲藝術協會和聯合國交響樂協會為紅線女頒發了「傑出藝人獎」。圖為紅線女演出劇照

在此背景下，廣東積極落實中央部署，結合廣東實際制定相關的政策規劃文件，精神文明建設工作有章可循，有制度保障。

▶ 1987 年　　　　　編制了《廣東省社會主義精神文明建設規劃》。

▶ 1990 年 12 月　　省委印發《廣東省「八五」期間社會主義精神文明建設規劃要點》，該要點其中提出要突出社會公德建設。

▶ 1994 年 12 月　　省委、省政府印發《廣東省社會主義精神文明建設綱要》，分別從加強思想道德建設、科學文化建設、民主與法制建設、環境建設及文明單位建設等五個方面，對未來 20 年廣東精神文明建設的指導思想、目標任務、措施等作出明確的規劃。

▶ 1996 年 11 月　　在中共十四屆六中全會審議通過了《中共中央關於加強社會主義精神文明建設若干重要問題的決議》後的一個月，中共廣東省委七屆五次全會

通過了《中共廣東省委關於加強思想道德文化建設的決定》，指出要突出抓好黨員幹部和國家公務員的道德建設，抓好各行各業幹部職工的職業道德建設，抓好全社會公民的社會公德建設和抓好家庭美德建設。12月，省精神文明建設委員會和省委宣傳部印發了《關於加強我省職業道德建設的實施意見》，就加強職業道德建設着重要抓好的工作，以及確保職業道德建設落到實處需要採取的措施提出了明確的要求。

▶ **1999 年 10 月**

中共廣東省委印發《關於加強和改進思想政治工作的若干實施意見》，就加強思想道德建設提出了具體目標和要求。

▶ **進入 21 世紀**

廣東又陸續印發了《關於貫徹〈公民道德建設實施綱要〉的意見》（2002 年）、《關於加快建設文化大省的決定》（2003 年）、《廣東省建設文化大省規劃綱要（2003 — 2010 年）》（2003 年）、《關於加快提升文化軟實力的實施意見》（2009 年）、《廣東省建設文化強省規劃綱要（2011 — 2020 年）》等指導、規劃性文件，為精神文明建設指明了方向，明確了目標，精神文明建設逐漸步入科學化、系統化和規範化的軌道。

2. 系統性開展精神文明創建活動

結合廣東經濟社會發展的實際情況和需要，系統性地開展各種精神文明創建活動。

　　一是鼓勵窗口行業、服務單位開展文明競賽。針對窗口行業、服務
單位持續開展的講文明、講禮貌，創「三優」（優質服務、優良秩序、優
美環境）、評「三佳」（最佳服務員、最佳乘務員、最佳售貨員）活動，
有效地提升了全省窗口行業和服務單位的服務水準和職業道德水平。

　　二是推動創建文明單位活動全覆蓋。縱向上，推進文明家庭建設、
文明村鎮建設，文明縣（區）建設，形成文明單位創建的鏈條；橫向上，
加強城市精神文明建設、農村精神文明建設、富裕地區精神文明建設、
欠發達地區精神文明建設的協同性，使創建文明單位活動形成點面結
合、條塊結合、城鄉互補、全社會覆蓋的局面。1992 年起，廣東在農村
地區推廣南海市創建文明戶、文明村、文明鎮、文明路段的經驗做法，
在城鎮街道推廣廣州市南華西街創建文明街道的先進經驗，使「全省學兩
南」的群眾性精神文明建設活動蓬勃開展。至 90 年代中期，全省共先後
評選出 150 多萬個文明戶、1.2 萬個文明村，一批經濟繁榮、社會文明、
環境優美的現代化文明村在廣東尤其是珠江三角洲地區崛起。

＊ 基層社區加強精神文明建設，開展豐富多彩的文化活動

三是開展全省範圍內的講公德、樹新風活動。其一，廣泛開展以婚事新辦、喪事簡辦為主要內容的移風易俗活動。通過制度約束、政策宣講和社會討論，引導人們養成適應時代發展需要的規範意識、行為自覺。鼓勵基層成立各種群眾性自治自律組織，如「婚事新辦理事會」「老人福利會」「婦女禁賭協會」等，推動全社會普遍形成勤儉節約、婚事新辦、喪事簡辦的風氣。其二，開展群眾性「講文明，樹新風」的精神文明建設活動。80 年代初，響應中央開展「五講四美三熱愛」活動。1989 年初，省委提出在全省樹立「28 字」文明新風的要求：「好學上進、團結友愛、誠實禮貌、健康文娛、衛生美化、勤儉辦事、遵紀守法」，為樹立社會主義文明新風尚提供了明確易懂的規範指引。

3. 形成重視精神文明建設社會氛圍

通過召開各種形式的座談會、研討會、社會大討論，推動精神文明建設的理論建設，形成廣泛的社會共識。

首先，舉行高規格的經驗交流推廣活動及表彰會，樹立榜樣，引導做法。1984 年 6 月，省委、省政府召開「廣東省社會主義文明建設先進單位、先進工作者表彰大會」。1985 年 1 月，省委在廣州市南華西街召開現場會，總結推廣南華西街堅持「兩個文明建設一起抓，建設文明新街道」的經驗。1991 年 4 月，省委召開「廣東省社會主義精神文明建設工作會議」，總結精神文明建設的經驗。1992 年 4 月，省委在南海市召開「廣東省創建文明戶、文明村鎮經驗交流會」，系統總結了南海市開展「創建文明村鎮、文明戶活動」的經驗。1993 年 11 月，省委、省政府召開全省性的「切實加強社會主義市場經濟條件下的精神文明建設」工作會議。1994 年 11 月，省文明委召開「廣東省創建高標準文明村鎮座談會」。1995 年 12 月，省委、省政府召開「全省創建文明單位經驗交流會」。

進入 21 世紀，省委、省政府持續加強精神文明建設，推動精神文明

＊ 南華西街精神文明建設的經驗引來各地競相學習

躍上新台階。2001 年，省委、省政府推動加強誠信建設，打造「信用廣東」；2002 年，中共廣東省委印發《關於貫徹〈公民道德建設實施綱要〉的意見》，大力推動實施公民道德建設，促進良好風尚的養成；2003 年，開展「新時期廣東人精神」大討論；2004 年，召開加強和改進未成年人思想道德建設工作會議，推進未成年人思想道德建設；2005 年，開展「愛國、守法、誠信、知禮」現代公民教育，開展對大學生進行「立志、修身、博學、報國」主題教育；2006 年，在全省開展學習宣傳實踐社會主義榮辱觀活動；2007 年，開展建設社會主義核心價值體系學習宣傳活動，夯實社會和諧穩定的共同思想基礎。

其次，推動理論研究與通俗讀物編寫。省文明委、省委宣傳部於 1992 年成立了廣東省精神文明建設研究中心，專門負責省委、省政府精神文明建設方面決策的諮詢和推動社會主義精神文明建設的理論研究工作。1993 年 12 月，成立廣東精神文明學會，發動社會力量組織開展精神

文明建設的理論研究。編寫出版了熔中華民族傳統美德和現代文明修養於一爐的《新三字經》《新增廣賢文》《社會公德四字歌》《公民道德格言》《中華道德名言精粹》等思想道德教育讀物。

(三) 十八大以來的精神文明創建

中共十八大以來,廣東按照中央的部署要求,認真學習領會和貫徹落實習近平總書記的系列重要講話精神,圍繞培育和踐行社會主義核心價值觀這一主線,不斷推動精神文明建設更上一層樓。

▶ **2014 年兩會期間**　　習近平總書記參加廣東代表團審議時,寄語廣東要堅持物質文明和精神文明兩手抓兩手硬,讓陽光的、美好的、高尚的思想和行為在全社會蔚然成風。而在這之前的中央政治局第十三次集體學習中,習近平總書記強調,要把培育和弘揚社會主義核心價值觀作為凝魂聚氣、強基固本的基礎工程。這無疑為廣東在新的時代環境下開展精神文明建設指明了方向。

1. 做好精神文明建設的規劃指引

精神文明創建工作是一項複雜的系統工程。中共十八大以來,廣東省委、省政府圍繞全省工作大局,認真做好規劃部署,統籌推進精神文明建設工作。

▶ **2014 年 5 月**　　　《廣東省社會科學普及條例》由廣東省第十二屆人大常委會第九次會議表決通過。該條例通過立法的形式,首次把社會科學在推動人類歷史前進中的地位作用以及繁榮發展納入法治

化軌道，這無疑是廣東法治建設的一項重要創新，它明確各級政府在社會科學普及工作中的職責，規範了社會科學普及的內容與形式，厘清了社會科學普及的社會責任，保障了普及組織和工作者的合法權益，規定了社會科學普及的資金保障與激勵措施和法律措施，依法保證了廣東社會科學普及事業在法制軌道上運行，標誌着廣東社會科學普及工作進一步走向法制化、規範化。其對於廣東培育和踐行社會主義核心價值觀，繁榮發展廣東的社會科學事業，提高全民思想道德素質和精神文明水平，促進廣東深化改革開放，將起到巨大的推動作用。

▶ 2014 年 7 月　　　省政府印發《廣東省社會信用體系建設規劃（2014 — 2020 年）》，全面推動社會信用體系建設，努力提高全社會的誠信意識和水平，全面建設信用廣東，為實現「三個定位、兩個率先」的目標營造良好發展環境。

▶ 2015 年 4 月　　　廣東省文明委印發《廣東省精神文明建設提升計劃（2015 — 2017 年）》，指出要以培育和踐行社會主義核心價值觀為主線，紮實開展理想信念、核心價值觀培育踐行、法治文化建設、優秀傳統文化弘揚、道德風尚、文明創建、文明行為、志願服務等八大提升行動，着力提高公民文明素質和社會文明程度。

▶ 2017 年 7 月　　　　　　廣東印發《廣東省公民文明素質和社會文明程度
　　　　　　　　　　　　　提升行動綱要（2017 — 2020 年）》，明確廣東
　　　　　　　　　　　　　力爭到 2020 年，使社會主義核心價值觀成為全
　　　　　　　　　　　　　體公民的共同價值追求和行為準則，並推動公
　　　　　　　　　　　　　民文明素質和社會文明程度得到顯著提高。

2. 確保社會主義核心價值觀建設落到實處

▶ 2014 年 9 月　　　　　　在省委常委會議上，時任省委書記胡春華指
　　　　　　　　　　　　　出，要多措並舉，把社會主義核心價值觀更好
　　　　　　　　　　　　　地貫穿到經濟社會發展之中，滲透到人民群眾
　　　　　　　　　　　　　的日常生產生活之中，融入到法規制度制定之
　　　　　　　　　　　　　中，確保社會主義核心價值觀建設落到實處。

　　首先，圍繞着將社會主義核心價值觀建設落細、落小、落實的要
求，各級各部門大力推進實施核心價值觀建設「六個一」工程，為精神
文明建設構築靈魂基石。一是實施「一城一品牌」工程，構築城市之魂。
二是實施「一行一重點」工程，夯實行業之基。通過創新實施核心價值
觀「1+X」模式，紮實推進行業文明建設，積極打造「匠心企業」「六和
社區」「明禮學校」「精誠醫院」「誠信商圈」等多個行業核心價值觀建設
品牌。三是實施「一園一主題」工程，打造藝術之景。通過雕塑、牆繪、
石刻、書法、剪紙等技藝，積極將各種傳導核心價值觀的文化元素藝術
性融入公園景觀之中。四是實施「一地一廣告」工程，扮靚形象之美。圍
繞習近平總書記對廣東工作重要批示、核心價值觀、優秀傳統文化、講
文明樹新風等重點主題，各級黨委宣傳部、文明辦今年發佈了上千幅公
益廣告作品。五是實施「一節一活動」工程，傳承優秀美德。各地以「我
們的節日」為主題，開展豐富多彩的群眾文化活動，弘揚優秀傳統文化，

匯聚正能量。六是實施「一村一特色」工程，建設文明之村。各地深入挖掘、提煉村居特色文化，努力打造特色美麗村居品牌。

其次，創新形式，將社會主義核心價值觀的宣傳融入人民日常生活。通過創新平台載體、形式內容，廣東在全省公園、廣場、車站、碼頭等公共場所廣泛張貼、刊播社會主義核心價值觀公益廣告，形成強大宣傳聲勢。在社區、學校、機關、鄉村確立 100 個示範點，打造 100 個核心價值觀主題公園；在全省開展非公有制經濟組織踐行社會主義核心價值觀示範點的推薦和評審工作，授予 101 個單位為廣東省非公有制經濟組織踐行社會主義核心價值觀示範點，有效地促進了核心價值觀宣傳教育融入廣大幹部群眾的生活、工作場景。

此外，通過將精神文明創建活動制度化、常態化，營造崇德向善、見賢思齊、德行天下的濃厚氛圍，讓文明成為習慣。比如，將學雷鋒志願服務制度化、規範化。全省註冊志願者超過 900 萬人，志願服務團體超過 5 萬個，快速增長的志願者隊伍，不斷刷新廣東文明新高度。又如，遍佈城鄉基層的各式各類道德講堂，以及「廣東好人」「道德楷模」等精神文明先進人物評比的常態化，用身邊故事教育身邊人，為居民提供了接受道德教育的便捷途徑。

3. 以「創文」為抓手，推動精神文明建設「虛功實做」

以創建「全國文明城市」為抓手，將精神文明建設「虛功實做」，廣泛開展文明鎮街、文明村居、文明單位、文明家庭、文明校園等創建工作，促進城鄉文明協調發展，以文明創建推動精神文明建設上新水平。

截至 2016 年底，廣東先後有 8 個地級以上市獲全國文明城市，有 10 個城市獲全國文明城市提名資格，87 個村鎮獲全國文明村鎮，202 個單位獲全國文明單位，404 個村鎮成為廣東省文明村鎮。全省 90% 以上的城市正在爭創全國和省級文明城市。2017 年 7 月，省委辦公廳印發《廣東省公民文明素質和社會文明程度提升行動綱要（2017 — 2020 年）》，

明確提出珠三角將在 2020 年建成全國文明城市群，粵東西北地區省級以上縣級文明城市數量達到 40 個，文明村鎮覆蓋率達到 95% 以上。

改革開放 40 年，廣東的社會主義精神文明建設已經形成較為成熟的做法。廣東在精神文明建設領域的持續付出，正在為推動實現「三個定位、兩個率先」注入強大的精神力量和豐潤的道德滋養。通過持之以恆的理想信念教育、社會主義核心價值觀的培育踐行，廣東正在迎來物質文明建設和精神文明建設比翼雙飛的良性局面。

三、文化事業產業雙輪驅動

從改革開放之初文化與市場的「熱戀」開始，到 21 世紀之交對文化事業與文化產業的辨識與區分，再到十年文化體制改革任務的如期完成，我們對於文化改革發展的認識和把握愈益深入、抵近本質，新的文化發展理念得以基本確立。新的文化發展理念，集中表現在正確認識和處理「兩個輪子」（公益性文化事業和經營性文化產業）、「兩種屬性」（文化產品的商品屬性與意識形態屬性）、「兩個效益」（文化產品的經濟效益與社會效益）、「兩個格局」（以公有制為主體、多種所有制共同發展的文化產業格局，以民族文化為主體、吸收外來有益文化的文化開放格局）、「兩個市場」（國內文化市場與國際文化市場）、「兩個動力」（改革與科技）等一系列問題上。

中共十八大以來，隨着中央對文化戰略的部署與推進，新一輪文化改革發展的宏偉畫卷已然勾勒成形，「工筆丹青」正在進入精雕細琢的階段。在此背景下，廣東文化建設再攀新高地，文藝創作生產、公共文化服務體系建設、文化市場與文化產業發展等盡顯「勃勃生機」。

（一）文藝創作精品紛呈

改革開放所展開的時代畫卷，精彩紛呈且富有活力，為文藝創作提

供了豐富的素材。廣東的文藝工作者不負
時代，用時代之筆譜寫時代之歌。上世紀
八九十年代，廣東文藝精品迭出。從電影
《亞馬哈魚檔》開始，經歷電視劇《公關小
姐》《外來妹》《情滿珠江》《和平年代》《英
雄無悔》等等；從改革開放之初的音樂茶
座，到 90 年代以後廣東流行音樂、打工文
學的風靡全國，廣東文藝引領了持續達 20
餘年之久的時代話題，成為改革開放所鑄
就的新文化景觀。

＊《外來妹》是由廣州電視台推
出的十集電視連續劇。1991
年在中央電視台推出，轟動
全國

　　中共十八大以來，特別是習近平總書
記在文藝工作座談會講話發表以來，廣東
文藝界以高度的文化自覺與文化自信，創
新手段方法，推動廣東文藝進入一個新的
發展階段。

▶ **2015 年初開始**　　廣東率先行動，在全省舉辦文藝骨幹學習習近
平文藝思想專題研討班和各類培訓班；率先成立
了「習近平文藝思想」課題組，專題研究習近
平文藝思想理論成就和時代價值；率先組織了
以「學習習近平文藝思想」為專題的理論學習文
章在各大主流媒體發表，營造學習、研究、宣
傳、落實習近平文藝思想的濃厚氛圍，並形成
相關研究成果。

　　近年來，廣東突出抓好重大題材創作，創作了一批思想精深、藝術
精湛、製作精良的文藝作品。2016 年 10 月，廣東歌舞劇院舞劇《沙灣往
事》參加第十一屆中國藝術節，最終捧回了第十五屆文華大獎。2016 年

10 月，廣東大型原創音樂劇《烽火・冼星海》在北京世紀劇院巡演，得到北京藝術界和觀眾的高度認可。2017 年 9 月，在全國第十四屆精神文明建設「五個一工程」表彰座談會上，廣東提交的舞劇《沙灣往事》、廣播劇《羅湖橋》、歌曲《嚮往》《愛國之戀》共 4 部作品獲優秀作品獎。

　　廣東還採取措施應對網絡時代的文藝發展。廣東是全國網絡文學重鎮。據有關網站統計，廣東網絡文學作者、作品、讀者數量居全國前列，廣東網絡文學寫手有 1 萬多人，其中比較活躍的網絡作家約 3000 人。廣東作協對此評價，近年來，廣東在網絡文學工作上先行先試，大膽嘗試，贏得了先機，積累了經驗。通過實施網絡文學精品創作計劃「網絡文學金盤工程」，重點打造「網絡文學粵軍」隊伍，做好網絡文學「大數據」「大硬盤」規模質量兼具的「大文章」。一是在國內率先成立網絡作家協會，以加強對網絡作家隊伍的有效管理。二是在國內率先推出《網絡文學評論》雜誌，掌握網絡文學話語權。三是建立健全網絡文學戰略聯盟，與全國 14 家有影響力的大型文學網站簽署戰略合作協議，並在南海創辦「廣東網絡文學基地」；與珠江電影集團、南方報業傳媒集團、廣東省廣電網絡股份有限公司、國藝影視城簽署五方合作共建基地協議，共同打造網絡文學創作與影視產業轉化的新高地，為推動全國網絡文學發展提供了「廣東方案」。四是推出廣東網絡文學排行榜，重點關注弘揚社會主義核心價值觀、堅持向上向善向美總基調、積極反映現實生活、為社會提供正能量的優質網絡文學原創作品，吸引有實力有銳氣的網絡作家，熱情關注當下社會生活，積極創作現實主義題材，為時代放歌、為人民立言。

▶ 2017 年 9 月　　　　針對文化部頒發的《「十三五」時期繁榮群眾文藝發展規劃》，廣東印發了《關於貫徹落實〈「十三五」時期繁榮群眾文藝發展規劃〉的具

體措施》，對文化惠民品牌活動、基層群眾文藝工作、群眾文藝機構、群眾文藝人才隊伍、數字化群眾文藝服務新路徑等建設提出了要求。近年來，廣東成功組織舉辦了「廣東百年經典」系列活動，其中，以「向經典致敬」為主題的南國音樂花會，以及在京、穗、深三地舉辦的「其命惟新 —— 廣東美術百年大展」，取得了巨大社會反響，有效提振了文化自信，激發了創作熱情。此外，省群眾藝術花會、「同飲一江水」打工者歌唱大賽、廣東粵曲私伙局大賽、「百歌頌中華」歌詠活動、省藝術節、嶺南民俗文化節等一系列群眾文化活動形成品牌，正在取得越來越多的社會關注和追捧。

中共十八大以來，廣東所採取的一系列振興文藝的創新舉措，換來了沉甸甸的收穫，廣東文藝正在呈現出精品紛呈、人才輩出、社會效益與經濟效益雙提升的喜人局面。

（二）構建均等共享的公共文化服務體系

▶ 2011 年 9 月　　　　廣東省第十一屆人民代表大會常務委員會第二十八次會議通過的《廣東省公共文化服務促進條例》，開創了全國公共文化服務立法的先河。該條例確立了政府主導、社會參與、協調均等、便於獲取的公共文化服務原則，明確了公共文化服務的管理體制和總體要求；規定了公共文化服務的提供規範、基層文化設施的建設和使用規範，並從資金保障、吸引社會力量參

與、加強人才隊伍建設等方面完善了公共文化
服務的激勵措施；設定了公共文化服務的監管措
施和相關法律責任。該條例的實施，是人民群
眾基本文化權益保障法治化的重要突破。

中共十八大以來，中央加大力度推進公共文化服務體系建設。

▶ 2015 年 1 月　　　中共中央辦公廳、國務院辦公廳正式印發了《關
於加快構建現代公共文化服務體系的意見》，
對現代公共文化服務體系的建設目標、基本內
容、主要路徑和保障標準等作了全面部署。10
月，國務院辦公廳印發了《關於推進基層綜合
性文化服務中心建設的指導意見》。2016 年 12
月，通過了《中華人民共和國公共文化服務保
障法》。2017 年 9 月，中宣部、文化部等七部
門印發了《關於深入推進公共文化機構法人治
理結構改革的實施方案》，方案明確指出，「到
2020 年底，全國市（地）級以上規模較大、面
向社會提供公益服務的公共圖書館、博物館、
文化館、科技館、美術館等公共文化機構，基
本建立以理事會為主要形式的法人治理結構，
決策、執行和監督機制進一步健全，相關方權
責更加明晰，運轉更加順暢，活力不斷增強，
人民群眾對公共文化的獲得感明顯提升」。至
此，公共文化領域的改革，從局部到全局不斷
地深入，形成了整個保障公共文化服務的具有
四樑八柱性質的政策保障體系。

在此背景下，廣東公共文化服務體系建設明顯加速，向更加深入、精細化方向推進。

首先，進一步完善相關制度，推進公共文化服務體系建設的法制化、規範化。2015 年 7 月，中共廣東省委辦公廳、廣東省人民政府辦公廳聯合印發《關於加快構建現代公共文化服務體系的實施意見》，並配套印發了《廣東省基本公共文化服務實施標準（2015 — 2020 年）》。這標誌着廣東省以推動公共文化服務標準化、均等化、社會化、數字化為主要內容，同時又結合廣東實際、突出廣東特色的現代公共文化服務體系構建有了可供參照的政策依據和執行標準。

▶ 2016 年 2 月　　　　　　　廣東省人民政府辦公廳印發《關於推進基層綜合性文化服務中心建設的實施意見》，提出要以現有建設成果為基礎，強化資源整合，力爭在全國率先完成基層綜合性文化服務中心建設。

「非遺」是承載地方文化記憶的重要載體。如今，卓有成效的非遺保護工作，使非遺正不斷融入大眾生活，成為人們文化生活的重要內容。廣東陸續制定了有關制度文件，對非遺工作的標準化、規範化產生了重要作用。《廣東省非物質文化遺產條例》於 2011 年實施，是《中華人民共和國非物質文化遺產法》頒佈實施後國內第一部地方性配套法規。在此基礎上，廣東持續推進非遺保護的法制化建設。2014 年修訂出台了《廣東省非物質文化遺產保護專項資金管理辦法》（2008 年制訂，2014 年修訂），配套出台《2014 年省非遺專項資金申報指南》。2014 年 9 月，公佈實施了《廣東省文化廳關於省級非物質文化遺產項目代表性傳承人認定與管理暫行辦法》。2016 年 2 月，印發《廣東省人民政府辦公廳關於促進地方戲曲傳承發展的實施意見》，指出要營造有利於「活起來、傳下去、出精品、出名家」的戲曲生態，形成全社會重視、關心、支持戲曲

藝術發展的良好環境，促進我省戲曲全面繁榮。2017 年 4 月，《廣東省粵劇保護傳承規定》經廣東省人民政府第 12 屆第 98 次常務會議審議通過。

其次，積極穩妥推進公共文化服務體系創建工程。一是落實文化改革發展的重點任務，全力推進國家文化改革試點地區和單位的改革創新工作，確保國家公共文化服務標準化改革試點（東莞市）、國家基層綜合性文化服務中心試點（中山市）和國家法人治理結構改革試點（廣東省博物館、深圳市福田區圖書館）順利通過評審驗收，其中東莞市和中山市還分別成為相應的全國示範點。二是實施國家數字文化建設三大工程，推動公共數字文化服務；建設覆蓋城鄉的流動圖書館、流動博物館等，實現全省、市、縣（區）、鎮（鄉）、村級文化信息網絡全覆蓋。三是改進公共文化服務的組織形式，提升公共文化服務質量。近年來，廣東大力推動公共文化優質資源向基層延伸，實現公共文化「菜單式」「點單式」服務。四是有序擴大社會參與。廣東省文化廳印發了《廣東省文化志願服務事業發展「十三五」規劃》，組建廣東省文化志願者總隊，建立起覆蓋省、市、縣（區）、鎮（街）四級文化志願服務網絡。

中共十八大以來，廣東統籌部署、紮實推進公共文化服務體系建設，全省公共文化服務正在迎來量增質升的良性發展格局。根據上海師範大學都市文化研究中心組織編寫的《中國公共文化服務發展報告（2015年）》，廣東公共文化服務綜合指數（總量）連續四年在全國蟬聯第一。

根據《廣東統計年鑒（2017 年）》，至 2015 年底，全省基層公共文化設施建設已基本實現「十二五」規劃確定的全覆蓋目標，建立起了覆蓋省、市、縣（市、區）、鄉鎮（街道）、村（社區）五級公共文化服務網絡。截至 2016 年底，全省共有電影放映單位 1974 個，藝術表演團體 72 個，文化館 146 個，公共圖書館 142 個，博物館（含美術館）192 個，檔案館 192 個；其中公共圖書館藏書量達 7900 萬冊，博物館藏品數達 101.27 萬件。

文化惠民活動活躍，活動質量不斷提升。2017 年 5 月，廣東省啟動

* 位於珠江新城的廣州
  圖書館已成為廣州文
  化新地標

實施公共文化服務「三百工程」，即利用中央財政資金 1100 萬元向社會採購講座、展覽和群眾精品演出各 100 場，向粵東西北地區 15 個地市的縣、鎮、村三級以及企業、廠礦等免費配送。

　　文化遺產保護方面。「十二五」期間，全省歷史文化遺產保護工作穩步推進。獲得 2 項「全國博物館十大陳列展覽精品」獎，2 項「全國十大考古新發現」獎，1 項「全國十佳文物修繕工程」獎，4 個歷史文化街區獲「中國歷史文化名街（街區）」稱號。新增國家歷史文化名城 2 處，全國重點文物保護單位 32 處。完成第三次全國文物普查，全省登記不可移動文物 37156 處，核定公佈 25195 處。民辦博物館發展快速，擴大了文物惠民。全省國家三級以上博物館達 49 家，居全國第一。非遺保護傳承方面，加快非遺數字化建設，加強全省珍稀劇種的保護傳承。編輯出版《廣東省非物質文化遺產圖典》（三部）、《粵劇大典》《潮劇大典》《漢劇大典》《客家山歌大典》《廣東珍稀劇種大典》等典籍。非遺申報工作取得新進展。至 2015 年，全省入選世界「人類非物質文化遺產代表作名錄」4 項，入選國家級非遺名錄項目 147 項、省級 524 項、市級 905 項、縣級 1455 項。粵劇、古琴藝術、中國剪紙、客家山歌、潮州大鑼鼓、潮州木雕、廣式家具、醒獅、麒麟舞、人龍舞、廣繡、潮繡、瑤繡、佛山陶塑、端硯、涼茶、廣式月餅等代表性非遺項目得到越來越

廣泛的傳播、傳承。非遺傳承人隊伍不斷壯大,至 2015 年底,全省有國家級非遺代表性項目傳承人 84 人、省級 618 人、市級 752 人、縣級 525 人。

(三) 發揮「文化 +」優勢,推動文化產業做大做強

▶ **1979 年**

廣州東方賓館開設了國內第一家音樂茶座,成為新時期中國文化市場興起的標誌。1988 年,「文化市場」的法律地位最終得到了確認,在這一過程中,台球、卡拉 OK、電子遊戲機等一系列在西方廣為流行的娛樂方式開始進入中國,掀起一陣又一陣文化消費熱潮。經濟可持續發展以及人民群眾消費升級的需要,推動着經濟形態的綠色化升級,文化市場與文化產業發展的重要性越來越為人們認識。

* 全國第一家音像
　出版單位 ——
　太平洋影音公司

　　自 20 世紀 90 年代，廣東在文化領域率先啟動以組建文化產業集
團為突破口的分類改革。此後，廣東文化市場、文化產業穩步發展。到
2006 年，廣東省已經擁有 12 家大型文化集團，名列全國榜首。其中南方
廣播影視傳媒集團、南方報業傳媒集團、星海演藝集團、廣東省出版集
團各項經濟指標都呈現逐年大幅度增長的態勢。

　　中共十八大以來，廣東在落實國家相關政策文件的基礎上，結合廣
東發展實際，以「文化＋」為方向，持續健全完善文化產業政策，引導文
化產業向高質量發展轉型。目前，已基本形成規劃引導、促進融合、金
融支持等相結合的政策體系。近年來，陸續出台了《關於促進我省文化和
科技融合發展的意見》（2013）、《廣東省外經貿廳、廣東省文化廳關於促
進對外文化貿易發展的實施意見》（2013）、《關於貫徹落實深入推進文化
金融合作的實施意見》（2014）、《廣東省推進文化創意和設計服務與相
關產業融合發展行動計劃（2015－2020 年）》（2015）等一系列重要政
策文件。各地文化部門也紛紛研究出台本地文化產業發展配套政策，全
面部署文化產業發展工作，為加快發展文化產業營造了良好的政策環境。

　　近五年來，廣東文化產業及相關產業取得長足進步，其中因文化
融合發展而帶來的增量尤其引人注目。2017 年 9 月，經國家統計局核
定，廣東 2016 年文化及相關產業增加值 4256.63 億元，同比大幅增長
16.67%，增長速度為五年來最高，約佔全國文化產業總量的 1/7，遙居
全國各省區市首位，這也是廣東省文化產業增加值連續 14 年佔據全國
之首。更重要的是，文化融合發展，不僅有效地提升了傳統產業的競爭
力，「文化＋」也不斷催生着文化產業新業態，給廣東文化產業結構帶來
了持續的優化。最新的統計數據表明，廣東高附加值的創意文化產業快
速增長，至 2016 年佔文化產業比重已達約 53%，比 2013 年提高了 10 個
百分點。

　　此外，廣東還從發展壯大文化市場主體、推進供給側結構性改革、
大力引導民間投資進入文化產業等方面發力，推動文化市場與文化產業

* 深圳華強數字動漫有限公司製作的原創動畫系列《熊出沒》，截至 2018 年初，該動畫共完結 TV 動畫版 9 部，賀歲電影 2 部，動畫電影 5 部，舞台劇 1 部

做大做強。根據廣東省文化廳 2017 年的報告分析，廣東自十八大以來推動文化產業發展成效顯著，發展總量與質量持續領跑全國：一是通過推進文化領域「放管服」改革，激發了文化企業發展活力。截至 2017 年底，全省共有文化產業法人單位 11 萬餘家，從業人員 340 多萬（不含個體勞動者）。二是推進文化企業供給側結構性改革。以觀眾喜不喜愛、歡不歡迎為創作出發點，注重對「中國夢」題材、廣東特色歷史文化題材和現當代題材的挖掘加工，引導文化企業提供優質產品和服務。同時，通過各級文化產業發展專項資金、各類文化獎項的推薦申報，引導民營文化企業積極提供導向正確、喜聞樂見的精品力作和優質的文化服務。推動文化消費試點工作初見成效，廣州、深圳（福田區）、惠州被列入國家第一批擴大城鄉文化消費試點城市，其中廣州市的「文化產業交易季」「文化消費補助工程」，深圳市福田區的「文化＋移動互聯網」「文化＋金融消費」「文化＋社會關愛」工程，惠州市的「十分鐘文化圈」和農村「十里

文化圈」、文化惠民卡創建工作等等，都取得了明顯成效。三是引導民間
投資進入文化產業。通過放寬市場准入、加大對文化企業培訓力度、開
展政策宣傳、鼓勵行業組織發展、推進政府向社會力量購買公共文化服
務等多種措施，激發民間投資活力。「十二五」時期，廣東文化產業投資
保持較快的增長速度，累計完成投資 5219.81 億元，年均增長 19.5%，
增幅比整體投資高 2.9 個百分點，比「十一五」時期高 3.6 個百分點。
投資資金特別是民間資本投資到位率高，投資結構優化提升，一批有影
響力的文化產業投資項目已經建成或即將建成投產。以騰訊、阿里巴巴
等為代表的大型企業集團通過併購、控股、參股、股權投資等形式，全
面進入文化產業領域。

第七章

社會建設開創新局面

　　長期以來，與經濟建設相比，社會建設是相對滯後的。1992 年開啟
了社會主義市場經濟體制改革，與此同時，社會體制改革則主要圍繞勞
動制度改革這一中心工作，配套企業改革，為經濟建設工作服務。21 世
紀初以後，隨着經濟發展到一定的水平，經濟建設與社會建設「一條腿
長，一條腿短」的問題日益突出。直到 2007 年，中共十七大提出加快推
進以改善民生為重點的社會建設，社會體制改革的重要地位逐漸成為社
會共識。在此背景下，廣東全面加強社會建設，創新社會管理，取得了
突出的成效。

一、社會建設的方略演進

　　改革開放前，中國社會採取「大一統」的社會管理體制，其最大特
點是政府包攬、統管幾乎所有的社會事務，有着明顯的高度集中色彩。
廣東自然也不例外。但是，隨着經濟的持續快速發展，至 21 世紀之初，
中國社會加速從農業文明形態向現代商業和工業文明形態轉型；與之相
應，社會轉型也進入重要的轉折階段，從傳統農業社會向現代社會的進
化轉型全面展開，一場深刻的社會變革正在進行。在此背景下，舊的社

會管理模式越來越不能適應社會發展的需要，社會失範呈現加劇趨勢。這一狀況，無疑又放大了人們對社會矛盾的感受，加劇了人們對生存狀況的不滿，使社會轉型期矛盾集中凸顯過程的陣痛更加強烈。

在廣東，這種由政府包攬的社會管理模式不能適應社會發展需要的矛盾更早、更突出地表現出來。

廣東改革開放的早期，可以形象地描述為「中央出政策、廣東出土地、外商出資金、全國出勞動力」。這種模式在很短的時間內創造出了一個經濟發展的奇跡。進入 21 世紀以來，伴隨經濟體制的深刻變革，一方面，人們思想觀念發生深刻變化，利益格局發生深刻調整，社會結構逐步分層化，各階層利益訴求呈現多樣化的特徵，各種社會群體訴求表達和利益博弈的需求空前旺盛。與此同時，廣東作為中國第一經濟大省，同時也是一個人口大省，其公共服務的供給遠遠沒有體現出相應的水平。在一些重要的民生領域，如就業、居民收入、食品安全、住房、教育醫療衛生、環境保護等方面，公共服務的供給嚴重不足和滯後，社會事業缺位成為相當嚴重的問題。另一方面，政府還在沿襲舊的管理模式，對社會事務大包大攬，使本該由市場和社會自身協調解決的問題，每每受到簡單化的處理，公民權益受到損害。各種深層次的社會矛盾積累和疊加，使得進入 21 世紀初的廣東社會領域進入「多事之秋」。

（一）構築和諧廣東，推進社會建設

面對密集高發的社會問題，廣東省委、省政府高度重視社會建設，一直將緩和、疏導社會矛盾當做任內的重要任務。2002 年以後，新一屆中央領導集體將構建社會主義和諧社會定為全黨、全國的工作中心，為此，廣東省委、省政府也把構築和諧廣東，推進社會建設提到了前所未有的高度，並推動在社會管理體制改革上不斷創新，走在全國前列。

▶ 2004 年 9 月　　　　　　中共十六屆四中全會通過《中共中央關於加強黨
的執政能力建設的決定》，從中國共產黨執政興
國的高度，對黨的執政能力建設提出了新的要
求，提出「形成全體人民各盡其能、各得其所
而又和諧相處的社會，是鞏固黨執政的社會基
礎、實現黨執政的歷史任務的必然要求。要適
應中國社會的深刻變化，把和諧社會建設擺在
重要位置，注重激發社會活力，促進社會公平
和正義，增強全社會的法律意識和誠信意識，
維護社會安定團結」。

　　在此基礎上，中共廣東省委在九屆五次全會上出台了《關於貫徹〈中
共中央關於加強黨的執政能力建設的決定〉的意見》，提出要「增強構
建社會主義和諧社會的能力，建設和諧廣東」，提出「建設和諧廣東，就
是把廣東建設成為一個既文明法治，又穩定和諧，同時人與人之間彼此
充滿諒解寬容的社會」。要「健全和完善黨委領導、政府負責、社會協
同、公眾參與的社會管理格局。改進政府管理方式，強化服務意識，推
行電子政務，整合行政資源，降低行政成本，提高工作效率，形成行為
規範、運轉協調、公正透明、廉潔高效的行政管理體制。規範社會管理
各部門的職能，建立健全各部門互相支持、緊密配合、共同促進社會各
項事務管理的綜合執法體制」。

▶ 2005 年 9 月　　　　　　中共廣東省委、廣東省人民政府印發《關於構
建和諧廣東的若干意見》，明確提出要構建「富
裕、公平、活力、安康」的和諧廣東，並就建立
經濟協調發展機制、民主法治機制、先進文化
培育機制、創造激勵機制、利益協調機制、矛

盾疏導機制、安全保障機制和切實加強黨的領
導提出具體要求。

　　在此之前，廣東省政府辦公廳還於 7 月印發了《廣東省社會發展水
平綜合評價方案》和《廣東省社會發展水平綜合評價指標體系》，定期對
全省和各地級以上市的社會發展水平進行定量評估，檢查社會發展計劃
執行情況，以促進社會經濟協調發展。

▶ **2006 年 10 月**　　廣東召開省委九屆九次全會，通過《中共廣東省
委關於貫徹〈中共中央關於構建社會主義和諧社
會若干重大問題的決定〉的實施意見》。對中央
剛剛在中國共產黨十六屆六中全會通過的《中共
中央關於構建社會主義和諧社會若干重大問題
的決定》予以系統化的貫徹執行。該實施意見結
合廣東兩年來構建和諧社會的實踐經驗，進一
步細化了構建和諧廣東的九大具體內容，即堅
持科學發展，為構建和諧社會奠定堅實物質基
礎；加快發展社會事業，促進社會公平；堅持為
民務實，解決人民群眾切身利益問題；加強民主
法制，保障人民群眾合法權益；加強社會管理，
保持社會安定有序；加強平安建設，切實維護社
會和諧穩定；加強和諧文化建設，鞏固社會和諧
的思想道德基礎；加強社會和睦團結，充分激發
社會創造活力；加強黨的領導，強化建設和諧社
會的政治保障。

（二）落實以人為本，建設幸福廣東

1. 以加快轉型升級建設幸福廣東

▶ 2010 年 12 月　　　　廣東省委制定「十二五」規劃建議，第一次提出在「十二五」期間廣東工作的關鍵和核心，就是要加快轉型升級、建設幸福廣東。2011 年 1 月，省委十屆八次全會召開，時任省委書記汪洋作主題報告，明確要將「加快轉型升級」和「建設幸福廣東」列為「十二五」期間廣東的核心任務。報告提出，經過改革開放 30 多年快速發展，廣東已全面進入經濟社會發展轉型期，傳統發展模式難以為繼，推進科學發展、轉變經濟發展方式任務艱巨、刻不容緩；與此同時，人民群眾追求美好生活的內容形式更豐富、水準要求更高、權利訴求更強烈，追求體面、尊嚴和高質量生活已成為全社會的強烈呼聲和價值追求，落實以人為本、增進民生福祉同樣任務艱巨、刻不容緩。

　　報告明確了「幸福廣東」的內涵，即「堅持以人為本，維護社會公平正義，保護生態環境，建設宜居城鄉，改善社會治安，保障人民權益，暢通訴求表達渠道，滿足人民群眾文化需求，從而強化轉型升級的目的依歸和價值導向，使轉型升級成果更好地轉化成人民群眾福祉。歸根到底，就是要通過轉型升級增強廣東經濟社會發展的均衡性、協調性、可持續性和核心競爭力，不斷創造社會財富和公平分配社會財富，讓人民群眾共享發展成果，過上好日子，增強幸福感」。

2.「社會管理創新元年」的廣東佈局

▶ **2011 年 5 月 30 日**　中共中央政治局召開會議，專題研究如何加強和創新社會管理的問題。

　　會議指出：「經過長期探索和實踐，中國建立了社會管理工作領導體系，構建了社會管理組織網絡，制定了社會管理基本法律法規，初步形成黨委領導、政府負責、社會協同、公眾參與的社會管理格局，社會管理與中國國情和社會主義制度總體上是適應的。」在此基礎上，會議提出要「全面提高社會管理科學化水平」，「積極推進社會管理理念、體制、機制、制度、方法創新，完善黨委領導、政府負責、社會協同、公眾參與的社會管理格局，加強社會管理法律、能力建設，完善基層社會管理服務，建設中國特色社會主義社會管理體系」。

▶ **2011 年 7 月**　中共中央和國務院頒佈了《關於加強和創新社會管理的意見》，就加強和創新社會管理的指導思想、基本原則和目標任務，加強和完善社會管理格局、制度建設等，提出了指導性意見。

　　中央密切關注社會管理創新和社會建設問題，並密集出台相關政策，2011 年也由此普遍被稱為「社會管理創新元年」。

　　在此背景下，廣東省於 2011 年出台了社會建設「1+7」系列文件，推動在社會建設領域的一系列改革措施。

▶ **2011 年 7 月 11 日至 13 日**　廣東省委十屆九次全會召開，着重學習貫徹中央關於加強和創新社會建設重大決策，會議全面總結了廣東社會建設的實踐經驗，並通過了《中共廣東省委　廣東省人民政府關於加強社會建設的決定》。該

決定提出廣東社會建設的總體目標：「經過五到十年的努力，健全和完善黨委領導、政府負責、社會協同、公眾參與的社會管理格局，探索和實踐社會建設與經濟建設、政治建設、文化建設協調發展的新路子，為全面建設小康社會、率先基本實現社會主義現代化提供重要的社會支撐、創造良好的社會環境。」該決定還提出要從加快發展社會事業、加強基層服務管理、培育壯大社會組織、創新社會服務管理、營造民主法治環境、加強思想道德建設、深化社會體制改革、加強統籌協調八個方面對廣東未來的社會建設進行全面、系統的制度安排。

圍繞《中共廣東省委　廣東省人民政府關於加強社會建設的決定》，廣東省委、省政府還組織有關部門制定了《關於加快推進社會體制改革建設服務型政府的實施意見》《關於加強社會組織管理的實施意見》《關於加強我省人口服務和管理的實施意見》《關於加強社會工作人才隊伍建設的實施意見》《關於加強社會建設信息化的實施意見》《關於加強城市社區居民委員會規範化建設的實施意見》《關於加強和改進村民委員會建設的實施意見》，形成了社會建設「1+7」系列文件，強調要把社會建設放到和經濟建設同等重要的高度。

以「1+7」系列文件為指引，廣東正式啟動了社會建設領域的一系列改革：

一是改革社會管理體制，夯實社會建設組織體系。

首先，省委、省政府於 2011 年 8 月成立了廣東省社會工作委員會，

由該機構全面統籌、規劃全省社會建設工作；全省各市縣乃至鎮區相應設立社會工作委員會作為專門的社會建設部門，指導、統籌、協調各職能部門推進社會建設。

其次，通過減少管理層級，提高社會管理效率。在部分地市啟動城市基層管理扁平化改革試點，撤銷街道，實行「市—區—社區」「二級政府、三級管理」新體制；在部分地級市開展「撤鎮建區扁平化改革」和「聯併升級扁平化改革」試點，特大鎮撤鎮改區、小的鎮合併建區、區下不再設街道；在部分縣開展城區基層管理扁平化改革，探索在縣城區試行「縣—社區」管理新模式。

再次，基層社區社會管理實行「政務與社會服務分離」的管理模式。由社區綜合管理中心、綜治維穩中心專事政務，綜合執法大隊全方位承擔基層執法，由家庭綜合服務中心專門向居民提供社會服務，政府通過向專業社工機構購買服務項目，以保障專業化社會服務的供給。

最後，在廣東省社工委內設「廣東省社會創新諮詢委員會」作為綜合協調、議事的平台。由社會各領域專家學者或社會知名人士組成「廣東省社會創新諮詢委員會」，其職責是參與省社工委開展的調研和決策諮詢活動，對事關全省社會發展的重大問題提出意見和建議，主動向省社工委提交研究成果和意見等。

二是理順政社關係，發展社會組織。

通過實施「政社分開」，推動轉變政府職能，理順政社關係，提高社會自治水平。一方面，建設「小政府」「強政府」。通過深化行政體制改革和簡政放權，釐清政府與社會的邊界，打造「小政府」；通過強化監管職能、規範權力運作，打造「強政府」。另一方面，致力於建設「大社會」「好社會」。在「黨委領導、政府負責」的前提下，強調發揮社會組織、群團組織和廣大人民群眾參與社會管理、提供公共服務的作用，形成「大社會」治理格局；強化民生導向，提高社會自治水平和社會自我修復能力，增強群眾的幸福感，打造「好社會」。

　　與此同時，按照「政府引導、民間興辦、專業管理、公眾監督、民眾受益」的模式，在省、設區的市均建立了社會組織孵化基地，重點發展行業協會商會、公益及慈善類、社區三類社會組織。

　　廣東省還推動社會服務運行體制機制改革，在政府購買社會服務中引入競爭機制，以提高社會服務水平。2012 年 5 月，廣東省政府辦公廳印發了《政府向社會組織購買服務暫行辦法的通知》，隨後由省財政廳公佈了《2012 年省級政府向社會組織購買服務目錄（第一批）》，政府購買服務涉及教育、醫療等 262 項。

（三）在「五位一體」中推進社會建設

1. 中央層面的新提法

▶ 2012 年 11 月　　　　中共十八大召開，大會提出了「全面建成小康社會」的戰略任務，並第一次明確提出「五位一體」的發展要求，即「要堅持以經濟建設為中心，以科學發展為主題，全面推進經濟建設、政治建設、文化建設、社會建設、生態文明建設，實現以人為本、全面協調可持續的科學發展」。

　　大會凸顯了以民生和社會管理為核心的社會建設的重要性。報告以《在改善民生和創新管理中加強社會建設》為題專篇闡述社會建設問題，指出「要圍繞構建中國特色社會主義社會管理體系，加快形成黨委領導、政府負責、社會協同、公眾參與、法治保障的社會管理體制，加快形成政府主導、覆蓋城鄉、可持續的基本公共服務體系，加快形成政社分開、權責明確、依法自治的現代社會組織體制，加快形成源頭治理、動態管理、應急處置相結合的社會管理機制」。

　　這是中共歷屆代表大會上第一次明確地提出要「構建中國特色社會主義社會管理體系」這一重要戰略思想。對於社會管理體制的表述，則在以往的「黨委領導、政府負責、社會協同、公眾參與」基礎上，增加了「法治保障」一詞。圍繞這一新的戰略表述，報告提出了四個「加快」，實際上明確了中國特色社會主義社會管理體系的基本架構，即這一體系主要由社會管理體制、基本公共服務體系、現代社會組織體制、社會管理機制四個部分構成。

▶ **2013 年 11 月**　　　中共十八屆三中全會提出「全面深化改革」的戰略思想，把「完善和發展中國特色社會主義制度，推進國家治理體系和治理能力現代化」確定為全面深化改革的總目標，並明確提出「加快形成科學有效的社會治理體制」的任務。

　　用「社會治理」的表述取代以往慣用的「社會管理」，將社會建設和創新社會治理體制正式納入到國家治理體系和治理能力現代化之中，並從改進社會治理方式、激發社會組織活力、創新有效預防和化解社會矛盾體制、健全公共安全體系四個方面，確定了創新社會治理體制的任務，標誌着黨的治國理政理念的昇華，這不僅是理論上的重大創新，也是實踐上的重大突破。對此，習近平總書記在 2014 年兩會期間參加上海代表團審議時曾指出：「治理和管理一字之差，體現的是系統治理、依法治理、源頭治理、綜合施策。」

▶ **2015 年 10 月**　　　中共十八屆五中全會提出將五大發展理念融入社會建設，以「構建全民共建共享的社會治理格局」作為目標對象，第一次提出「推進社會治理精細化」的理念。這是中央繼提出「提高社會治理法治化水平」之後的又一創新理念。它針對社

會治理中存在的法律法規不健全、制度規範不細緻、治理系統缺乏統籌聯動、信息資源難以共享互通等問題，要求通過治理方式的創新，以更低的成本、更專業化精細化的手段，提升社會建設的靈敏度和細緻化程度。

2. 廣東的新作為

在此背景下，廣東社會建設獲得戰略思想上的進一步提升，社會管理體制改革朝向更加系統化的方向深入推進。

中共十八大以來，廣東在 2011 年社會建設「1+7」系列文件的框架基礎上，開始將更多的精力放在社會體制改革工作的細化和可操作上，形成了一系列更加具體的清單化任務，逐項落實，逐項考核。

▶ **2013 年 3 月**

省社工委出台《2013 年廣東深化社會體制改革工作要點》，將涵蓋了改革民生事業體制、改革社會組織體制、改革基層社會管理體制、改革社工和志願者服務體制、加強和創新社會管理等五方面內容的社會體制改革工作細化為 38 項清單，為全省相關部門的改革創新工作提供「菜單式」指引。是年 7 月，省社工委第一次全體會議公佈了「2013 — 2014 年廣東深化社會體制改革工作任務表」，確定了省社工委提供的 39 項改革任務「菜單」，審議通過了《廣東省社會建設綜合考核指標體系》。

▶ **2015 年 3 月**

省社會體制改革專項小組召開省社會體制改革工作推進會，省委辦公廳和省政府辦公廳印發了《廣東省深化社會體制改革主要任務及分工

* 基層社區開展形式多
  樣的公益活動，為建
  設幸福廣東添力

方案》，明確 11 大項 52 小項改革任務。省社工
委着重抓統籌、抓重點、抓機制，各級社工委
則圍繞當地黨委政府中心工作，結合社會建設
工作實際，選擇若干項重點工作，形成具有地
方特色的「2+N」社會工作格局（「2」即兩項全
省社工委系統的規定工作，包括統籌社會體制
改革、社會組織規範管理及培育發展；「N」即
圍繞本地黨委政府中心工作自主創新開展的工
作，是各市的自選動作）。

　　自中共十八大以來，尤其是十八屆三中全會印發《中共中央關於全
面深化改革若干重大問題的決定》以來，廣東結合實際，全面統籌推進社
會管理體制改革，在抓細落實上下足功夫，社會建設工作取得了更加長
足的進步。在 2018 年廣東省兩會期間，省政府工作報告指出廣東在社會
建設方面所取得的突出成就：「五年來，我們堅持以人民為中心的發展思
想，持之以恆保障和改善民生，一大批惠民舉措落地實施，人民獲得感
不斷增強。城鎮新增就業累計 775.6 萬人，約佔全國的 1/9。居民人均
可支配收入達 3.3 萬元，年均增長 9.2%。養老、醫療保險基本實現全覆

蓋，五大險種參保人數和基金累計結餘均居全國第一，底線民生保障水平躍居全國前列，208 萬相對貧困人口實現脫貧。『創強爭先建高地』取得顯著成效，各類教育質量不斷提高。公共文化設施網絡更加完善，文明創建深入開展。人民健康水平和醫療衞生服務能力持續提升，全民健身蓬勃開展。婦女兒童、養老助殘等工作取得新成效。社會治安、安全生產、食品藥品安全形勢持續穩定好轉，全省刑事案件發案數連續 4 年下降，生產安全事故總量比 2012 年下降 23.4%，防災減災和應急管理工作穩步推進，社會保持和諧穩定。」

二、構建民生保障體系

民惟邦本，本固邦寧。民生是經濟社會發展的重大問題，是黨和政府的職責所在。改革開放 40 年來，特別是中共十八大以來，廣東秉持「先行一步」的理念，大力推進民生保障體系建設，一個保障有力、供給有效、民生基礎設施不斷完善的和諧宜居廣東正在加速形成。

（一）完善和落實基本公共服務制度

▶ 2006 年 10 月　　　　　中共十六屆六中全會首次明確提出要逐步實現基本公共服務均等化目標，這是中央部署推進的一項重大戰略決策和重要制度性安排。

廣東省常住人口規模大，特別是外來務工人員多，這使廣東基本公共服務的壓力很大，落實就業、教育、醫療衞生、社會保障等民生政策的支出任務重。因此，廣東作為改革開放的排頭兵，如何將深入貫徹中央部署與結合廣東實際情況統一起來，建設性地做好基本公共服務的制度保障工作，這是一個必須破解的難題。廣東聚焦「基本民生」「底線民生」和「熱點民生」問題，通過大力推動轉變職能、強化服務理念、加

快建設服務型政府、引入社會力量參與等方式，在加快實現基本公共服務均等化進程中走在了全國前列。

1. 制定並修編《廣東省基本公共服務均等化規劃綱要（2009 — 2020 年）》

▶ **2009 年 12 月**　　廣東省政府印發《廣東省基本公共服務均等化規劃綱要（2009 — 2020 年）》，提出要建立完善覆蓋城鄉、功能完善的基本公共服務體系。該綱要首先明確了基本公共服務範疇，即包括公共教育、公共衛生、公共文化體育、公共交通四項基礎服務和生活保障、住房保障、就業保障、醫療保障四項基本保障共八項基本公共服務項目，在此基礎上，提出了推進基本公共服務均等化的目標任務和實施路徑。

數年時間下來，廣東基本公共服務的公眾滿意度逐年提高。績效考評結果顯示，2012 年廣東省公眾對基本公共服務均等化滿意度綜合評分為 81.5 分，達到比較滿意的水平。與 2011 年相比，提高了 1.6 分；與 2010 年相比，提高了 5.3 分。

隨着經濟社會發展，基本公共服務的要求也「水漲船高」。2012 年，國務院印發了《國家基本公共服務體系「十二五」規劃》，對新的時代條件下的基本公共服務體系建設作出制度安排，明確了基本公共服務的基本範圍、重點任務和保障措施。2013 年 11 月，中共十八屆三中全會對公共教育、社會保障和醫藥衛生等公共服務領域進一步深化改革和健全體制機制作了重要部署。

在此背景下，廣東省委、省政府審時度勢，根據中央政策精神對 2009 年版的《廣東省基本公共服務均等化規劃綱要（2009 — 2020 年）》

進行修編。2014年5月，廣東省財政廳印發了《廣東省基本公共服務均等化規劃綱要（2009－2020年）》（2014年修編版）。修編後的《綱要》進一步拓寬了基本公共服務保障範圍，細化了實施階段目標和措施，明確了服務項目標準與支出責任劃分，健全了支出保障機制，完善了配套政策體系，由此更加符合廣東實際，特點更加鮮明。

　　修訂主要體現在四個方面：一是進一步拓寬了基本公共服務保障範圍。由原先的八項基本公共服務項目，增加了公共安全和生態環境保障兩項基本公共服務項目，形成了包括公共教育、公共衛生（含人口和計劃生育）、公共文化體育、公共交通、公共安全和生活保障（含養老保險、最低生活保障、五保、殘疾人保障）、住房保障、就業保障、醫療保障、生態環境保障等在內的十個方面「5+5」基本公共服務框架體系（五項基礎服務和五項基本保障）。二是細化了實施階段目標和措施。為體現廣東實現「三個定位、兩個率先」要求，將原規劃到2020年的階段目標提前至2018年完成，同時新增了2020年階段目標，形成了2015年重點實現基本公共服務的廣覆蓋、2018年重點實現城鄉基本公共服務均等化、2020年重點實現全體居民基本公共服務均等化的梯度階段目標，最終建成政府主導、覆蓋城鄉、功能完善、分佈合理、管理有效、可持續的基本公共服務體系。三是重新測算了財力需求。計劃從2013年至2020年，全省共投入基本公共服務領域的財政資金約達30786億元，年均增長12.5%，年均新增投入450億元，較原規劃預計的2009－2020年投入24812億元增加574億元，全省基本公共服務支出佔公共財政預算收入的比重從2012年的35.07%提高到2020年的37.67%。四是完善了配套政策體系。包括完善以基本公共服務均等化為導向的財政投入及保障機制，進一步調整和優化公共財政支出結構；推進城鄉基本公共服務一體化，努力實現城鎮基本公共服務常住人口全覆蓋；進一步深化事業單位分類改革，推動資源整合優化配置和結構調整；建立健全基本公共服務多元化供給機制，提高公共服務效率和質量；探索基本公共服務民主

決策機制，促進財政民生資金從「捨得花」向「花得好」轉變；完善基本公共服務均等化績效考評機制，將績效評價結果作為分配省對市縣轉移支付資金的重要依據等。

▶ 2017 年 2 月　　　　廣東省人民政府辦公廳印發了《廣東省社會保障事業發展「十三五」規劃》，該規劃指出要「以加快基本養老保險和醫療保險城鄉一體化為重點，促進基本公共服務均等化；以保障困難群眾基本生活為重點，發揮民政兜底功能；以完善殘疾人社會保障體系、服務體系和權益保障制度為重點，加快推進殘疾人小康進程；進一步增加公共服務供給，激發社會活力，穩步提高社會保障水平，使改革發展成果更多地惠及人民群眾，為我省實現『三個定位、兩個率先』目標提供有力支撐」。

▶ 2017 年 6 月　　　　廣東根據國務院印發的《「十三五」推進基本公共服務均等化規劃》，結合廣東發展實際，對《廣東省基本公共服務均等化規劃綱要（2009—2020 年）》再次進行修編。修編後的綱要提出：「到 2018 年，全省率先建立城鄉統一的基本公共服務體制，率先實現省內各地區基本公共服務財政保障能力均等化，率先建立基本公共服務多元化供給機制，基本公共服務標準明顯提高、服務方便可及、群眾比較滿意，基本公共服務水平在國內位居前列。到 2020 年，全省基本建成政府主導、覆蓋城鄉、功能完善、分佈合理、管理有效、可持續的基本公共服務

　　體系，實現城鄉、區域和不同社會群體間基本
公共服務制度的統一、標準的一致和水平的均
衡，實現人人平等地享受基本公共服務。」

2. 形成配套政策措施，優化體制機制

　　圍繞《廣東省基本公共服務均等化規劃綱要（2009 — 2020 年）》
（《規劃綱要》於 2009 年頒佈，此後，分別於 2014 年、2017 年兩次修
編）所設定民生保障的任務目標，廣東針對教育、民政、人社等民生具
體工作領域的實際情況，創新實施一系列惠民利民舉措，先後出台《廣
東省人民政府辦公廳轉發省教育廳關於深入推進義務教育均衡優質標準
化發展意見的通知》（2013）、《關於提高我省底線民生保障水平的實施
方案》（2013）、《廣東省人民政府關於進一步促進創業帶動就業的意見》
（2015）等政策文件，重點推進教育、就業、衞生及社保等重點民生領域
的資源協調整合和服務質量提升，同時加強扶貧開發、食品安全、住房
保障、公共交通、環境治理、文體生活等各方面制度保障，全面推動民
生事業發展進步。

　　與此同時，民生保障工作的體制機制不斷優化。省委、省政府先後
出台《中共廣東省委辦公廳　廣東省人民政府辦公廳印發關於加快轉變
政府職能深化行政審批制度改革的意見》（2012）、《中共廣東省委辦公
廳　廣東省人民政府辦公廳關於開展為民辦事徵詢民意工作的指導意見》
（2012）、《廣東省基本公共服務均等化績效考評辦法》（2010 年制定，
2015 年修訂）等政策文件，着力完善民主參與、績效評估等監督保障機
制，確保民生保障和發展工作的民主性與實效性。特別是形成年度「十
件民生實事」常態化工作機制，每年由省政府統一部署、相關部門分工
落實，集中力量為群眾辦好影響面廣、需求迫切的民生大事。

▶ 2017 年　　　　　　新修編的《廣東省基本公共服務均等化規劃綱
要（2009－2020 年）》在貫徹國家規劃的基礎
上，對廣東基本公共服務均等化改革實踐進行
總結提煉，還專門增加「基本公共服務制度」部
分，明確廣東推進基本公共服務均等化需構建
的六大實施機制，即產品供給機制、服務清單
機制、公平共享機制、需求導向機制、工作創
新機制、監督評估機制。同時，還明確了基本
公共服務清單，編制「『十三五』廣東省基本公
共服務清單」，覆蓋就業保障、生活保障、醫療
保障、住房保障、生態環境保障、公共教育、
公共衞生、公共文化體育、公共交通、公共安
全十大領域共 104 個服務項目。每個服務項目
包含服務對象、服務指導標準、支出責任、牽
頭負責單位等構成要件。在確保廣東基本公共
服務範圍和標準不低於國家要求的基礎上，增
加基本公共服務項目並適當提高部分項目服務
標準。

（二）民生保障工作取得顯著成效

　　廣東針對人口基數大、外來人口多、區域發展不平衡、城鄉差異突
出等特點，立足當前，着眼長遠，堅持保基本、兜底線、促公平、可持
續方向，加速推進民生保障工作，切實兜住民生保障底線，確保全省居
民享有與經濟發展水平相適應的基本生活保障。

1. 財政投入持續快速增長

　　進入 21 世紀第二個十年，特別是十八大以來，廣東民生投入保持加速增長的態勢。《廣東省國民經濟和社會發展第十二個五年規劃綱要》總結評估報告顯示，「十二五」期間，全省各級財政對公共教育、醫療衞生、社會保障等民生領域的投入累計達到 30065 億元，佔全省公共財政預算支出的比重提高了 6 個百分點，民生投入佔全省公共財政預算支出的比重從 2011 年的 63.7% 提高到 2015 年的 69.6%。其中，5 年內全省各級財政對「十件民生實事」共投入資金 8479 億元，2014 — 2015 年，全省各級財政投入底線民生保障資金 445 億元，推動廣東省底線民生項目保障水平躍居全國前列。

　　根據 2017 年修編的《廣東省基本公共服務均等化規劃綱要（2009 — 2020 年）》，「十三五」期間，基本公共服務領域的財政投入還將快速增長，全省預計投入將達到 46815 億元，年均增長 9.5%，年均新增投入 848 億元。全省基本公共服務支出佔公共財政預算收入的比重從 2016 年的 74% 提高到 2020 年的 78% 以上，基本公共服務投入佔財力的比重穩步提高。

＊ 廣東東莞在全國率先建立
　農民醫保。圖為東莞農民
　喜領醫保卡

2. 基本公共服務均等化水平穩步提升

財政投入的持續增長和有效使用，使基本公共服務均等化工作取得顯著成效，全省基本公共服務均等化水平穩步提升。「十二五」期間，全省各地基本實現醫保城鄉一體化，企業職工養老保險費基、費率統一步伐加快。全省異地考試招生制度改革順利推進，2014年起異地務工人員隨遷子女可在省內就地參加高職招生，2016年起全面放開異地高考。欠發達地區基本公共服務建設加快推進，農村路面硬化、自來水工程等公共基礎設施逐步完善，實現行政村100%通公交車，農家書屋100%覆蓋。戶籍制度改革取得顯著突破，2016年起全面取消城鄉籍差別，為民生各領域的配套改革奠定了重要基礎。

根據《廣東省2010年基本公共服務均等化績效考評報告》，2010年全省八大類基本公共服務全面推進。

公共教育服務方面：實行普通中小學（包括民辦學校）就讀的本省戶籍學生義務教育階段免除學雜費、課本費；小學適齡兒童入學率和初中毛入學率均達100%；全省有18個市全面解決中小學代課教師問題，50%以上的義務教育階段隨遷子女在公辦學校就讀，有7個市基本實現城市義務教育學校100%達到規範化學校標準；全省提前一年實現基本普及高中階段教育目標。

公共衛生服務方面：公共衛生服務覆蓋城鄉居民，全省80%以上的鄉村、所有社區衛生服務機構和90%的縣級綜合醫院能夠提供中醫藥服務。

公共文化體育服務方面：提前一年實現廣播電視村村通目標；農家書屋行政村覆蓋率達60%；全省1594個鄉鎮、街道已建立了文化站，基本實現全覆蓋；全省有9個市已實現每個縣（市、區）建1個文化信息資源共享分中心的目標。

公共交通服務方面：全省共完成5000公里的社會主義新農村公路建設；全省行政村水泥路通達率為100%。

生活保障服務方面：珠三角七市中有五市已基本實現農民養老保險全覆蓋；欠發達地市實現覆蓋面達到 30% 的目標；基本實現全省農村家庭年人均收入低於 1300 元的全部納入低保補助，49 個縣（市、區）五保供養標準達到當地上年度農村居民人均純收入的 60%，廣州、珠海、汕頭、佛山、韶關、惠州、東莞、中山八市五保供養標準全部達到當地居民的平均生活水平。

住房保障服務方面：全省新增解決符合廉租住房保障條件的低收入住房困難家庭 5.8 萬戶，佔 2009—2011 年目標任務的 83%；政策性農村住房保險金額每年每戶 1 萬元，全省累計承保的農戶數佔總農戶數的 90.61%。

就業保障服務方面：全省街道（鄉鎮）以上公共就業服務機構都能夠提供基本的公共就業服務功能；實施農村勞動力技能培訓普惠制度；將補貼對象範圍從「45 周歲以下」擴大到「法定勞動年齡」；全省實現城鎮新增就業 186.3 萬人，完成年度任務的 149%。

醫療保障服務方面：全省新農合參合人數 3883 萬人，參合率達到 99.2%，全省村衛生站建設基本完成，全省社區衛生服務機構街道覆蓋率達 90.6%。

根據 2017 年修編版《廣東省基本公共服務均等化規劃綱要（2009—2020 年）》的顯示，廣東在基本公共服務十個方面的指標將要達到一個全新的水平。

公共教育均等化。到 2018 年，建立普惠性的學前教育體系，實現義務教育均衡化、高中階段教育優質化、職業技術教育體系化、高等教育普及化。高中階段教育毛入學率達到 95% 以上，高等教育毛入學率達到 40% 左右。到 2020 年，全省教育發展整體水平達到全國先進水平，全面建成教育強省和人力資源強省，率先基本實現教育現代化，打造南方教育高地。

公共文化體育均等化。到 2018 年，形成覆蓋城鄉、便捷高效、保基

本、促公平的現代公共文化體育服務體系，全省城市建成「十分鐘文化圈」、農村建成「十里文化體育圈」，全省城鄉建成「十五分鐘健身圈」，建成全國公共文化體育建設示範區。到 2020 年，城鄉公共文化體育服務均等化總體實現，人人享有較高水平的公共文化體育服務。

公共安全均等化。到 2018 年，平安廣東體系全面建成，防範違法犯罪、化解社會矛盾、維護公共安全等各項工作機制進一步健全，公共法律服務實體和信息化平台網絡全面覆蓋全省城鄉，公民的公共法律服務需求和權益得到基本滿足和實現。到 2020 年，經濟建設和社會建設協調發展，推動實現廣東長治久安。

住房保障均等化。「十三五」期間，全省累計改造棚戶區 15 萬戶（套），力爭全面解決人均住房建築面積 15 平方米以下的城鎮低收入住房困難家庭住房問題。到 2018 年，健全以公租房為主體的住房保障制度體系，全面完成農村危房改造和棚戶區住房改造，實現城鎮低收入住房困難家庭應保盡保。到 2020 年，住房保障體系進一步健全，保障範圍和保障水平明顯提高。

醫療保障均等化。到 2018 年，完善醫療保險制度，探索建立城鄉一體化的基本醫療保險制度、大病醫保制度和醫療救助制度，實現基本醫療保障均等化。到 2018 年底，社保卡持卡人數達 9950 萬人，持卡人口覆蓋率達 94%。到 2020 年，完善基本醫療保險、城鄉醫療救助、商業健康保險三層次的醫療保障體系。

公共衛生均等化。到 2018 年，普遍建立比較完善的公共衛生服務體系和醫療服務體系、比較規範的藥品供應保障體系和比較科學的醫療衛生機構管理與運行機制，形成多元化辦醫格局，基本適應人民群眾多層次的醫療衛生需求。到 2020 年，人均預期壽命達到 77.8 歲，每千人口醫療機構床位數達到 6 張，全面實現人人平等地享有較高水平的基本醫療服務，全面實現人口和計劃生育基本公共服務均等化。

公共交通均等化。到 2018 年，公共交通成為主流出行方式，逐步形

成以大運量公共交通為骨幹、地面公交為基礎、出租汽車為補充、信息系統為手段、交通樞紐為銜接的現代化城市公共交通體系。到 2020 年，基本實現 100 萬人口以上城市中心城區公共交通站點每 500 米全覆蓋，建成市場結構合理、基礎設施完善、網絡銜接順暢、發展環境優化的全省城鄉和區域一體化公共交通網絡系統。

生活保障均等化。到 2018 年，建立健全不同類型養老保險制度之間的銜接機制，繼續鞏固城鄉居民養老保險全覆蓋成果，養老保險待遇水平逐步提高，形成城鄉統籌、覆蓋城鄉居民的生活保障體系。到 2020 年，社會保障城鄉併軌，完善社會保險關係跨區域轉移接續政策，促進城鄉、區域、行業和群體間保障標準水平銜接平衡，基本實現社會保險法定人員全覆蓋。

就業保障均等化。「十三五」期間全省累計新增就業 550 萬人。到 2018 年，建立健全全省統一的基本公共就業創業服務制度和覆蓋城鄉的公共就業創業服務體系，公共就業創業服務供給模式更加多元，實現全省各類勞動者比較充分就業和高質量就業，構建和諧勞動關係。到 2020 年，全面提升公共就業創業服務水平，人人都能享有更加全面、便捷、高效的公共就業創業服務。

生態環境保障均等化。到 2018 年，美麗廣東綠色生態屏障初步建成，珠三角九市基本達到國家森林城市建設標準，形成森林城市群。低碳綠色生活方式和消費模式基本形成。到 2020 年，主要污染物排放總量明顯下降，污染綜合防治水平和環境監管能力明顯提升，城鄉生態環境明顯改善。基本建成現代林業強省，環境質量接近或達到世界先進水平。

三、推進社會協同善治

社會治理既包括政府對社會的管理，也包括社會的自我管理，二者應當形成良性互動、協同共生的關係。

* 推動基層社區、社工、社會組織「三社」整體協作、聯動高效運作。圖為揭陽榕城區新興街道舉行三社聯動啟動儀式

　　自 2004 年中共十六屆四中全會提出要「建立健全黨委領導、政府負責、社會協同、公眾參與的社會管理格局」，到 2012 年中共十八大報告提出要「加快形成黨委領導、政府負責、社會協同、公眾參與、法治保障的社會管理體制」，中國特色社會主義的社會治理模式一再得到確認和深化。

　　這一模式，一方面表明了社會管理主體的多元性，同時又表明各主體間的結構關係：「黨委要『抓大』，主要是『抬頭看路』，做好社會治理的價值理念、戰略規劃以及制度建設等頂層設計。政府負責，主要是做『服務』，要按照轉變職能、理順關係、優化結構、提高效能的要求，健全政府職責體系，強化社會治理職能，努力建設服務型政府，提供更多更好的公共服務，滿足公民多元化的需求。社會協同，重點是發揮好工青婦等群眾組織、基層群眾性自治組織、社會組織等的協同作用，形成黨委政府與社會力量互聯、互補、互動的社會治理和公共服務網絡。

公眾參與，主要是『自治』，沒有社會的自治，就不會有社會的善治。要
廣泛動員組織群眾依法理性有序參與社會治理和公共服務，實現自我治
理、自我服務、自我教育、自我發展。法治保障，主要是講手段，依法
治國是我們的總要求，社會治理作為整個社會系統的一部分，同樣需要
法治這一根本性的保障手段。」

　　自 21 世紀初以來，廣東在深化社會管理體制改革的過程中，一直
在探索中央統一部署下切合廣東實際的社會治理模式，較好地把握了黨
委、政府、社會、公眾等不同主體的角色定位；在社會治理領域推行了不
少創新嘗試，成為中國特色社會主義社會建設中獨具特色的廣東亮點，
有些甚至成為國家力推的範本。

（一）轉變政府職能，理順政社關係

　　要從根本上改革社會管理體制，首先要對政府自己進行改革，通過
轉變政府職能，促進政社分開，理順政社關係。在這方面，行政審批制
度改革的先行試點最惹人關注。

▶ 2012 年 5 月

　　　　　　　　　　　廣東省政府向國務院呈報《廣東省人民政府關於
　　　　　　　　　　　「十二五」時期廣東省深化行政審批制度改革試
　　　　　　　　　　　點的請示》，請示國務院授權廣東停止實施和調
　　　　　　　　　　　整部分行政審批。10 月 31 日，國務院批覆同意
　　　　　　　　　　　廣東省在「十二五」期間進行行政審批制度改革
　　　　　　　　　　　先行先試。11 月 23 日，廣東省人民政府辦公廳
　　　　　　　　　　　印發《廣東省「十二五」時期深化行政審批制度
　　　　　　　　　　　改革先行先試方案》，提出廣東的行政審批制度
　　　　　　　　　　　改革將分為謀劃啟動階段（2012 年）、全面推
　　　　　　　　　　　進階段（2013 年）、規範建設階段（2014 年）、
　　　　　　　　　　　總結鞏固階段（2015 年）四個階段，到 2015

年，廣東省力爭成為全國行政審批項目最少、
行政效率最高、行政成本最低、行政過程最透
明的先行區。

深化行政審批制度改革，首先是簡政放權。經過體制機制創新，使
政府從「全能政府」轉向「有限政府」，逐步從公共服務的直接提供者轉
變為組織和保障者，以形成「小政府、大社會」和「強政府．好社會」的
格局。在這一過程中，順德、深圳的「大部制」改革，東莞的文化體制
改革，番禺、湛江醫療衞生改革模式，都形成了不少值得廣泛推廣的成
功經驗。其次是通過建章立制，為社會治理提供法制保障。「放」不等於
放任不管，而是為了實現更好地「管」，因此，在「放」權的同時，還要
做好「建」的工作。在這一過程中，廣東主要抓了發展和培育社會組織、
建立社會治理平台（如建成綜治信訪維穩「三級平台」，建成各級各類決
策議事平台）、建立健全政府購買服務制度等方面的工作。

（二）培育、壯大社會組織

早在 21 世紀初，廣東充分利用毗鄰港澳的優勢，積極借鑒海外經
驗，大膽創新社會組織管理方式，出台扶持社會組織政策，使得全省社
會組織朝着發展有序、門類齊全、層次不同、覆蓋廣泛的格局穩步前進。

中共十八大以來，廣東加速社會組織管理制度改革，將政府職能轉
移與培育發展社會組織作為雙翼，推動社會組織的孵化培育與監管評估
制度化、系統化，充分激發了社會組織活力，確保了社會組織的健康有
序發展。具體表現在以下幾個方面：

一是完善社會組織登記管理制度。十八大以來，廣東省放開了社會
組織直接登記範圍，將行業協會商會類、科技類、公益慈善類、城鄉社
區服務類社會組織作為優先發展對象，可以直接向民政部門申請成立，
並且將社會組織的業務主管單位改為業務指導單位（除部分特例）。2012

＊ 開展主題實踐活動，發揮「兩新」黨組織作用。圖為深圳市律師協會黨委組織全體黨員重
　溫入黨誓詞

年，省民政廳印發《關於培育發展城鄉基層群眾生活類社會組織的指導意見》，對城鄉基層群眾生活類社會組織實行「登記＋備案」制度。對符合登記條件的社會組織按一般性措施註冊，但是對尚未達到登記條件的且服務於城鄉基層的公益服務類組織實行「傾斜」政策，允許其在鎮街進行備案。

　　二是推進政府購買社會服務工作。首先是編制出台了政府職能轉移事項目錄及政府向社會組織購買服務事項目錄。2012年，廣東省政府辦公廳印發實施《政府向社會組織購買服務暫行辦法》、省財政廳印發了《2012年省級政府向社會組織購買服務目錄（第一批）》、省機構編制委員會印發了《政府向社會轉移職能工作方案》，大力推動政府職能轉移，並率先在全省試行政府向社會組織購買服務工作。該方案共取消231項行政審批項目，其中明確轉移的88項行政事項由社會組織承接（2013年再次向社會組織轉移職能56項）。省財政廳發佈的首批省級政府向社會組織購買服務項目目錄共有5大類49個子類共262個具體服務項目，既涉

及一般性社會服務，也包括專業性與技術性管理服務事項。此後，各地市也結合自身情況，細化了政府職能轉移專項目錄及有關購買服務內容。

三是構建社會組織孵化培育體系。分別從基地建設、資金扶持與能力培訓等方面開展社會組織的孵化培育工作，在全省形成了市、區（縣）、街（鎮）三級孵化基地體系、常態化的培育資金支持體系以及專業化能力建設體系。

四是推進社會組織去行政化。早在 2006 年，廣東省就先後出台了《關於發揮行業協會商會作用的決定》《廣東省行業協會條例》，在行業協會商會率先開展了「去行政化」改革。2014 年，省民政廳等六個部門聯合印發了《關於行業協會商會與行政機關脫鈎方案》，深入推進政社分開以及社會組織的民間化進程。是年，廣東進一步落實中共中央組織部《關於規範退（離）休領導幹部在社會團體兼職問題的通知》，從嚴規範退（離）休領導幹部在社會團體的兼職行為。

五是探索開展監管評估工作。首先是加強社會組織的社會信用監管。其次是加強社會組織的評估制度建設和評估工作，推進社會組織的規範化發展。

近年來，廣東社會組織有序發展，呈現快速增長的良好態勢。根據廣東社會組織信息網和中國社會組織網的統計，2011 — 2014 年，全省登記成立的社會組織分別是 30535、34537、41025、46835 個，年均增長率 13.7%。至 2018 年 1 月，全省社會組織數已達 64159 個（其中社會團體數 28833 個、民辦非企業單位數 34362 個、基金會數 964 個、慈善組織數 589 個），約佔全國社會組織 803807 個的 8%。

（三）有序擴大公眾參與

1. 搭建便於公眾參與的政社溝通平台

搭建利於公眾廣泛參與的決策徵詢平台和意見諮詢平台，是政府

廣泛傾聽民聲民意、探索建立良好的政社溝通模式的重要舉措。近十年來，廣東省通過政府向社會收集民意，和公眾、專家等社會力量參與政府決策的互動機制，在有效提升公共事務決策的開放性、透明度與常態化的同時，還有力地提升了政府與社會協同共治的程度。

首先，省市成立各級各類議事決策諮詢平台。依託全省社會工作委員會系統，從省、市、縣區級到鎮街一級，大多成立了社會建設諮詢委員會，形成了社工委與社諮委相輔相成的決策格局。各地市創新舉措，在擴大社會參與方面作了富有成效的探索，積累了許多成功的經驗。如佛山市南海區在全國首設社會政策觀測站，讓社會公眾通過社區自治組織、民間社會組織、社會政策觀測員、專家學者四大觀測主體，搜集社情民意，開展民主協商，有序發聲，向黨委政府建言獻策。

其次，創建專家參與公共事務決策機制。近年來，專家參與的公共事務決策諮詢委員會蓬勃發展。為了做好專家參與行政決策議程，各市紛紛出台了重大行政決策專家諮詢有關辦法等相關政策文件。以順德區的做法為例。順德打造公共事務決策諮詢委員會，是在中共十八大之前全國首個縣區級決策諮詢委員會的實踐。全區從區、鎮街、村居到學校等，共成立了 37 家決策諮詢委員會，形成了決諮委體系。從區級決諮委委員的第一、二屆名單來看，第一屆委員共 48 人，其中來自各行業的精英專家共 19 人，科研精英專家共 23 人，兩類共佔到 88%；政府官員（包括 2 名村居委員會幹部）共 6 人，僅佔 12%。第二屆委員共有 38 人，行業精英和科研精英共佔 95%，官員僅 2 人，且均為村居委員會幹部。可謂在真正意義上踐行了共治善治理念，充分吸納了精英專家，確保了決諮委推動決策科學化、專業化的作用。

再次，創設決策諮詢的新型網絡平台。除了實體化的決策諮詢，網絡化決策諮詢也成為近年的亮點。早在 2009 年，廣東省委辦公廳便通過召開網友集中反映問題交流會，推進網絡問政平台建設。十八大以來，省市各級相關部門相繼搭建相關平台，如政務微博、政務微信，這些網

絡平台集合了政務辦事與意見採集兩大功能，真正發揮了政社之間有效互動的「雙聲道」作用。在這方面，惠州市的做法富有代表性。惠州依託網絡平台，建立了惠州市社情民意數據庫，強化了平台的民意信息收集、統籌、協調及分析處理功能，真正做到問政於民、問需於民、問計於民。

2. 優化社會工作和志願服務體制機制

中共十八大以來，廣東省大力推動社會工作與志願服務發展，形成社會工作與志願服務雙輪驅動的社會服務格局。

一是大力支持社會工作發展。自省委「1+7」文件出台以來，各地市紛紛結合當地產業發展特點、行政管理體制特徵以及當地人群服務需求，出台社會工作人才發展規劃、薪酬標準指導意見以及建設培育機構、開發社會工作崗位設置等方面的實施方案，探索建立具有地方特色的社會工作服務模式。二是提高志願服務的管理水平，推動社會工作與志願服務融合發展。2013年，省民政廳、團省委、省文明辦聯合出台《關於推進社會工作者與志願者聯動工作的實施意見》，探索建立社工和志願者優勢互補、良性互動的長效機制。各地區也結合各自實際相繼出台有關「社工＋義工」的政策文件。2014年，省文明辦、團省委等部門聯合出台全國首個關於志願者資質認證的省級文件《廣東省星級志願者資質認證管理辦法》，省志願者聯合會頒佈了《廣東省志願服務金銀銅獎評選表彰實施辦法（試行）》，完善志願者資質認證、志願服務記錄及表彰激勵制度。

（四）基層治理的創新嘗試

改革開放以來，中國基層社會組織方式發生了多次重大而深刻的變化，從計劃體制下的「單位制」「人民公社制」演變為社會主義市場經濟體制下的社區制。隨着新型城鎮化的推進，城鄉基層社區在提供公共服

務、反映公眾訴求、化解社會矛盾、保持社會穩定等方面發揮着重要作用，社區治理越來越成為社會治理的重中之重。

中共十八大以來，廣東在探索城鄉基層社區管理方面勇於創新，湧現了一批富有代表性的基層社會治理樣本，獲得了諸多成功的基層治理經驗。廣州市越秀區城市社區治理、深圳市寶安區海裕社區建設、佛山市順德區「兩社三工」社區管理服務模式、肇慶市端州區城市社區服務管理、揭陽市揭東區農村社會管理、雲浮市自然村鄉賢理事會等創新嘗試均獲得了社會各界的廣泛贊譽。

1. 推進城鄉社區管理體制改革

從省級層面看，廣東省系統推進城鄉社區管理體制改革，主要從清理牌子、設置行政服務站、嚴格行政事務准入制等幾個方面入手，逐步扭轉過去基層社區過於行政化的問題。省紀委、省委組織部等部門於 2012 年聯合出台了《關於治理村　社區組織牌子過多過濫問題的意見》，針對城鄉社區牌子過多過濫問題，明確要求只允許懸掛符合規範的村黨組織、村民委員會或社區黨組織、社區居民委員會兩塊牌子，嚴禁繼續增掛牌子，以突出黨的領導與群眾自治的基層社區定位。

在基層的實際操作中，一般按照「居站分設」的思路，以社區行政服務站點的方式，依照行政事務准入制度將鎮街行政事務延伸至社區，滿足群眾就近辦事的需求。比如順德區通過「一村一站」的方式全面建立村居行政服務站，村居行政服務站主要負責人均由村居黨組織主要成員兼任，並參照鎮街聘員管理。東莞市在學習借鑒順德區該項改革的基礎上，進一步完善建立了村居黨政公共服務中心，實現黨務政務「二合一」，通過「一站式」和「一清單」辦事制度，將村居的行政事務做實做細。

在農村社區，主要採用「政經分離」的方式，通過加快建立健全基層黨組織，將有條件的村黨組織的建制升格，進一步強化了黨組織在農

村社區組織中的監督作用和政治核心地位。村委會主要領導不再與村集體經濟組織領導交叉任職，使村居民委員會作為自治組織回歸社區管理與服務，實現「去行政化」「去利益化」的效果，村集體經濟也得以進一步按市場規則運行，提高運轉效率。

2. 公眾參與基層社區治理

　　近年來，廣東省致力於構建城鄉社區多元治理結構，吸納體制外精英及非戶籍常住人口參與社區民主管理及民主監督工作，主要方式是以村民理事會、說事評理組、社區參理事會、鄰里中心、街坊會等多種形式，引導居民參與基層社區治理，凝聚居民共識，提高社區整合程度與資源聚合能力，提高自我管理的水平。比如，在中山、東莞等珠三角外來人口較多的城市，其主要做法是規範農村社區建設協調委員會運作，實施聯席會議制度，每季度至少召開一次聯席會議，使轄區單位、物業管理公司、外來人員代表平等參與社區管理、自治和服務。在外來人口較多的社區，還探索聘任優秀異地務工人員作為村委會特別委員，在社區層面逐步破解本地戶籍人口與外地務工人員的二元治理結構。又如，作為全國農村改革試驗區的雲浮市，就以自然村為基礎，啟動培育和發展「鄉賢理事會」，把農村老黨員、老幹部、老模範、老教師等各類鄉賢能人以及熱心人士吸納到「鄉賢理事會」，協助村「兩委」開展家鄉建設與管理。

3. 探索社區服務多元化供給

　　中共十八大以來，廣東省通過大力培育紮根基層的社區社會組織，藉助互聯網、手機終端等信息化技術手段，不僅有效實現了城鄉基層社區的高效管理，其公共服務也已基本實現社會化多元供給。

　　一是社區基層社會組織為社區管理與服務助力。一方面，政府搭建的公共法律與生活服務等各類社區服務平台為社區居民提供了便捷有效的公共服務。另一方面，社區居民也自發地組建社區社會組織，從而形

成了自上而下與自下而上的社區服務合力。廣東省的社區社會組織主要涉及文體娛樂、慈善服務等多個領域，充分滿足了社區居民的多元化服務需求。

　　二是新技術手段為基層社區管理與服務提質增效。近年興起的「智慧社區」將互聯網思維引入社區服務之中，形成了不同於實體化服務的新平台、新模式。比如在社區網格化管理中更加注重信息管理技術。網格管理員以信息化手段，全面收集掌握轄區社情民意，聯動有關行政部門，以數據共享、業務協動提升城鄉社區治理效率。又如，微信（Wechat）平台在社區服務中越來越得到廣泛的運用。通過微信（Wechat）平台，整合社區通知、收費等各項物業管理與生活服務，乃至小區周邊商業服務事項，向業主統一發佈有關信息，並以服務滿意度打分的方式及時收集反饋意見，形成了物業服務、商業服務、生活服務一體化的新平台，實現社區管理與服務的無縫對接。

第八章

生態文明繪美麗廣東

　　改革開放以來，先行一步的廣東在經濟建設中取得了舉世矚目的成就。但在經濟飛速發展的同時，經濟增長與資源短缺、環境保護的矛盾日漸凸顯。時至 20 世紀 90 年代中後期，生態安全問題已日益成為制約廣東經濟社會可持續發展的主要因素之一，並由此受到越來越多社會公眾的熱切關注。

▶ 1996 年　　　　　　省人大代表提出環保議案，呼籲重視環境保護問題：「我省的環境形勢十分嚴峻：大氣污染日益加劇，全省每年排放二氧化硫達 58 萬噸，導致 94.1% 的城市出現酸雨，我省已成為全國酸雨重點省之一；機動車尾氣排放，使一些城市出現光化學煙霧現象；粉塵污染成為群眾投訴的重點之一；工業廢水和生活污水排放，使流經城市的河流普遍污染嚴重，城鎮生活污水排放量已佔污水排放總量的 58%，其處理率還不到 7%，廣州市生活污水 84% 未經處理直接排入珠江水體；城市噪聲擾民嚴重；絕大多數城市垃圾處理不合衛生標準。」

　　在此背景下，廣東省委、省政府及時調整發展策略，把抓綠化與治污染作為解決生態安全問題的兩大路徑，加大環境保護的執行力度，持續在政策支持、財政投入、制度化建設等方面強化管理和協調，逐漸形成了生態文明建設和經濟建設雙輪齊動的良性發展局面。

一、生態文明建設的進程

（一）改革開放初至世紀之交：污染加劇與遏制並行

　　自改革開放初期，隨着經濟社會的發展，不斷加重的生態破壞和環境污染，使人們逐漸認識到其中的危害性，從而產生了要保護環境、改善環境的要求。

　　改革開放頭十年，全國開始進行環境保護立法管理。1979 年頒佈實施《中華人民共和國環境保護法（試行）》（1989 年修改後正式實行）、1984 年頒佈《中華人民共和國水污染防治法》、1987 年頒佈《中華人民共和國大氣污染防治法》，各種環境保護法律法規陸續頒佈實施。在此背景下，廣東省人大、省政府依據國家法律建立了相應的地方環境保護的法規和行政規章，將環境管理納入法制化的軌道。

　　自 80 年代末起，廣東省着力加強對工業污染的控制，強化城市環境綜合整治。省政府先後頒佈了《廣東省城市環境綜合整治定量考核辦法》（1989）和《廣東省環境保護目標任期責任制試行辦法》（1991），將環境保護及綜合整治以「考核」和「任期責任制」的方式予以制度化。全省通過制定產業政策，積極引進先進工藝技術，淘汰高能耗、污染嚴重的設備，以及通過限期治理和排污許可證等制度、措施的實施，推動工業污染防治。根據《廣東省志・環境保護志》（2001），「八五」期間，全省各級政府分批下達了 900 多項重點工業限期治理項目，有 80% 以上完成了治理任務。至 1996 年底，全省取締或關停企業 739 家，削減廢水

排放量 2496 萬噸,廢氣排放量 3.22 億標立方米,固體廢物排放量 93.6 萬噸。

至 90 年代中期,工業污染惡化的勢頭逐步得到遏制。以 1995 年對比 1980 年,15 年間全省工業總產值翻了三番多,而工業廢水排放量基本沒有增加,廢水處理率從 30% 提高到 81.2%,廢水中的有害物總量也有所減少。工業廢氣基本上都經過消煙除塵或回收粉塵處理,最終排放量增長緩慢。工業固體廢物綜合利用率大幅度上升,排放總量減少。

在工業污染得到初步遏制的同時,城市化進程加速帶來的環境問題開始變得日益突出。首先是污水排放,1987 年全省城市生活污水排放量(含海南)為 7.53 億噸,佔全省廢水排放量的 35.8%,到 1995 年,生活污水排放量達 21.24 億噸,佔全省排放總量的 61%,超過工業排放量,大多未經處理排放,導致江河水體和近海海域水污染嚴重,比如廣州市生活污水 84% 都是未經處理就直接排入珠江;其次是生活垃圾,絕大多數城市垃圾處理不合衛生標準,農村地區垃圾問題日益突出;此外,隨着城市機動車保有量逐年增長,尾氣排放造成的大氣污染也日益加劇,城市噪聲擾民的問題日益嚴重。

2004 年初,民革廣東省委員會的一份調研顯示,珠江三角洲區域工業廢水折合每天的排放量為 235.5 萬噸,城市生活污水排放量為每天 660.5 萬噸,農村生活污水排放量約 240 萬噸,城市生活廢水已佔廢水排放量的 70.7%,形成了即使「工業零排放」環境仍污染的格局。在全省 57 個參加統計的省控江段中,水質達標的有 39 個,佔 68.4%,全省跨市河流邊界斷面水質達標率不足 50%。與此同時,持久性污染物與環境激素帶來的污染隱患也不容忽視。

針對上述問題,廣東先後出台了《廣東省建設項目環境保護管理條例》(1994)、《森林保護管理條例》(1994)和《廣東省農業環境保護條例》(1998)等法規,從法制上規範環保工作。1999 年初,廣東省加強環保工作,在全省範圍內實施「一、二、三、四」工程,把環保工作推

上一個新台階。「一」是狠抓「一個重點 —— 雙達標」，即按國家規定，到 2000 年，全省所有工業污染源排放污染物要達到國家或地方規定的標準；直轄市、省會城市、經濟特區城市、沿海開放城市和重點旅遊城市的環境空氣、地面水環境質量，按功能分區分別達到國家規定的有關標準。「二」是指落實「兩個決定」，即《國務院關於環境保護若干問題的決定》和廣東省政府的《關於切實加強環境保護工作的決定》。「三」是指「三大舉措」，即實施《廣東省碧水工程計劃》《廣東省藍天工程計劃》《廣東省污染物排放總量控制計劃》。「四」是做好「四項工作」，即創建國家環境保護模範城、鎮，整治東深供水工程、淡水河、小東江，繼續推廣無鉛汽油和機動車禁鳴喇叭工作，要求火電廠脫硫。

「九五」期間，廣東環保工作取得顯著成效。在保持經濟高速增長的情況下，環境惡化的勢頭得到初步遏制。隨着推廣使用無鉛汽油和機動車尾氣治理等專項治理工作的推進，一些地方的環境質量有所好轉。自 1996 年開始的國家環保模範城市評比中，至 2000 年，廣東佔有國家環保模範城市 18 個中的 4 個（1996 年：深圳、珠海；1997 年：中山；1998 年：汕頭）。在 1999 年國家環保總局審定的全國 46 個重點城市環境綜合整治定量考核結果中，深圳、珠海、汕頭的得分名列前茅。

（二）21 世紀頭十年：從防控漸入全面治理

進入新世紀，廣東環境保護逐步從控制、遏制環境惡化轉入全面治理階段。

1. 規劃先行，設定生態「紅綠藍線」

自新世紀開始，廣東推動環保規劃的編制工作，陸續出台了系列綜合和專項環境保護規劃。

▶ 2003 年 3 月　　　　　省委、省政府與國家環保總局聯合編制《珠江三角洲環境保護規劃》，並於 2004 年 9 月 24 日

經廣東省第十屆人大常委會第十三次會議審議
批准。該規劃提出「紅線調控，優化區域空間
佈局；綠線提升，引導經濟持續發展；藍線建
設，保障環境安全」進行生態分級控制管理的要
求。這是中國第一個通過立法實施的區域性環
保規劃。

▶ 2005 年 10 月　　頒佈《廣東省林業發展「十一五」和中長期規
劃》，要求到 2010 年，廣東省 50%的縣（市、
區）建成林業生態縣（市、區）；到 2020 年，廣
東省全面建成生態省，全省森林覆蓋率達 60%。

▶ 2006 年 4 月　　《廣東省環境保護規劃綱要（2006－2020 年）》
經省十屆人大常委會第二十一次會議審議通過。

▶ 2007 年 5 月　　《廣東省環境保護與生態建設「十一五」規劃》
經省人民政府同意印發各地市。

▶ 2008 年 12 月　　國務院批准《珠江三角洲地區改革發展規劃綱要
2008－2020 年》，推動環保工作再上新台階。
廣東環保工作致力於推進珠三角環境保護一體
化，從區域整體高度統籌環境資源保護，促進
環境與經濟協調發展。

▶ 2010 年 7 月　　廣東省正式印發了《珠江三角洲環境保護一體化
規劃（2009－2020 年）》。該規劃探索區域環
境保護一體化機制，促進排放結構轉型，為廣
東加快推進區域環境保護一體化，以及環境再
造提升區域可持續發展能力指明了方向。

▶ 2011 年 9 月　　　　　　省政府批准《廣東省生態景觀林帶建設規劃
　　　　　　　　　　　　（2011 － 2020 年）》，提出廣東省將在 9 年內建
　　　　　　　　　　　　設完善 23 條生態景觀林帶。

2. 強化環保法制體系建設

在這一階段，環境保護工作的法制化受到更多的重視。廣東先後制
定和頒佈了一大批地方環境保護相關法律和法規，使地區環境保護法律
法規和制度，從部分到全面，從單一到配套，不斷得到完善，環境法制
和環境監管體制機制逐步健全。

▶ 2004 年　　　　　　　　《廣東省環境保護條例》通過省人大審議，於
　　　　　　　　　　　　2005 年 1 月 1 日起正式實施。該條例針對當時
　　　　　　　　　　　　廣東環保的特點，對環境保護規劃、污染物集
　　　　　　　　　　　　中處理、生態環境保護分別進行專章規定，被
　　　　　　　　　　　　環保專家和媒體譽為「國內少見甚至是首創的地
　　　　　　　　　　　　方環保法規」，引起巨大反響。此外，廣東還陸
　　　　　　　　　　　　續出台了針對各具體領域的環保法規規章，如
　　　　　　　　　　　　《廣東省城市垃圾管理條例》（2001）、《廣東省
　　　　　　　　　　　　固體廢物污染環境防治條例》（2004）、《廣東省
　　　　　　　　　　　　城鎮污水處理廠監督管理辦法》（2006）、《廣東
　　　　　　　　　　　　省飲用水源水質保護條例》（2007）等等。改革
　　　　　　　　　　　　開放以來廣東已先後制定環保法律法規和相關
　　　　　　　　　　　　實施辦法 139 個，使環境保護工作基本做到了
　　　　　　　　　　　　有法可依，有章可循。

3. 以產業結構優化促環境質量優化

廣東持續推進產業結構調整，實行越來越嚴格的環境影響評價審批

制度和環保退出機制。通過對電鍍、製漿造紙、紡織印染、製革等重污染行業實行統一規劃、定點建設，通過不斷淘汰落後工藝技術和生產能力，以及實行嚴格的建設項目環保審批制度與環保退出機制，全省淘汰關閉污染嚴重的小型工業企業、關閉所有 5 萬千瓦及以下的燃煤、燃油小火電機組，廣東污染排放總量得到有效遏制。

4. 扭轉過於依賴火電的局面，促能源結構多樣化

通過加快火電廠煙氣脫硫設施建設，嚴禁新建單機容量小於 13.5 萬千瓦的燃煤、燃油發電機組，積極發展核電、風電、液化天然氣等清潔能源，使煤、石油在能源結構中的比重不斷下降，清潔能源的使用比例不斷上升。

＊ 大亞灣核電基地站是中國第一座大型商用核電站，也是中國核電事業的一座里程碑

5. 創新監測模式，建設污染源在線監控系統

　　除了常規的治污專項行動外，對省控重點「排污大戶」在線監控設備安裝並完成全省聯網監控。各市對佔當地排污量 50% 以上的企業和珠江三角洲地區佔當地排污量 80% 以上的企業，也逐步建立了在線監測和動態檔案。

　　截至 2008 年底，廣東省污水處理能力每天已經達到 1091.5 萬噸；12.5 萬千瓦以上裝機容量的原油燃煤電廠脫硫設施已經全部安裝完畢，使廣東省裝有脫硫設施的機組達到了 2780 萬千瓦；廣東省國家控制重點污染源 238 家全部安裝了在線監控裝置，並且和環保部門全部聯網，21 個地級市監控中心或監控平台全部建成。截至 2008 年（「十一五」以來），廣東省已關閉小火電 834 萬千瓦，淘汰落後水泥產能 3500 萬噸，淘汰落後鋼鐵產能 700 多萬噸，淘汰落後造紙產能 30 萬噸。

　　數據顯示，早在 2006 年，廣東省兩項主要污染物排放指標 —— 二氧化硫的排放量比 2005 年同期減少 1.9 萬噸，下降 2.9%；化學需氧量排放量比 2005 年同期減少 0.6 萬噸，下降 1.1%。這是這兩項指標在廣東歷史上首次雙雙下降。至「十一五」末，化學需氧量累計比 2005 年下降 16.4%；二氧化硫累計比 2005 年下降 18.1%。其中，2009 年萬元 GDP 化學需氧量和二氧化硫排放強度比 2005 年減少了 50% 以上，處於全國領先水平。

（三）十八大前後以來：建設「美麗廣東」

▶ 2012 年 11 月　　　　中共十八大報告提出「把生態文明建設放在突出地位，融入經濟建設、政治建設、文化建設、社會建設各方面和全過程，努力建設美麗中國」。生態文明建設被納入「五位一體」總體佈局和「四個全面」戰略佈局，「美麗中國」建設成為中國可持續發展的一個基本維度。

▶ 2012 年 12 月　　　　習近平總書記視察廣東，兩次考察生態文明建設，先是 12 月 8 日考察珠海，12 月 11 日又專程到廣州越秀區東濠涌，聽取治水和城市建設情況匯報。他對廣東提出要求，要大力推進生態文明建設，着力推進綠色發展、循環發展、低碳發展，加快推進節能減排和污染防治，給子孫後代留下天藍、地綠、水淨的美好家園。

　　「百尺竿頭，更進一步」。此時，先行一步的廣東繼續張揚率先意識、保持領先姿態，努力探索綠色發展之路，描繪「美麗廣東」的時代畫卷。五年來，廣東在中央的統一部署下，標本兼治，多措並舉，加速推進生態文明建設。一是加大污染整治力度，切實減少污染物排放；二是全面推進森林綠化建設，發展現代林業，強化美麗城鄉建設；三是大力發展綠色產業，推動綠色發展和節能提效，減少污染物排放；四是倡導低碳生活，綠色出行，培育綠色生活方式。

1. 統籌全局，做好規劃部署工作

▶ 2012 年 3 月　　　　廣東省委、省政府出台《關於進一步加強環境保護推進生態文明建設的決定》，站在建設資源節約型和環境友好型社會的高度，以促進經濟社會全面協調可持續發展為主線，對廣東環境保護工作進行規劃和部署。

▶ 2012 年 9 月　　　　省政府印發《廣東省主體功能區規劃》。按照該規劃，廣東將以主體功能區規劃為基礎，實行差別化的發展政策和各有側重的績效考核。其中，珠三角堅持環境優先發展，粵東西地區

則以發展中保護為主，而粵北生態區則堅持保護中發展。具體而言，珠三角地區將按照綠色空間合理、綠色經濟發達、綠色環境優美、綠色人文繁榮、綠色制度創新的目標，打造成為現代產業發展和生態環境改善深度融合的綠色發展樣板。粵東西北地區則將在綠色中振興發展，落實珠三角和粵東西北地區一體化發展戰略。以交通基礎設施建設、產業園區擴能增效、中心城區擴容提質「三大抓手」為重點，加快推進新型工業化、城鎮化和農業現代化，大力推進產業在轉移中綠色升級，防範過剩和落後產能跨地區轉移。與此同時，粵東西北地區還將與珠三角地區互聯互補互動發展，建設資源共享、一體化融合發展的汕潮揭特色城市群，打造功能清晰、協同發展的粵西臨港經濟帶和可持續發展的粵北生態型新經濟區。

＊廣東惠州市惠東縣，
　美麗的雙月灣

此外，有關部門還陸續印發了系列相關規劃，如《廣東省環境保護「十三五」規劃》（2016）、《廣東省生態環境監測「十三五」規劃》（2017）、《廣東省城鄉生活垃圾處理「十三五」規劃》（2017）、《廣東省環境保護廳關於農村環境保護「十三五」的規劃》（2017）、《廣東省重金屬污染綜合防治「十三五」規劃》（2017）、《廣東省環境保護廳關於土壤污染治理與修復的規劃（2017－2020 年）》（2017）等。

2. 進一步完善環保法規規章

進一步完善環保法規規章，形成法治環保的制度環境。自中共十八大以來，廣東結合發展實際，陸續制定或修訂了系列環保法規規章，如《廣東省排污許可證管理辦法》（2013）、《廣東省濕地保護條例》（2014 年修訂）、《廣東省環境保護條例》（2015 年修訂）、《廣東省水土保持條例》（2016）等。

其中《廣東省環境保護條例》（2005 年 1 月 1 日起正式實施，2015 年 1 月 13 日修訂）是新《環境保護法》施行後全國首部與之配套的環境保護地方性法規，同時也是一部「粵味十足」的環境保護地方性法規。該條例的出台，意在「實現政府負總責、環保部門統一監督管理、各部門分工責任、企業承擔社會責任、公民提升環保意識、社會積極參與的齊抓共管的環境治理格局」。

3. 加大執行力度，責任層層落實

豐富和深化環保督政的手段和內容，建立完善各級黨委政府負總責，各部門各司其職，形成了全社會齊抓共管的大環保格局。

五年來，廣東不斷探索創新生態文明考核體制機制，建立最嚴格的環保制度，實施更嚴厲的責任追究，將環保「黨政同責、一崗雙責」制度落到實處。2017 年，先後印發《廣東省黨政領導幹部生態環境損害責任追究實施細則》《廣東省生態環境保護工作責任清單》，建立損害生態環境黨政領導幹部終身追責制度，將環保責任細化落實到各地、各部門。

　　同時，加大對各地環境執法的監督力度，由廣東省環監局實施環境稽查，統籌專項稽查、專案稽查、日常稽查。在省級專項督查示範下，各地也紛紛行動，初步形成了「聯合行動、交叉檢查、高位推動、形成常態」的環境執法新格局。環保與公安、檢察、法院、工商等聯合執法不斷深化，「守法經營、持證排污」已成共識，「依法治污、違法嚴懲」漸成常態，「把環境保護納入生產成本」的公平競爭市場環境正在形成。

4. 創新做法，推動環保工作新突破

　　碳排放權交易的新嘗試。2013 年 11 月，十八屆三中全會召開，中央層面首次提出建立排污權交易制度。一個月後，廣東省排污權有償使用和交易試點在廣州啟動，成為國內首個啟動碳排放權交易的試點省份。

　　形成統籌型生態補償政策。2014 年 8 月，中山市印發《中山市人民政府關於進一步完善生態補償機制工作的實施意見》，成為全省首個制定縱橫結合、統籌型生態補償政策的地級市，即補償資金由同級地方政府間轉移支付，由上級政府統籌後轉移。同年，珠海首設地方生態保護補償專項資金，推動財政力量進一步向農村生態保護區傾斜。此後，珠海、中山的經驗也在全省其他地方推廣。

　　建立生態保護補償考核機制。2013 年 10 月，省環保廳等六部門聯合發文《廣東省生態保護補償機制考核辦法》，將生態保護考核結果作為安排生態保護補償資金的主要依據，以調動市縣政府保護生態環境的積極性，推動市縣政府加大節能環保投入力度。

　　推動環境保護的「社會共治」。廣東創新環保社會組織管理、完善公眾參與制度，積極構建全社會共同參與環境保護的「社會共治」模式。2014 年 12 月，廣東省印發《關於進一步加強培育引導環保社會組織發展的意見》，根據該意見，廣東擬用五年時間在全省培育扶持 300 個環保社會組織，打造三到五個規模較大在全國有較大影響力的龍頭組織，基本形成廣東省環保社會組織參與環境保護的社會行動體系。目前，廣東對

社會組織發展的政策優勢正在吸引國內較為成熟的環保組織在珠三角拓展工作；民間環保組織機構正在增多，並基本形成了一個組織類型多元、工作領域多樣、健康有序發展的環保社會組織體系。

　　五年來，在全省上下齊心協力的共同推動下，廣東的生態文明建設取得全面突破。2017 年全省空氣質量狀況顯示，全省空氣質量連續三年實現 6 項污染物指標全面達標，珠三角地區 PM2.5 年均濃度比 2013 年下降 27.7%，在全國三大城市群中率先實現 PM2.5 連續三年達標，創建了國家重點城市群空氣質量達標改善的成功模式，被中央環保督察組認為「為全國大氣污染治理樹立了標杆」；大江大河水質保持穩定，全省城鄉居民飲用水安全得到有效保障，全省森林覆蓋率達到 59.08%；土壤污染防治紮實推進。與此同時，綠色經濟持續增長，產業結構調整，不僅增強了區域經濟競爭力，也從源頭上降低了污染物排放總量。「十二五」期間，廣東節能減排任務全面超額完成，單位 GDP 化學需氧量、氨氮、二氧化硫、氮氧化物排放分別下降 44.7%、43.5%、46.3%、49.9%；廣東萬元 GDP 能耗由 2000 年的 0.88 噸標準煤降至 2014 年的 0.49 噸標準煤，降幅超 40%，居全國第二低位。

　　在綠色發展理念的引領下，廣東探索經濟與環境協調發展之道，「美麗廣東」建設的步伐走得越來越踏實有力！

二、追夢綠色廣東之路

　　廣東生態文明建設的自覺，最早是從國土綠化開始的。改革開放 40 年來，歷屆廣東省委省政府領導班子超前決策部署，持之以恆推進國土綠化工作。從上世紀八九十年代的「十年綠化廣東」到 21 世紀以來的「建設綠色廣東」「建設美麗廣東」，廣東生態文明建設的發展脈絡清晰可見。國土綠化，為建設美麗廣東、推進廣東生態文明提供了基本支撐。

（一）「五年消滅荒山，十年綠化廣東」

　　廣東地處亞熱帶地區，濕熱多雨，本來是有利於林木生長的地方。但經過 1958 年、1968 年、1978 年 3 次大規模的砍伐後，森林覆蓋率急速下降，到 1985 年，全省 1.6 億畝（當時含海南）山地中僅剩 6900 萬畝森林，而荒山則達 5000 多萬畝。森林植被的破壞，導致水土流失嚴重，環境惡化，河道淤塞，自然災害頻繁發生。

1. 提前兩年實現目標

▶ **1985 年**

廣東省作出了「五年消滅荒山，十年綠化廣東」的重大決定。全省形成了一整套體制機制，加大獎懲力度，通過每年一次的造林綠化大檢查，獎優懲劣。到 1990 年，全省荒山造林取得階段性重大成果，基本消滅了 5800 萬畝宜林荒山，成為廣東林業發展史上第一個重要的里程碑。1993 年，提前兩年實現了「十年綠化廣東」的宏偉目標，創造了造林綠化史上的奇跡，為此，廣東省先後被中共中央、國務院授予「全國

＊1991 年 3 月，中共中央、國務院授予廣東「全國荒山造林綠化第一省」稱號

表彰中共广东省委
广东省人民政府
全国荒山造林绿化第一省

荒山造林綠化第一省」和「全國平原綠化先進
省」的榮譽稱號。

▶ 到 1998 年　　　　　佔全省國土面積 70% 的東江、西江、北江、韓
江等「四江」流域的防護林體系已成為重要的生
態屏障；全長 3400 公里的沿海防護林帶已經合
攏；20.8 萬公頃的農田防護林使全省 35 個平原
縣的農田和村莊得到保護；粵北石灰岩地區造林
成功，再現綠景。1998 年與 1985 年相比，有林
面積從 6955.5 萬畝增至 1.38 億畝，林木蓄積
量從 1.7 億立方米增至 2.91 億立方米，森林覆
蓋率從 27.7% 提高到 56.6%。公益生態林建設
達 5102 萬畝，佔全省土地面積的 18%，已基本
形成框架。

　　為進一步鞏固綠化成果，使綠化既出生態效益又出經濟效益，廣東
省委、省政府創新林業管理方式方法。1998 年，省委、省政府印發《關
於組織林業第二次創業優化生態環境加快林業產業化進程的決定》作為全
省林業工作的綱領性文件；與此同時，省政府頒佈《廣東省生態公益林
建設管理和效益補償辦法》（1998），為生態公益林體系建設奠定了實質
性基礎。1999 年，廣東在全國率先實施林業分類經營制度，建立生態公
益林效益補償機制。先後啟動了東江、西江、北江、韓江流域水源涵養
林、水土保持林、自然保護區、綠色通道、沿海防護林、濕地紅樹林、
農田林網、城市林業等重點生態工程建設，取得了重大進展，全省生態
和人居環境得到明顯改善。

2. 治理「松突圓蚧」蟲害事件

　　20 世紀 80 年代中期，在新會發現大批松樹仿如遭火燒一般，葉焦枝

枯。這是一種叫做「松突圓蚧」的蟲害導致的。這個蟲子很小，肉眼只能看見一個小白點，用殺蟲藥噴殺可以消滅 30%－40%，但是繁殖力很強。被「松突圓蚧」侵蝕的松林，猶如集體得了「癌症」，很快就大片大片地枯死。林業專家對此也是束手無策，最後只能建議從新會開始至汕尾之間開出一條溝，把感染的林區「隔離」開來，以免蟲害往北蔓延到廣東的韶關、肇慶，甚至湖南、江西等臨近省份。但這樣做要砍掉 300 多萬畝的樹林。當地群眾不願意，卻又沒有別的更好的辦法。省委和林業部共同研究這個問題，也沒有找到更好的對策。

▶ 1986 年

廣東省林業廳森林病蟲害防治站和惠東縣林業局派員參加林業部組織的「中國松樹害蟲考察團」赴日本考察，在日本衝繩縣發現一種寄生效能高的「松突圓蚧」天敵 ──「松突圓蚧花角蚜小蜂」。當時，聘請了當地的專家來到廣東指導蟲害的防治工作。日本專家帶來了 100 多隻「花角蚜小蜂」，但因氣候影響，「花角蚜小蜂」繁殖不順利，最後死掉了很多，只剩下 3隻。經過精心培育，3 隻「花角蚜小蜂」迅速繁殖起來，並把繁殖出來的「花角蚜小蜂」幼蟲按照一定的區域進行佈點，用來吃掉「松突圓蚧」，效果很好，全省「松突圓蚧」感染率下降至 30% 以下，全省的大面積山林逃過了一場大災難。後來，這個項目獲得了科學技術創造類的特等獎，給全國處理類似蟲害問題提供了借鑒和經驗。

(二）從「綠色廣東」建設到「生態立省」

1.建設「綠色廣東」

進入新世紀，廣東繼續推進造林綠化工作，並開始將綠化工作上升到「綠色發展」的高度。自 21 世紀初，廣東陸續發佈有關政策文件，如《關於鞏固造林綠化成果提高林業三大效益的決定》（2000）、《廣東省林地保護利用總體規劃（2001－2010 年）》（2003）等。

▶ 2002 年 5 月　　　　時任廣東省委書記李長春提出，要把珠江三角洲建設成為可持續發展的示範區，把山區生態建設提高到全省生態屏障的戰略地位來安排。2004 年底，時任廣東省委書記張德江在全省學習貫徹時任中共中央總書記的胡錦濤視察廣東重要講話精神大會上，首次提出要建設「綠色廣東」，他指出，廣東下大決心建設節約型社會，下大力氣遏制環境質量惡化勢頭，發展循環經濟，保護和節約利用土地資源，發展清潔能源和再生能源，推行清潔生產，培育生態文化，加大污染治理力度，切實改善城鄉環境質量。

▶ 2006 年 4 月　　　　廣東率先在全國制定出省級環境保護規劃 ——《廣東省環境保護規劃綱要（2006－2020 年）》，正式邁出了建設綠色廣東的步伐。

2.走「生態立省」之路

「幸福廣東應當是生態優美的廣東。」2012 年 5 月，中國共產黨廣東省第十一次代表大會召開，時任廣東省委書記汪洋在報告中指出，加快轉型升級，必須強化綠色發展。「綠色發展已經成為當今世界潮流，誰

能搶佔先機，誰就能贏得戰略主動。因此，要走生態立省之路，加快構建資源節約、環境友好的生產方式和消費模式，探索建立生態發展激勵機制，不斷提高生態文明建設水平。」

　　「十一五」期間至「十二五」初，廣東全面推進「綠色廣東」建設。首先，城市森林建設被作為城市發展的基礎性工作。在珠三角地區，各市紛紛將城市綠化工作作為重中之重，全面推進城市生態文明建設。廣州市實施國家森林城市建設，投資上百億開展規模宏大的「青山綠地、碧水藍天」工程、「迎亞運森林城市建設行動計劃」等城鄉生態綠化重點項目建設，率先建成了廣東省首個國家森林城市，廣州增城市成為全國首個生態文明建設示範市。深圳市把生態風景林、森林公園等作為重點生態工程，讓森林進城、森林圍城，打造環境優美的濱海之都、森林之城。東莞市「以綠為魂，生態取勝」，重點建設山上綠林、田園綠片、小區綠景、環城綠帶、廣場綠地的「五綠」工程，打造層次化、立體化、網絡化的生態系統。中山市大規模改造林相，建成多色彩、多層次的城市森林景觀。惠州市以創建國家森林城市為抓手，打造「經濟社會協調

＊ 生態旅遊城市 —— 珠海。圖為遠眺情侶路

發展、人與自然和諧相處」宜居宜業生態城市。肇慶市大力發展珍貴樹種，營造山上「綠色銀行」，增加農民財富儲備，實現生態保護與經濟發展雙贏。其次，在粵東西北，各地堅持生態優先發展戰略，持續推進林分改造、生態公益林補償、發展商品林、沿海防護林等工程，發展生態旅遊，實現產業發展和生態保護的「雙贏」。

　　截至 2011 年，全省共建立了森林、野生動植物和濕地類型自然保護區 270 處，森林公園 458 處。初步建成了以國家級自然保護區為核心，以省級自然保護區為網絡、以市縣級自然保護區和自然保護小區為通道的體系，成為南粵大地璀璨的「綠色明珠」。

（三）全面推進新一輪綠化廣東大行動

▶ 2012 年 11 月　　　　　中共十八大報告指出：「建設生態文明，是關係人民福祉、關乎民族未來的長遠大計。」這就把生態文明建設提到了一個前所未有的新高度，為我們在新時期下推進生態文明建設提供了制度保障。

1.《廣東省主體功能區規劃》：生態文明深度融入

▶ 2012 年 9 月　　　　　廣東印發《廣東省主體功能區規劃》，從廣東全域來佈局發展新版圖，廣東也由此成為全國首批印發省級主體功能區規劃的省份之一。

　　該規劃提出要構建國土開發總體戰略格局、城市發展戰略格局、農業戰略格局、生態安全戰略格局和綜合交通戰略格局五大戰略格局，將全省 17.98 萬平方公里陸地國土空間劃分為優化開發、重點開發、生態發展（即限制開發）和禁止開發四類主體功能區域。

* 韶關丹霞山一景

　　該規劃將生態文明建設深度融入主體功能區域戰略，提出要構建以「兩屏、一帶、一網」為主體的「綠屏保護」（生態安全戰略格局）。其中，「兩屏」是指廣東北部環形生態屏障（由粵北南嶺山區、粵東鳳凰—蓮花山區、粵西雲霧山區構成，是全省水源涵養、保障全省生態安全的重要屏障），以及珠三角外圍生態屏障（由珠三角東北部、北部和西北部連綿山地森林構成，是涵養水源、保護區域生態環境重要屏障）；「一帶」是藍色海岸帶，即廣東省東南部廣闊的近海水域和海岸帶，包括大亞灣—稔平半島區、珠江口河口區、紅海灣、廣海灣—鎮海灣、北津港—英羅港、韓江出海口—南澳島區等區域，是重要的「藍色國土」；「一網」，即以西江、北江、東江、韓江、鑒江以及區域綠道網為主體的生態廊道網絡體系。

2. 全面推動「新一輪綠化廣東大行動」

▶ 2012 年　　　　　　　廣東省委、省政府啟動新一輪綠化廣東大行動，並提出建設珠三角國家森林城市群，統籌珠三角生產、生活、生態空間，加快推進區域生態安全一體化，提升珠三角城市群核心競爭力。

▶ 2013 年 1 月　　　　中共廣東省委十一屆二次全會召開，時任省委
　　　　　　　　　　　書記胡春華在報告中提出，要把生態文明建設
　　　　　　　　　　　放在突出位置，推進綠色發展、循環發展、低
　　　　　　　　　　　碳發展，建設美麗廣東；要加快生態文明建設，
　　　　　　　　　　　把生態優勢轉化為發展優勢，全面提升全省生
　　　　　　　　　　　態文明建設水平。

▶ 2013 年 8 月　　　　廣東省委、省政府正式印發《關於全面推進新一
　　　　　　　　　　　輪綠化廣東大行動的決定》，該決定提出，要圍
　　　　　　　　　　　繞「三個定位，兩個率先」的目標，突出做好
　　　　　　　　　　　六個方面的工作：一是全面構建五大森林生態體
　　　　　　　　　　　系，構建北部連綿山體森林生態屏障體系、珠
　　　　　　　　　　　江水系等主要水源地森林生態安全體系、珠三
　　　　　　　　　　　角城市群森林綠地體系、道路林帶與綠道網生
　　　　　　　　　　　態體系、沿海防護林生態安全體系；二是建設森
　　　　　　　　　　　林碳匯工程、生態景觀林帶工程、森林進城圍
　　　　　　　　　　　城工程、鄉村綠化美化工程等四大重點林業生
　　　　　　　　　　　態工程；三是加強生態公益林和自然保護區建
　　　　　　　　　　　設；四是強化森林資源保護管理；五是推動林業
　　　　　　　　　　　創新驅動發展；六是發展壯大綠色惠民產業。總
　　　　　　　　　　　的目標，是要通過十年左右的努力，將廣東建
　　　　　　　　　　　設成為森林生態體系完善、林業產業發達、林
　　　　　　　　　　　業生態文化繁榮、人與自然和諧的全國綠色生
　　　　　　　　　　　態第一省。

3. 珠三角「國家森林城市群建設示範區」

▶ 2016 年 8 月　　　　國家林業局正式批覆珠三角地區為「國家森林城

市群建設示範區」，要廣東在國家森林城市群建
設上率先突破，努力將珠三角地區打造為「林城
一體、林水相依、生態優美、綠色宜居、人與
自然和諧相處」的森林城市群建設樣板，「為全
國其他地區提供可借鑒、可複製、可推廣的好
經驗」。

▶ **2017 年 4 月**　　　　廣東省印發《珠三角國家森林城市群建設規劃
（2016 — 2025 年）》，該規劃確定了區域森林
覆蓋率、生態功能等級比例等 16 項建設指標，
明確要求完成六大建設任務，強調實施國家森
林城市、森林小鎮、森林質量精準提升、綠色
生態水網等十大重點生態工程。至 2017 年，珠
三角九市中，廣州、惠州、東莞、珠海、肇慶
五市已成功創建為「國家森林城市」，深圳、佛
山、中山、江門四市正在加快建設步伐，珠三
角國家森林城市群的建成指日可待。

　　十八大以來，廣東綠化工作加速蛻變升級，傳統林業正在全方位向
現代林業轉變。自 2012 年廣東啟動「新一輪綠化廣東大行動」，五年來，
全省完成了以消滅宜林荒山，改造殘次林、純松林和佈局不合理桉樹林
為重點的森林碳匯造林 1558 萬畝，建設生態景觀林帶 1.04 萬公里，新
建森林公園 902 個、濕地公園 178 個，綠化美化村莊 1.2 萬個。全省
森林面積、森林覆蓋率、森林蓄積量分別提高到 1.63 億畝、58.98%、
5.73 億立方米，分別比新一輪綠化廣東大行動實施前增加 558.8 萬畝、
1.68 個百分點、1.18 億立方米，推動全省生態質量持續提高，生態產品
供給能力明顯增強，綠色惠民效益顯著提升。

三、綠色發展樹立新標杆

21 世紀以來，綠色發展漸成全球競爭的制高點。許多國家紛紛改革原有的發展模式，推動綠色發展轉型。美國、歐盟、日本等國家和地區紛紛實施「綠色新政」，並通過不斷完善的立法以及頒佈對各行業和各部門的最低能效標準和排放標準來推動綠色發展。

在中國，推動綠色發展，重視資源節約和生態環境保護已經成為一項基本國策。新世紀以來，中央相繼提出走新型工業化發展道路，發展低碳經濟、循環經濟、綠色經濟，建立資源節約型、環境友好型社會，建設生態文明等新的發展理念和戰略舉措。「十二五」規劃更是將「綠色發展」獨立成篇。2012 年 11 月，中共十八大報告首次單篇論述了「生態文明建設」，把可持續發展提升到綠色發展高度，提出「推進綠色發展、循環發展、低碳發展」和「建設美麗中國」。2015 年 4 月，中央印發《關於加快推進生態文明建設的意見》，這是中國第一個以中共中央、國務院名義對生態文明建設進行專題部署的文件，對十八大、十八屆三中和四中全會關於生態文明建設的頂層設計和總體部署進行了系統化的細化和落實。

新世紀以來，先行一步的廣東貫徹落實中央部署，大力實施推動綠色發展戰略，着力破解經濟發展與環境保護的矛盾，十多年時間下來，廣東的綠色發展成效顯著。近年來，珠三角地區經濟社會發展、產業轉型升級、資源能源利用、生態環境治理等方面都走在了全國前列，綠色發展整體水平居於國內領先地位，一些領域甚至已經世界領先。

（一）綠色經濟轉型先行一步

▶ 2008 年　　　　　　金融危機爆發後，外界曾普遍認為廣東受到的衝擊應該是最「傷筋動骨」的，但實際的情況卻是廣東經濟率先健康復蘇。這在很大程度上就

是因為廣東最早遇到也最早想辦法解決發展的
結構性問題，率先佈局「綠色轉型」的結果。進
入 21 世紀以來，特別是中共十七大以後，在中
央的大力支持下，廣東推行了一系列頗具前瞻
性和戰略意義的改革，部署推進「雙轉移」、促
進自主創新和建立現代產業體系等一系列重大
舉措。

廣東是中國最早承接海外產業轉移的省區，同時也是最早在國內部
署啟動產業轉移的省區。2008 年 5 月，廣東出台《中共廣東省委、廣東
省人民政府關於推進產業轉移和勞動力轉移的決定》，推動珠三角勞動密
集型產業向東西兩翼、粵北山區轉移。

▶ **2008 年 7 月**　　　　　廣東省委、省政府率先出台了《關於加快建設現
代產業體系的決定》，提出以「三促進一保持」
（即促進提高自主創新能力、促進傳統產業轉型
升級、促進建立現代產業體系，保持經濟社會
平穩較快發展）為統攬，加大力度推動廣東產業
轉型升級。

▶ **2010 年 9 月**　　　　　廣東省正式印發《現代產業體系建設總體規
劃》，這是中國第一份完整的現代產業體系規
劃。該規劃提出要堅持節能節地減排。強化節
能減排目標責任制，大力發展綠色經濟，以製
造業低碳化、服務化為切入口，從結構節能、
技術節能、管理節能、體制節能四個方面入
手，全面推行清潔生產，積極推廣高效節能技
術和產品，推廣氣候友好技術，節約集約用
地，加強環境污染綜合防治和資源綜合利用，

加強資源節約型、環境友好型社會建設,努力形成節約能源資源、保護生態環境的產業發展模式。該規劃進而指出,要以轉變經濟發展方式為主線,以提升產業國際競爭力為目標,以培育廣東現代產業 500 強項目和培育發展戰略性新興產業為抓手,以構建六大主體產業和八大載體為主要任務,提升產業發展層次,實現「廣東製造」向「廣東創造」「廣東服務」轉型,盡快形成節約能源資源和保護生態環境、產業結構高級化、產業佈局合理化、產業發展集聚化、產業競爭力高端化的現代產業體系。

中共十八大以來,廣東繼續加大執行力度,推進綠色發展,推動產業轉型升級,先後制定實施了《廣東省人民政府關於貫徹落實〈中國製造 2025〉的實施意見》(2015)、《工業和信息化部辦公廳關於開展綠色製造體系建設的通知》(2016)、《廣東省工業綠色發展實施方案(2016—2020 年)》(2016)等政策文件。

持續努力收穫回報,廣東綠色發展成效顯著。除了節能環保、新興信息產業、生物產業、新能源、新能源汽車、高端裝備製造業和新材料等戰略性新興產業得到快速發展外,在淘汰落後產能、優勢傳統產業升級等方面也不斷取得新的突破。

在淘汰落後產能方面。「十二五」期間,全省共淘汰落後銅冶煉 1.5 萬噸、鉛冶煉 0.8 萬噸、水泥 4026.5 萬噸、平板玻璃 1781.5 萬重量箱、造紙 176.14 萬噸、製革 200 萬標張、印染 52406 萬米、鉛蓄電池 105.6 萬千伏安時,提前一年完成國家下達的淘汰落後產能任務。節能提效方面,通過推廣電機、注塑機節能改造,累計完成電機能效提升 1208 萬千瓦、注塑機改造 13689 台,約可實現年節電量 60 億千瓦時。

傳統產業能耗降低為全省作出積極貢獻，2015 年全省單位 GDP 能耗下降 5.71%，「十二五」累計下降 20.98%，超額完成國家「十二五」下達的 GDP 能耗下降 18% 的目標，單位工業增加值能耗下降 10.47%。

　　與此同時，全省優勢傳統產業整體素質明顯改善，總體實力明顯增強。根據廣東省經濟和信息化委 2016 年的數據分析，其具體表現為：一是產業持續快速增長。「十二五」期末，優勢傳統產業工業增加值達 10097 億元，佔全省工業的比重約 33%，「十二五」期間，廣東省優勢傳統產業總產值年均增速達到 12.3%，特別在金融危機後的 2010－2012 年，優勢傳統產業平均增速約 15%，是廣東工業保持穩定增長的中堅力量之一。二是產業結構不斷優化。2011－2015 年，全省優勢傳統產業技術改造投資年均增長 25% 左右，高於同期工業投資年均增速約 8 個百分點。2015 年，全省規模以上傳統產業企業實現利潤 2218 億元，同比增長 4.7%。隨着產業結構不斷優化，培育了一批核心和品牌企業。至「十二五」期末，全省擁有中國馳名商標 715 件，廣東省名牌產品 2775 個，廣東省著名商標 3124 件，其中家電、食品、建材、紡織等優勢產業佔近七成。三是產業集聚水平不斷提高。至「十二五」期末，全省共認定優勢傳統產業領域產業集群升級示範區 48 個，專業鎮近 125 個，製造業產業集群（可統計範圍）產值總規模超過 1.5 萬億元，佔全省製造業的比重超過 15%。全省工業總產值超千億元的產業集群達 6 個、超百億元的達 103 個。

（二）綠色生活方式漸成時尚

　　「綠色化」既是科技含量高、資源消耗低、環境污染少的產業結構和生產方式，也是勤儉節約、綠色低碳、文明健康的生活方式和消費模式。

▶ **2015 年 11 月**　　　　環保部專門印發《關於加快推動生活方式綠色
　　　　　　　　　　　　化的實施意見》，提出力爭到 2020 年實現生活

＊ 綠道。從 2010 年開始，廣東省佈局推動綠道建設，目前已累計建成綠道逾 12000 公里。綠道已融入廣東民眾的生活，成為綠色低碳出行的新方式，也成為休閒健身的好去處

方式綠色化的政策法規體系初步建立，公眾綠色生活方式的習慣基本養成，最終全社會實現生活方式和消費模式向勤儉節約、綠色低碳、文明健康的方向轉變。2017 年 5 月 26 日，中共中央政治局第 41 次集體學習，習近平總書記就「推動形成綠色發展方式和生活方式」發表講話，指出推動形成綠色發展方式和生活方式是貫徹新發展理念的必然要求。

　　在廣東，綠色生活方式越來越受到人民群眾的青睞，成為人們日常生活的「新常態」。

　　圍繞綠色生活方式的構建，廣東首先從營造綠色生活的基礎設施環境入手。一是倡導綠色居住。2014 年，廣東省城鄉建設工作會議明確要「探索低碳生態發展模式，樹立廣東綠色建設新標杆」，逐步建立綠色

生態城區、綠色生態社區、綠色建築、綠色施工、綠色物業管理等全領域、全過程的綠色建設模式。二是推進綠道建設，在全省形成綠道網。從 2010 年開始，省委、省政府統籌部署，地方政府組織實施，協力推進綠道建設。截至 2017 年，全省綠道建設累計總里程已經超過 12000 公里，全省綠道網絡基本成形，其中珠三角地區綠道 8909 公里，約佔全省綠道總里程的 81%。建成綠道「公共目的地」358 個。綠道各項服務配套設施逐步完善，珠三角綠道累計配套建成驛站 238 個、自行車租賃點 368 個，安全設施、標識牌等已基本全部配套完善。珠三角綠道網也由此先後獲得 2011 年全國人居範例獎、聯合國人居署 2012 年「迪拜國際改善居住環境最佳範例獎」全球百佳範例稱號。

與此同時，綠色消費、綠色出行已經成為越來越多人的自覺選擇。2017 年 9 月 26 日，新華社中國經濟信息社發佈《新華綠色出行指數調查報告》。報告選取了國內 25 個主要城市，在「綠色出行意願」指數中，廣州綠色出行主觀意願指數排名第六，顯示市民對綠色出行的認識日益增加。另外，據有關調查顯示，在廣州，有 56% 的受訪者以公共交通為主要出行方式，其中 22% 的受訪者以自行車為主要出行方式。在深圳，公共交通分擔率已經提升至 55.6%，每天出行的人有一半多選擇公交地鐵綠色出行，其中常規公交日均客流量達 618 萬人次，地鐵日均客流量 284 萬人次，出租車日均客流量 120 萬人次。少開小汽車、多綠色出行已經成為深圳市民自發的行動。

（三）建設珠江三角洲國家綠色發展示範區

綠色，已經成為廣東的發展主色調。在保持經濟高速增長的同時，廣東統籌全局，上下協同推進綠色發展戰略，生態文明建設屢創佳績，綠色發展呈現可喜局面。

▶ **2016 年 9 月**　　　　廣東省政府與環境保護部簽訂《共建珠江三角洲國家綠色發展示範區合作協議》，這是中國第一

個基於城市群（重要經濟區域）建立的綠色發展
示範區。

　　協議所確定的目標，珠三角國家綠色發展示範區「到 2020 年，環境
質量明顯改善，現代產業發展和生態環境改善深度融合的綠色發展格局
和現代環境治理體系基本形成，生態文明建設取得重大進展，率先成為
綠色空間合理、綠色經濟發達、綠色環境優美、綠色人文繁榮、綠色制
度創新的國家綠色發展示範區，輻射帶動粵東西北地區實現經濟和環境
跨越協調發展，為全國其他地區提供經驗和借鑒」。

　　隨着生態文明建設的不斷深入，珠三角地區正逐步實現着發展與美
麗的雙贏。如今，珠三角各城市紛紛確立綠色發展的理念，創新做法，
爭創綠色發展的新標杆。廣州正在創建國家循環經濟示範城市，廣州、
深圳、東莞、佛山等市正在創建國家餐廚廢棄物資源化利用試點城市，

* 河源市東源縣入選 2017 年全國首批 13 個「綠水青山就是金山銀山」實踐創新基地，是
　廣東省唯一獲此殊榮的縣。圖為廣東最大的水庫、東江流域（包括香港）水源供給地 ——
　河源萬綠湖

珠海市、惠州市、深圳市鹽田區入選國家生態文明建設示範市縣，河源市東源縣入選全國首批 13 個「綠水青山就是金山銀山」實踐創新基地。在珠三角地區，共有 37 個園區正在開展園區循環化改造，其中廣州經濟開發區、深圳光明高新技術產業園區、深圳坪山園區、珠海經濟技術開發區、惠州大亞灣產業園五個園區列入國家循環化改造試點。「十三五」期間，廣東省將力爭再推 100 個園區改造。

▶ **2017 年 9 月**

第三屆「珠三角城市群綠色低碳發展論壇」在深圳舉行，人們圍繞「共建粵港澳綠色低碳灣區」的主題，共同探討珠三角地區的綠色低碳發展合作之路。論壇對外發佈了《珠三角城市群綠色低碳發展 2020 年願景目標》，旨在加快推動綠色低碳發展，攜手港澳地區打造生態安全、環境優美、富有活力、具有國際競爭力的一流灣區和世界級城市群。該願景目標提出，珠三角地區到 2020 年基本形成綠色產業體系，積極培育節能環保等綠色產業；資源能源利用更加低碳高效，地區煤炭消費總量控制在 7006 萬噸以內，單位 GDP 碳排放強度降至 0.457 噸二氧化碳 / 萬元，非化石能源佔能源消費總量比重提高到 26%；新能源公交車保有量佔比超 85%；珠三角九市全部成功創建國家森林城市；全面實施城市空氣質量達標管理，PM2.5 年均濃度不高於 34 微克 / 立方米；珠三角九市率先推廣碳普惠制，引導形成全社會綠色消費和低碳生活的良好氛圍，努力走出一條具有珠三角特色的綠色低碳發展新路。

　　站在新的歷史起點上，綠色發展必將為珠三角、為廣東的區域經濟社會發展帶來重大變革。在統籌推進「五位一體」總體佈局和協調推進「四個全面」戰略佈局重大舉措的系統工作中，廣東以「四個堅持、三個支撐、兩個走在前列」為內在指引，對標世界先進城市群、增創發展新優勢。可以預見，在不遠的將來，珠三角國家綠色發展示範區的經驗做法，必將為全國乃至全世界探索綠色發展道路提供重要示範和路徑參照。

協調開放發展新境界

　　改革開放後，由於地緣上靠近港澳以及歷史上形成的發展基礎等原因，廣東改革開放的輝煌與聚焦，基本上都是集中在珠江三角洲地區。粵東西北地區則淪為欠發達地區，與珠江三角洲地區發展的活力蒸騰儼然形成鮮明對照。珠三角地區對粵東西北地區產生了巨大的虹吸效應，年復一年，粵東西北地區經濟社會發展的空心化愈益嚴重。然而，不平衡的發展是病態的，也是不可持續的。

　　中共十七大以後，廣東適時啟動「雙轉移」政策，致力於珠三角與粵東西北地區發展進入新的平衡。中共十八大以來，省委、省政府把粵東西北發展上升為涉及廣東發展全局的戰略，全面推進實施區域協調發展戰略、粵東西北地區振興發展戰略。通過交通基礎設施建設、產業園區擴能增效、中心城區擴容提質等「三大抓手」和對口幫扶工作。如今，珠三角地區對粵東西北地區發展帶動的溢出效應正在形成，粵東西北已經日益成為廣東發展的新引擎。

　　與此同時，包括港澳在內的珠江三角洲地區加速推進一體化進程，粵港澳大灣區的建設明顯提速。其對「泛珠」合作的八省區正在形成越來越明顯的溢出效應，帶動「泛珠」合作的資源整合，協同發展；「一帶一路」合作以珠三角城市群及自貿區為主平台務實推進，也正在「一帶一路」沿線國家獲得越來越多的認同與合作。

一、「灣區」承載大未來

▶ 2017 年 3 月　　　　李克強總理在第十二屆全國人民代表大會第五次會議上作《政府工作報告》，強調「要推動內地與港澳深化合作，研究制定粵港澳大灣區城市群發展規劃，發揮港澳獨特優勢，提升在國家經濟發展和對外開放中的地位與功能」。有關粵港澳大灣區的話題由此迅速升溫，成為人們關注的熱點之一。

▶ 2017 年 7 月　　　　中共中央總書記習近平在香港回歸 20 周年紀念大會重要講話中特別提到粵港澳大灣區建設，並見證了《深化粵港澳合作推進大灣區建設框架協議》的簽署。10 月，中共十九大報告召開，習近平在報告中對港澳融入國家發展大局進行重大部署，粵港澳大灣區建設進入新征程。

　　粵港澳大灣區的提出和建設，承載了中國創新發展的厚重期望。自 2017 年兩會期間中央政府工作報告提出「研究制定粵港澳大灣區城市群發展規劃」，短短的一年之內，相關各方凝聚共識，粵港澳大灣區建設「中央牽頭，黨委政府主導，社會各方力量合力推動」的格局正在迅速形成。

（一）港澳與內地珠三角融合發展的進程

　　內地珠三角與港澳，在地理上本屬一地。但由於政治上的原因和制度上的差異，曾經在很長一段時間內是存在隔閡的。改革開放後，特別是港澳回歸祖國後，粵港澳融合發展越來越成為一種事實，粵港澳各方也逐漸形成共識，在許多重要規劃中都把對方作為重要的因素納入研究的範圍。

　　早在 1995 年編制第一版《珠江三角洲經濟區城市群規劃》時，粵方提出「城市發展與港澳關係密切」，要把「對港澳回歸行使主權」作為影響地區重要因素。在規劃中，廣東省設想打造「廣深（香港）發展軸」「廣珠（澳門）發展軸」兩大主軸的發展格局。

▶ 2004 年　　　　　　　廣東編制《珠江三角洲城鎮群協調發展規劃》，
　　　　　　　　　　　延續並深化了粵港澳合作的發展思路，提出以
　　　　　　　　　　　「廣州－深圳（香港）」「廣州－珠海（澳門）」
　　　　　　　　　　　為區域發展主軸，打造具有強勁核心競爭力的
　　　　　　　　　　　區域發展「脊樑」，並帶動珠江三角洲、全省以
　　　　　　　　　　　至「泛珠三角」整體發展。

　　同樣，香港方面在編制《香港 2030 規劃遠景與策略》（2001 年「初議報告書」）時，也開展對粵港兩地的社會經濟聯繫研究，指出「香港的策略規劃工作應顧及珠江三角洲地區的發展趨勢和發展潛力，在發展過程中兩地更應發揮互補互助的作用」。

　　基於粵港澳融合發展的趨勢，中央對此也是高度重視。在中央的推動下，內地與港澳啟動了旨在推動更緊密合作的制度安排，其中最有代表性的就是自 2004 年實施的《內地與香港關於建立更緊密經貿關係的安排》（簡稱 CEPA）、《內地與澳門關於建立更緊密經貿關係的安排》。

▶ 2003 年 6 月　　　　　時任中華人民共和國商務部副部長安民與時任
　　　　　　　　　　　香港特別行政區政府財政司司長梁錦松分別代
　　　　　　　　　　　表中央政府和香港特別行政區政府共同簽署
　　　　　　　　　　　了《內地與香港關於建立更緊密經貿關係的安
　　　　　　　　　　　排》，以逐步減少或取消雙方之間實質上所有貨
　　　　　　　　　　　物貿易的關稅和非關稅壁壘，逐步實現服務貿
　　　　　　　　　　　易的自由化；減少或取消雙方之間實質上所有歧

視性措施，促進貿易投資便利化。同年 10 月，時任中國商務部副部長安民與時任澳門特區政府經濟財政司司長譚伯源分別代表中央政府和澳門特區政府在澳門正式簽署了《內地與澳門關於建立更緊密經貿關係的安排》及其六個附件文本。雙方就包括貨物貿易和服務貿易自由化、貿易投資便利化等方面全部內容達成一致。

此後，內地與港澳的一體化進程持續推進。三地之間幾乎每年都簽訂一個補充協議，到 2013 年，內地與港澳各簽訂了 10 份補充協議。貿易自由化和貿易投資便利化所涵蓋的領域，由最初的 273 個香港原產地貨品及 18 個服務業領域，擴展到 1770 多種香港原產地貨品和 48 個服務業領域。到 2015 年，內地服務貿易對香港幾乎全部開放。

（二）作為國家戰略的粵港澳大灣區

20 世紀 90 年代後期，廣東及香港學者就曾提出要建設珠江入海口灣區經濟的概念。但建設「粵港澳大灣區世界級城市群」，則是在粵港澳一體化不斷演進的情況下，逐步從地方發展理念上升為國家理念，進而成為國家行動的。

▶ 2010 年 4 月　　在中央人民政府（國務院）牽頭下，《粵港合作框架協議》在北京簽署，時任廣東省長黃華華與時任香港特區行政長官曾蔭權分別作為雙方的簽字代表。該協議明確要推進粵港兩地合作，打造世界級經濟區，建設環珠江口宜居灣區。作為粵港合作的一個綱領性文件，中央授權粵港可就一些措施先行先試，該協議由此成為粵港區域經濟一體化中具有里程碑意義的文件。

▶ 2015 年 3 月　國務院授權國家發改委等部門發佈《推動共建絲綢之路經濟帶和 21 世紀海上絲綢之路的願景與行動》，首次在國家文件中明確提出了「打造粵港澳大灣區」這一說法，要求充分發揮深圳前海、廣州南沙、珠海橫琴、福建平潭等開放合作區的作用，深化與港澳台合作。

▶ 2016 年 3 月　全國人大正式通過的《中華人民共和國國民經濟和社會發展第十三個五年規劃綱要》，再次提出「推動粵港澳大灣區建設」。同月，國務院印發《關於深化泛珠三角區域合作的指導意見》，將「泛珠」區域合作正式上升為國家戰略。其中，明確要求廣州、深圳攜手港澳，共同打造粵港澳大灣區，建設世界級城市群。

▶ 2017 年　全國兩會之後，粵港澳大灣區設想加速落地。全國兩會一結束，一系列調研、部署、編制工作就緊鑼密鼓地展開；國家發改委發出公告，面向社會開展編制《粵港澳大灣區城市群發展規劃》建言獻策活動。中共十九大報告提出：「要支持香港、澳門融入國家發展大局，以粵港澳大灣區建設、粵港澳合作、泛珠三角區域合作等為重點，全面推進內地同香港、澳門互利合作，制定完善便利香港、澳門居民在內地發展的政策措施。」

▶ 2017 年 12 月　中央經濟工作會議將「科學規劃粵港澳大灣區」納入 2018 年經濟工作。2018 年 3 月，李克強總

理在《政府工作報告》中再次提出「出台實施粵
港澳大灣區發展規劃，全面推進內地同香港、
澳門互利合作」。

　　珠三角各市紛紛迅速行動起來，確定各自在大灣區建設中的基本定
位。比如，在 2018 年各市的政府工作報告中，廣州提出要「發揮粵港
澳大灣區核心增長極作用」；深圳提出要「打造粵港澳大灣區建設的新引
擎」；佛山提出要「建設粵港澳大灣區樞紐城市、打造大灣區西部航空樞
紐、建設大灣區高品質森林城市」；東莞提出要「加快打造粵港澳大灣區
先進製造業中心」；中山提出要「以更加主動的姿態，與大灣區中心城市
廣州、深圳、香港互動，在規劃上主動銜接，在交通上主動對接，在產
業上主動承接」；珠海提出要建設成為「大灣區的中心連接點，大灣區中
的交通樞紐」；惠州提出要「建設粵港澳大灣區科技成果轉化高地」；肇
慶提出要「打造大灣區連接大西南樞紐門戶城市」；江門提出要「加快粵
港澳大灣區西翼樞紐門戶城市建設」。

（三）粵港澳大灣區的未來可能

　　珠江三角洲地區的發展，從改革開放之初的先行一步，到 40 年後的
今天，粵港澳大灣區的提出可謂水到渠成。2017 年 10 月，中共十九大召
開，中國特色社會主義建設進入新時代，開啟新征程。粵港澳大灣區理
應承載更多的責任，成就更大的輝煌，以踐行習近平總書記在 2018 年全
國兩會期間參加廣東代表審議時對廣東提出的「四個走在前列」的殷切
期望。

　　就國內而言，珠三角城市群與京津冀城市群、長三角城市群是最重
要的三大城市群。與京津冀城市群、長三角城市群相比，粵港澳大灣區
由於港澳的加入，其特點和優勢都變得十分明顯：一是粵港澳大灣區擁
有全球最密集的海空港群。2015 年，粵港澳地區港口群輸送量超過 6500

＊ 港珠澳大橋。為推進口岸通關便利化，港珠澳大橋珠澳通道將實行「聯合查驗，一次放行」通關模式。港珠澳三地已聯合成立公司共同運營口岸穿梭巴士並確定 140 輛常用車輛。香港特區政府將粵港跨境私家車配額數目增至一萬個

萬標準箱，分別是東京灣區和舊金山灣區的 8.5 倍和 37.5 倍，機場旅客輸送量達到 1.5 億人次，也超過世界其他三大灣區。再加上香港擁有世界上功能最多的自由港，出口總額佔全球的 26%，實際利用外資佔全球的 21%。二是粵港澳大灣區是中國吸引外資投資的最大目的地。2015 年，粵港澳大灣區各城市吸引外來投資高達 2030 億美元，超出長三角和京津冀兩大城市群的總和。三是粵港澳大灣區擁有的全球跨國公司區域總部、辦事處以及海外金融機構，無論是數量、規模還是層次水平，都大大超過長三角和京津冀城市群。四是粵港澳大灣區創新要素資源豐富，擁有強大的科技創新能力。據統計，粵港澳大灣區各市及港澳擁有的國家重點實驗室、企業重點實驗室數量居全國第一；國家級企業孵化器和科技企業孵化器數量全國第一；國家級高新技術企業數量超過兩萬家，居全國第一；2016 年廣東的研發支出佔 GDP 的 2.58%，技術自給率超過 70%，

已經接近創新型國家或地區的水平。粵港澳大灣區還擁有一批世界領先的創新企業，包括華為、騰訊、中興、比亞迪等，這些企業的專利申請數量已經佔到全國的一半以上。

在現有的雄厚基礎上，粵港澳大灣區未來的輝煌可期。人們普遍認為，粵港澳大灣區建設在「一國兩制」的框架下，一旦建立起國家引領、高效便捷的創新協調機制，大灣區將在經濟發展、生產方式、社會生活、法治社會等方面形成全新的中國特色社會主義的現代化模式；將成為廣東區域協調發展、帶動粵東西北振興發展的重要引擎；將成為國家走向民族復興、全面走向現代化的綜合改革試驗區，在未來中國全面深化改革開放過程中極具發展潛力和標杆性意義；將成為「一帶一路」願景與行動的重要支撐，成為促進中國參與全球新規則的制定和全球治理的領導性平台，為當今國際社會發展提供新的制度創新經驗。

具體而言，未來的粵港澳大灣區，將會是凸顯中國特色的全球發展樣板。在這裏，第一是基礎設施的互聯互通。發達完善、互聯互通、高效便捷的基礎設施現代綜合網絡，擁有世界級的港口群、機場群、軌道交通網、海陸空綜合交通物流中心樞紐和城市綜合管網體系等。第二是作為全球性的國際科技創新中心。依託灣區內各城市的分工合作，共同托起其全球產業創新中心的地位。第三是成為全球性的國際重大合作平台。藉助橫琴新區、南沙新區、前海深港現代服務業合作區、粵港澳大灣區青年創業園，以及中新、中以、中韓合作產業園等平台，諸多國際重大合作將在這裏展開。第四是擁有強大國際競爭力的現代產業體系。基於分工合作的大灣區各城市產業互補，佔據全球產業鏈、價值鏈的高端，打造世界級先進製造業和高端服務業基地的集聚區，形成綠色低碳的現代產業體系。第五是灣區成為宜居宜業宜遊的優質生活圈。通過產城融合、產融結合，這裏成為人民生活富裕文明、公共服務完善的世界一流城市群。藍色生態灣區、綠色發展灣區、智慧城市群等成為其典型標籤。

二、粵東西北振興發展

改革開放 40 年來，粵東西北地區與珠三角地區區域發展上的巨大差距，一直是制約廣東全面協調發展的「心頭之痛」。

到中共十八大前後，佔全省面積約 70%、人口近 5000 萬的粵東西北 12 個地市，GDP 水平還沒有達到全國平均水平，其中梅州、河源、汕尾、雲浮甚至沒有達到全國平均水平的一半。按人均 GDP 算，其排名則在全國倒數第 4 位。與此同時，粵東西北區域城市化水平低。在全省平均城鎮化率為 66%～68% 的情況下，珠三角城鎮化率為 83%～85%，而粵東、粵西、粵北地區的城鎮化率僅分別為 58%、39%、45%。

為改變這一格局，歷屆省委、省政府一直高度重視並致力於解決這一問題。中共十七大前後以來，廣東加大扶持力度，先後出台了推動粵東加快發展、粵西振興發展、粵北跨越發展等系列政策文件，啟動產業和勞動力「雙轉移」工程，形成了粵東西北地區提速發展的良好勢頭。自 2009 年起，粵東西北地區主要經濟指標的增幅開始持續高於全省和珠三角地區。如今，粵東西北地區加快振興發展，正在形成推動廣東發展的新的增長極。

（一）改革開放前期的努力

改革開放之前，珠三角地區雖然處於發展的相對領先狀態，但因為總體上的不發達，二者之間並不存在發展的「鴻溝」。隨着改革開放的推進，廣東珠三角地區與粵東西北地區的發展差距逐漸拉大。

為改變這一格局，廣東省委、省政府從 1985 年起，先後 13 次召開山區工作會議，多次召開粵東、粵西工作現場會對粵東西北地區加快發展作出部署，出台了一系列山區扶貧、指導山區經濟發展的文件。

▶ 1991 年 10 月　　　　全省第六次山區工作會議在廣州召開，會議討論通過了《關於加快山區脫貧致富步伐若干問題的決定》。

▶ 1994 年 11 月　　　　廣東省召開第九次山區工作會議，通過了《關於加快發展「三高」農業的決定》。

▶ 1996 年 1 月　　　　印發《關於進一步做好山區農村剩餘勞動力轉移工作的通知》。同年 3 月，印發《關於進一步扶持山區加快經濟發展的若干政策規定》。

▶ 1997 年 1 月　　　　召開全省扶貧攻堅工作會議，確定 1997 年為扶貧攻堅年，要求決戰一年，解決 60 萬絕對貧困人口的溫飽問題，提前三年實現《國家八七扶貧攻堅計劃》的奮鬥目標。

▶ 1998 年 12 月　　　　制定《關於加大扶貧開發力度，加快貧困縣脫貧奔康步伐的意見》。

▶ 1999 年 6 月　　　　印發《關於從珠江三角洲地區向山區遷移的來料加工企業免徵企業所得稅的通知》。

　　對欠發達地區持續的政策驅動，使粵東西北在 20 世紀 80 年代末至 90 年代保持了最低限度的內源性生長，通過造林綠化、綜合經營和發展資源性工業，粵東西北欠發達地區的經濟保持了增長態勢。據統計，1990 年與 1985 年相比，49 個山區縣工農業生產總值增長 99.5%，鄉鎮企業總收入增長 285%，國民收入增長 138%，財政收入增長 142%，糧食增長 19%，水果增長 261%，農村人均收入從 1985 年的 392 元增加到 1990 年的 758 元。400 萬貧困人口中，有 95% 的人越過溫飽線（年人均

收入超 250 元，口糧超過 200 公斤）。到 1997 年底，廣東已經基本消除絕對貧困，提前三年實現了《國家八七扶貧攻堅計劃》的奮鬥目標。60 萬絕對貧困人口中有 58.3 萬人越過了溫飽線（當年收入 1000 元），全省貧困發生率由 1996 年的 0.96% 下降到 1997 年的 0.04%。50 個山區縣有 11086 個管理區集體經濟收入達到或超過 3 萬元，達標率達到 94.6%；957 個鄉鎮有 99.2% 機動財力達到或超過 30 萬元。50 個山區縣中，有 40 個山區縣實現脫貧達標。

　　進入 21 世紀後，特別是 2002 年 5 月廣東省第九次黨代會的召開，首次確立了實施區域協調發展戰略，欠發達地區的發展問題被擺上更加重要位置，粵東西北振興發展開始迎來重要的戰略性轉折。廣東陸續出台了《中共廣東省委、廣東省人民政府關於加快山區發展的決定》（2002）、《關於珠江三角洲經濟發達市與山區市縣對口幫扶實施意見的通知》（2002）、《關於加快山區公路建設的實施意見的通知》（2002）、《關於進一步加強旅遊扶貧工作的意見》（2003）、《關於加快推進山區信息化建設實施意見的通知》（2003）、《廣東省產業轉移工業園認定辦法》（2005）、《關於我省山區及東西兩翼與珠江三角洲聯手推進產業轉移的意見（試行）》（2005）、《關於加快粵東地區發展產業與重大項目規劃的通知》（2007）以及《廣東省東西北振興計劃（2006 － 2010 年）》（2007），包含了《廣東省東西北振興計劃綱要》《廣東省東西兩翼地區交通基礎設施專項規劃》《廣東省東西兩翼地區能源基礎設施專項規劃》《廣東省東西兩翼地區水利基礎設施專項規劃》《廣東省東西兩翼地區工業化專項規劃》《廣東省東西兩翼地區城鎮化專項規劃》《廣東省北部山區交通基礎設施專項規劃》《廣東省北部山區水利基礎設施專項規劃》《廣東省北部山區工業發展專項規劃》《廣東省北部山區環境保護和生態建設專項規劃》《廣東省北部山區旅遊發展專項規劃》等系列配套文件，推動欠發達地區加速發展。

（二）「雙轉移」推動粵東西北加速發展

　　中共十七大以後，廣東省委、省政府進一步落實區域協調發展戰略，持續加大對粵東西北地區的扶持力度。其中，首先啟動的重要策略抓手就是「雙轉移」。「雙轉移」戰略的實施主要是以珠三角各地的產業轉移園區為載體，以一對一的產業轉移幫扶為主要方式進行，以此推動珠三角勞動密集型產業向粵東西北地區轉移；與此同時，粵東西北地區的勞動力一方面向當地二、三產業轉移，另一方面推動一些較高素質勞動力，向發達的珠三角地區轉移，從而實現廣東的可持續發展。

▶ 2008 年 5 月　　　　　　廣東省委、省政府按照「政府引導、市場運作、優勢互補、互利共贏」的方針，出台了《關於推動產業轉移和勞動力轉移的決定》。此後，又編制了《關於抓好產業轉移園建設加快產業轉移步伐的意見》（2009）、《廣東省產業轉移區域佈局總體規劃》（2009）、《關於促進粵東地區實現「五年大變化」的指導意見》（2009）、《關於促進粵西地區振興發展的指導意見》（2009）等系列配套文件，以及《關於進一步推進產業轉移工作的若干意見》（2010）、《關於促進粵北山區跨越發展的指導意見》（2010）、《關於推進山區縣農村綜合改革指導意見的通知》（2011）、《關於優先扶持產業轉移重點區域重點園區重點產業發展的意見》（2011）、《廣東省促進粵東西北地區地級市城區擴容提質五年行動計劃》（2012）等後續配套跟進文件，全面部署「雙轉移」及粵東西北振興發展戰略。

* 2008 年 5 月，廣東召開推進產業轉移和勞動力轉移工作會議，會後出台了《關於推動產
業轉移和勞動力轉移的決定》

　　短短的數年時間，省財政先後投入了 400 多億元財政扶持資金，在
粵東西北欠發達地區共規劃建設了 36 個省級產業轉移工業園和 2 個經濟
特別合作區，由珠三角與欠發達地區共同開發、利益共享，推動粵東西
北地區加快發展。至 2012 年，全省產業轉移工業園引進投資額 10 億元
以上的大型項目和項目團組近 200 個，累計為欠發達地區創造工業產值
超過 1 萬億元，工業增加值佔粵東西北地市比重由不足 1% 上升到目前接
近 20%，帶動粵東西北地區 GDP 增速 2009 — 2011 年連續 3 年高於全省平
均水平，有力地推動了廣東區域發展協調程度。

　　與此同時，全省建立起了以普惠制培訓為基礎、高技能人才培養為
重點的培訓轉移就業政策體系。至 2012 年，全省共轉移農村勞動力 559
萬人，其中 364 萬人通過培訓獲得一技之長。全省技能勞動者佔從業人

員的比重提高約 5 個百分點。農村居民工資性收入大幅提高，全省農村居民轉移就業人均工資性收入從 2008 年的 3684.5 元增長至 2011 年的 5854.7 元，增幅達 58.9%。

（三）十八大以來：全面推進粵東西北振興發展

實施「雙轉移」戰略的成效顯著，中共十八大以後，廣東區域協調發展戰略進入一個新的階段。

▶ **2013 年 7 月**　　　　　　廣東省委、省政府出台《關於進一步促進粵東西北地區振興發展的決定》，對進一步促進粵東西北地區振興發展作出全面部署。該決定提出，要闖出一條新型發展之路，通過堅守住社會穩定和生態保護這兩條底線；以交通基礎設施建設、產業園區擴能增效、12 個地級市的中心城區擴容提質作為「三大抓手」，紮實推進全面對口幫扶。

隨後，《加快推進全省重要基礎設施建設工作方案（2013－2015 年）》（2013）、《促進粵東西北地區產業園區擴能增效工作方案》（2013）、《關於調整珠三角地區與粵東西北地區對口幫扶關係的通知》（2013）、《科技創新促進粵東西北地區振興發展專項實施方案（2014－2020）》（2014）以及《粵北地區經濟社會發展規劃綱要（2011－2015 年）》《粵東地區經濟社會發展規劃綱要（2011－2015 年）》《粵西地區經濟社會發展規劃綱要（2011－2015 年）》（2013）等一系列後續配套文件陸續出台。

▶ **2015 年 4 月**　　　　　　印發《促進粵東西北地區振興發展 2015 年重點工作任務》，細化粵東西北各市經濟社會發展主

要指標 2015 年預期目標表，提出了推進全面深化改革擴大開放、大力推進經濟跨越式發展、提升科技創新能力、繼續加強交通基礎設施建設、科學有序推進新型城鎮化、努力實現綠色發展等 9 個方面 35 項重點工作任務。

▶ 2016 年 4 月　　　印發《促進粵東西北地區振興發展 2016 年重點工作任務》，明確在粵東西北地區安排省重點項目年度計劃投資 1846 億元，佔全省年度預算的 36.9% 等事項。

▶ 2017 年 5 月　　　印發《促進粵東西北地區振興發展 2017 年重點工作任務》，提出深化全面對口幫扶，推進珠三角與粵東西北一體化發展。重點落實產業共建和一體化建設。要求把產業梯度轉移作為產業共建的主攻方向，支持引導產業及企業有序轉移，推動珠三角 550 個項目轉移落戶粵東西北及惠州、江門、肇慶市。推動「廣佛肇＋清遠、雲浮、韶關」「深莞惠＋汕尾、河源」「珠中江＋陽江」等三個新型都市區率先實現一體化。打造廣佛同城化、廣清一體化等區域融合發展示範區。推動珠三角與粵東西北軌道交通、高速公路、內河航道等交通基礎設施率先實現一體化。建設完善省網上辦事大廳，推進珠三角和環珠三角地區行政審批制度改革銜接等。

▶ 2015 年 11 月　　《中共廣東省委關於制定國民經濟和社會發展第十三個五年規劃的建議》（中國共產黨廣東省第

* 2016 年 12 月，珠三角地區對口幫扶粵東西北地區推進產業共建工作會議在廣州召開

十一屆委員會第五次全體會議通過）提出：「發揮粵東西北地區後發優勢，加強與先進地區產業技術合作，走有特色的創新驅動發展道路。」

▶ 2016 年 11 月

印發《廣東省促進粵東西北地區產業園區提質增效的若干政策措施》，提出要建立產業轉移倒逼機制、強化產業轉移政策支撐、加大產業轉移幫扶力度、推動項目加快落地、促進園區產業轉型升級、提升園區建設水平、優化園區營商環境、促進園區綠色高效發展。同時，印發《關於深化珠三角地區與粵東西北地區全面對口幫扶工作的意見》，強調要繼續實施好「三大抓手」，採取更有力措施，紮紮實實做好新一輪對口幫扶工作。

▶ 2016 年 12 月

印發《關於支持珠三角與粵東西北產業共建的財政扶持政策》，鼓勵有技術含量的珠三角地區企業優先在省內梯度轉移，推動珠三角與粵東西北產業共建。

　　數年下來，粵東西北地區後發優勢凸顯，經濟社會發展取得新成績，日益成為廣東經濟發展的重要增長極。2017 年，粵東西北地區產業轉移園區總數達到 83 個，落戶企業超過 5000 家。整個粵東西北地區，除了四個規劃已明確不適宜建園的縣外，每一個縣至少有一個園區，從而有力地促進了當地產業發展，加速了工業化進程，增強了財政的自身造血功能，為推進新型城鎮化建設所需要的基礎投入和社會事業發展創造了有利條件。

　　與此同時，高速公路、高快速鐵路、港口航道、機場等建設統籌推進，交通基礎設施建設取得重大突破。2013 年初，省委、省政府提出在「十二五」期末全省高速公路建設目標由 6500 公里增加到 6800 公里，2015 年實現「縣縣通高速」，全省高速公路通車總里程達到 7000 公里的戰略目標。經過幾年的「交通大會戰」，至 2016 年初實現了「縣縣通高速」的目標，全省通車總里程超過 7000 公里，穩居全國第一。至此，全省形成了以珠三角為中心、以「T」字形主要通道為骨架、以各條網絡狀重要通道為支撐，向粵東西北延伸的高速公路網絡；與陸路相鄰省份均有四條以上高速公路連通，泛珠「一日交通圈」已具雛形。一個內通外連、協調均衡的高速公路骨幹網絡在廣東基本形成。

　　根據省經信委印發的《粵東西北省產業園發展「十三五」規劃》（2017），廣東省產業轉移工業園到 2020 年要吸納就業超過 150 萬人，成為當地優質就業崗位的主要來源。其規模以上工業增加值力爭達到 4400 億元。與此同時，圍繞五條交通軸線，填補珠三角經濟圈與海峽西岸經濟區、長株潭經濟區、東盟經濟區、環北部灣經濟區之間的產業空隙，打造新四大產業集群。五條交通線，一是沿深汕高速公路、廈深高鐵和東部岸線等向福建方向延伸的沿海東軸，接入福建的海峽西岸經濟圈；二是沿西部沿海高速公路、三茂鐵路及西部岸線等所形成的沿海西軸，這一軸線繼續向西接入環北部灣經濟圈，從陸路融入東盟經濟區；三是由京珠高速、樂廣高速、清連高速和京廣鐵路、武廣高鐵及北江航道

等所形成的北軸，接入長株潭經濟區；四是沿廣梅高速、大廣高速、廣
梅汕鐵路及東江航道等形成的東北軸，把客家主要聚居地與珠三角經濟
區連接起來，並使珠三角經濟圈和長三角經濟圈逐步融合；五是沿廣梧
高速、二廣高速、貴廣高鐵、南廣高鐵和西江航道等所形成的西北軸，
對加強廣東與廣西、雲南、貴州的運輸往來，促進「泛珠江三角洲」產
業轉移具有重要作用。

（四）發力精準脫貧攻堅

　　自 20 世紀 80 年代中，珠三角地區與粵東西北地區發展差距加大，
省委、省政府就將扶貧脫貧工作作為一項重要的任務來統籌安排部署。
中共十八大以來，隨着全面建成小康社會的第一個百年目標時間點的臨
近，中央加大力度統籌推進扶貧攻堅工作。2013 年 11 月，習近平總書記
在湖南湘西考察時首次作出「精準扶貧」的重要指示。2013 年 12 月，
中央農村工作會議召開，會議強調要堅持不懈推進扶貧開發，實行精準
扶貧。

　　在此背景下，廣東省委、省政府加大扶貧攻堅力度，精準扶貧成為
新時期扶貧攻堅的工作重心。近年來，廣東各項扶貧工作得到持續、全
面、穩妥推進。

▶ **2016 年**　　　　　廣東省委、省政府在如期完成新一輪扶貧開
　　　　　　　　　　發「雙到」工作的基礎上，啟動新時期精準扶
　　　　　　　　　　貧精準脫貧攻堅戰。集全省之力，聚焦分散在
　　　　　　　　　　14 個地級市 1.9 萬個村的 70.8 萬戶相對貧困
　　　　　　　　　　戶、176.5 萬人相對貧困人口，發起脫貧攻堅衝
　　　　　　　　　　鋒戰。

▶ **2013 年 4 月**　　　廣東召開全省扶貧開發工作會議，全面部署廣
　　　　　　　　　　東精準扶貧、精準脫貧工作。會議要求更加注

重用發展的辦法解決貧困問題，同時出台了《廣東省新一輪扶貧開發「規劃到戶責任到人」及重點縣（市）幫扶工作實施方案》。

此後，廣東各地、各部門深入貫徹落實扶貧開發工作會議精神，緊鑼密鼓地推進精準扶貧、精準脫貧工作。三年時間下來，廣東省堅持精準扶貧、精準到戶、因人因地施策，如期高質量達到扶貧脫貧工作目標。截至 2016 年底，全省已有 2571 個重點幫扶村、20.9 萬戶相對貧困戶、90.6 萬人貧困人口實現了精準脫貧，廣東扶貧脫貧經驗由此也被國務院扶貧辦點讚為「中國亮點、世界模式」。

在如期完成新一輪扶貧開發「雙到」（即規劃到戶，責任到人）工作的基礎上，廣東扶貧脫貧工作乘勢而上，2016 年初，省委、省政府又適時啟動了新時期精準扶貧精準脫貧攻堅戰。

▶ 2016 年 3 月　　　　全省扶貧開發工作會議召開，會議要求堅決貫徹習近平總書記在 2015 年中央扶貧開發工作會議上發出的「齊心協力打贏脫貧攻堅戰」動員令，集全省之力，發起脫貧攻堅衝鋒戰。

▶ 2016 年 6 月　　　　廣東省委、省政府印發《關於新時期精準扶貧精準脫貧三年攻堅的實施意見》。該意見認定全省 2277 個村為相對貧困村，並提出新時期精準扶貧、精準脫貧要實施八項工程，打出政策組合拳。

此後，22 個部門深度參與，強力支撐新時期精準扶貧精準脫貧，形成了脫貧攻堅「1+N」政策體系，以確保廣東省 2018 年穩定實現「兩不愁、三保障、一相當」，即農村貧困人口不愁吃、不愁穿，義務教育、基本醫療和住房安全有保障，基本公共服務主要指標相當於全省平均水平。

　　在「精準識別、精準施策」的精準扶貧思想指導下，全省堅持把精準識別作為精準扶貧的基礎性工作來抓，對貧困人口實施精細化管理，對貧困戶和貧困村實行精準化幫扶，對扶貧資源實行精確化配置，確保脫貧攻堅工作精準到村、到戶、到人。全省各地共動員了 32.67 萬名幹部進村入戶，對相對貧困人口進行精準識別；完成 176.5 萬名扶貧對象的精準識別、建檔立卡、統籌實施產業發展、勞動力就業等幫扶工程。

三、建設海洋經濟強省

　　廣東是海洋大省，所轄海域面積 41.9 萬平方公里（是陸地面積的 2 倍多），大陸海岸線 4114.3 公里，居全國之首；大小海灣超過 500 個（適宜建港的有 200 多個），大小海島 1963 個，總海岸線長達 8500 公里。轄域內港灣、石油、天然氣、固體礦產、魚類資源、生物和可再生能源等豐富多樣的海洋資源，為廣東的經濟發展提供了優越的條件。

　　宋元時期，廣東海洋經濟就已經有了一定程度的發展。南宋時，有詩描述江門新會「海有膏田沃壤，倉廩舟楫多取給」。其時，廣東沿海地區沿海構築捍海小堤，發展鹽業、種植業、養殖業。到明代，廣東沿海圍墾沙坦的規模進一步擴大，尤以珠江三角洲的香山、新會、番禺、東莞等地為多。南宋時廣東境內有沿海鹽場 26 個，明代沿海鹽場增加到 29 個，成為全國主要產鹽省之一。明代廣東民間海上貿易也頗為活躍，開闢了數條從廣州到世界各地的海洋交通航線。

　　自改革開放以來，由於對海洋經濟發展缺少規劃和有序治理，廣東沿海的優勢並沒有得到充分發揮。相反，由於海洋生態環境保護的缺失，廣東海洋生態污染一直以來都處於壓力持續加重的狀態。入海排污口超標排放，海上作業違規排污、違規操作致污染等，導致不少近海地區油污、垃圾比比皆是，海水變色、變渾，甚至變臭。這種狀況，對沿

海旅遊業、捕撈業和養殖業乃至交通運輸產業等的發展造成了嚴重傷害。此外，各地分散經營和無序競爭（如港口發展）等問題，也造成廣東海洋經濟無法實現更高效的集約化發展。

　　新世紀以來，省委、省政府不斷加大對海洋環境的保護和海洋經濟發展的力度，強化規劃和政策指引，規範海洋開發行為，持續加大財政投入，引導社會資本有序參與，持續推進海洋生態文明建設，廣東海洋經濟正在朝高效、集約、有序的方向發展。

（一）20世紀八九十年代的廣東海洋經濟

　　改革開放後，廣東經濟加速發展，海洋經濟也水漲船高，但總體而言發展緩慢。首先，海洋產業的總量不大，在全省社會總產值中佔比不大。據不完全統計，1990年全省海洋產業產值僅為120億元。其次，海洋產業的結構單一，主要依賴港口海運和海洋捕撈業。海上油氣資源的勘探與開發、海洋生物技術研究和開發、海洋化工、海洋能發電等都剛剛起步，與海洋大省的地位極不相稱，更與廣東經濟社會發展要求不相適應。

　　對此，省委、省政府高度重視。1992年，省府（擴大）會議研究決定，要加快海洋和海岸帶開發，建設「海上廣東」。1993年1月，時任省長朱森林在省八屆人大一次會議的《政府工作報告》中指出，要抓緊海洋和海岸帶開發，大力發展廣東的海洋經濟。

　　至20世紀90年代末，廣東海洋經濟發展取得重要進展，全省海洋經濟總量和主導產品數量等經濟指標均居全國首位。其中，海洋業總產值為400多億元，相當於當時全國海洋總產值的1/6左右；海上貨運年吞吐量1億多噸，為全國的1/8；海洋漁業產量為150多萬噸，約佔全國的1/10。但總體而言，彼時的海洋經濟發展，尚未上升到加速廣東經濟發展的戰略高度予以重視，相關的條件也還並不成熟。

（二）21 世紀初至十八大前的廣東海洋經濟

　　進入 21 世紀，中央加大對海洋資源保護與開發利用的力度，推動海洋經濟發展，提出了建設海洋強國的宏偉目標。在此背景下，廣東開始將海洋經濟發展上升到戰略高度，加大了海洋開發建設的力度。

1. 海洋經濟成為經濟新增長點

▶ **1999 年底**　　　　廣東省委、省政府召開全省海洋工作會議，提出「向海洋進軍」的倡議，並提出要規劃建設由珠江三角洲、東西兩翼構成的三大臨海經濟帶和海島經濟區。三大臨海經濟帶分別是：其一，珠江口海洋開發帶，包括惠州、深圳、廣州、東莞、中山、珠海、江門七市，擁有大亞灣、大鵬灣、萬山群島、川山群島等自然條件良好的海域、海岸線，區內將重點發展海洋交通運輸、海洋油氣、造船、濱海旅遊、大型臨海工業等，建成全省甚至全國具有重大影響的濱海經濟區。其二，粵東海洋開發帶，包括汕頭、潮陽、揭陽、汕尾四市，發揮汕頭港和「京九」鐵路貫通的優勢，推動台港、東南亞經濟合作和閩粵贛三邊經濟區發展。其三，粵西海洋開發帶，包括湛江、茂名、陽江三市，擬建成南海油氣資源開發基地、大型石化基地、海洋漁業基地和海洋高新技術園地。其四，海島經濟開發區，包括南澳島、東海島、海陵島、上下川島、桂山島、橫琴島，以發展海洋漁業、海洋交通運輸、濱海旅遊以及與海洋開發相關聯

的海洋加工業為主。會議指出，爭取用十年左右時間，把廣東建設成為海洋經濟強省，海洋產業增加值佔全省國內的比重，由當時的 6.6% 提高到 10% 以上。

　　此後，廣東採取系列措施，加大對海洋保護與開發的力度。為了強化海洋環境資源的保護利用，廣東自 2001 年起編制廣東省海洋環境質量年度公報，持續跟進海洋環境質量監測。2004 年 2 月，省委、省政府印發《關於加快發展海洋經濟的決定》，提出要充分發揮廣東的海洋優勢，實現海洋經濟加快發展、率先發展、協調發展，爭當全國海洋經濟發展的排頭兵。要形成一批臨海工業帶、漁港經濟區，推進沿海地區城鎮化進程，實現區域協調發展；建成一批海洋與漁業自然保護區，實現海洋資源持續高效利用。

＊ 陽江閘坡國家中心漁港

▶ 2006 年 3 月　　　　　　　印發《廣東省海洋環境保護規劃（2006 — 2015
　　　　　　　　　　　　　　　年）》。該規劃指出至 2002 年全省海洋產業
　　　　　　　　　　　　　　　總產值達到 1950 億元，佔全國海洋總產值的
　　　　　　　　　　　　　　　1/3，海洋產業增加值 910 億元，佔全省 GDP 的
　　　　　　　　　　　　　　　比重為 7.8%，海洋經濟已成為廣東省經濟的新
　　　　　　　　　　　　　　　增長點，對調整全省產業結構、推動經濟發展
　　　　　　　　　　　　　　　發揮了重要作用。

▶ 2007 年 10 月　　　　　　　印發《廣東省海洋經濟發展「十一五」規劃》。
　　　　　　　　　　　　　　　該規劃提出要加快發展海洋電力業、臨海石化
　　　　　　　　　　　　　　　工業、臨海鋼鐵工業、海洋交通運輸業、海洋
　　　　　　　　　　　　　　　油氣業、海洋漁業和濱海旅遊業等主導產業，
　　　　　　　　　　　　　　　大力發展海洋生物製藥業、海水綜合利用業等
　　　　　　　　　　　　　　　新興產業。珠三角、粵東和粵西三大海洋經濟
　　　　　　　　　　　　　　　區充分發揮地區特色，形成功能明確、優勢互
　　　　　　　　　　　　　　　補的區域和諧發展新格局。

▶ 2010 年 12 月　　　　　　　廣東省政府與國家海洋局簽訂《關於促進廣東
　　　　　　　　　　　　　　　海洋經濟強省建設的框架協議》。根據該協議，
　　　　　　　　　　　　　　　國家海洋局與廣東省將重點圍繞推進廣東海洋
　　　　　　　　　　　　　　　經濟發展試點區建設，推進海島保護和開發建
　　　　　　　　　　　　　　　設，開展海洋經濟監測評估試點，實施科技
　　　　　　　　　　　　　　　興海戰略，推動粵港澳三地珠江口海域環境保
　　　　　　　　　　　　　　　護合作，加強廣東海洋防災減災體系建設、共
　　　　　　　　　　　　　　　同探索海洋綜合管理的體制機制創新等方面的
　　　　　　　　　　　　　　　合作。

　　「十一五」期間，廣東海洋經濟總量實現年均增長 17.8%。至 2010 年，海洋生產總值達 8000 億元，約佔全國 1/5，連續 16 年居全國首位。隨着海洋科技的不斷進步，廣東海洋綜合開發向廣度和深度拓展，初步建成了現代化的海洋經濟體系。

2. 建設海洋經濟綜合試驗區

▶ 2011 年 7 月　　　　　國務院批覆同意《廣東海洋經濟綜合試驗區發展規劃》，明確要求廣東海洋經濟綜合試驗區要建設成為中國提升海洋經濟國際競爭力的核心區、促進海洋科技創新和成果高效轉化的集聚區、加強海洋生態文明建設的示範區和推進海洋綜合管理的先行區。無疑，廣東海洋經濟綜合試驗區的設立，為廣東探索海洋開發新途徑和海洋綜合管理新模式，加快海洋經濟發展，建設海洋經濟強省，爭當全國海洋事業發展排頭兵提供了重大機遇。

　　廣東海洋經濟綜合試驗區發展規劃主體區面積共 50.3 萬平方公里，主體區範圍包括廣東省全部海域和廣州、深圳、珠海、汕頭、惠州、汕尾、東莞、中山、江門、陽江、湛江、茂名、潮州、揭陽 14 個市所屬陸域，海域面積 41.9 萬平方公里，陸域面積 8.4 萬平方公里。佛山、肇慶以及粵北等地區為聯動區。

　　在此之前，國務院已經批覆設立了山東、浙江海洋經濟區。不過，與前二者相比，廣東海洋經濟綜合試驗區在綜合開發和區域合作方面都承擔了更多的使命。該規劃賦予廣東在海洋經濟方面，與港澳、海西區、北部灣、海南乃至東盟等地區合作的先行先試權；明確要求廣東要創新合作方式，加強與上述地區對接合作，努力探索有利於海洋經濟科

學發展的體制機制。根據該規劃，廣東海洋經濟綜合試驗區還將推動構建粵港澳、粵閩、粵桂瓊三大海洋經濟合作圈。其中粵港澳海洋經濟合作圈，以珠江三角洲海洋經濟優化發展區為支撐，以廣州南沙、深圳前海、深港邊界、珠海橫琴、萬山群島等區域作為重要節點，加強粵港澳在海洋運輸、物流倉儲、海洋工程裝備製造、海島開發、旅遊裝備、郵輪旅遊等方面的合作，共同打造國際高端的現代海洋產業基地，建設優質生活灣區。

▶ 2012 年 4 月 　廣東省人民政府辦公廳印發《廣東省海洋經濟發展「十二五」規劃》。此後，省委、省政府先後印發《中共廣東省委　廣東省人民政府關於充分發揮海洋資源優勢努力建設海洋經濟強省的決定》以及《廣東省發展臨海工業實施方案》《廣東省發展海洋新興產業及海洋科技實施方案》《廣東省發展濱海旅遊業實施方案》《廣東省集中集約用海實施方案》《廣東省海洋生態保護實施方案》等五個配套實施方案，按照「三區、三圈、三帶」的海洋綜合開發新格局，「三年打基礎，五年見成效，十年大發展」，統籌協調珠三角、粵東、粵西三大海洋經濟區臨海工業發展佈局。

▶ 2012 年 11 月 　《廣東省海洋功能區劃（2011 － 2020 年）》獲國務院批准，廣東海域資源空間統籌開發得到國家層面的認可，為經濟發展與海洋資源、海洋環境和海洋生態相協調的海洋空間開發新格局奠定了重要的基礎。

　　根據廣東省海洋與漁業廳的數據，至 2012 年底，全省海洋地區生產總值達 1.10 萬億元，同比增長 12.3%，佔全省 GDP 的 19.3%。至此，廣東海洋經濟已經連續 18 年領跑全國，成為廣東重要的經濟支柱。

(三) 十八大以來的廣東海洋經濟

　　中共十八大提出「發展海洋經濟」「建設海洋強國」，把海洋戰略提到十分重要的位置，體現了中共中央對海洋工作的高度重視。

　　在此背景下，廣東海洋事業發展也站在了一個新的歷史起點上，面臨新的歷史發展機遇。

　　五年來，廣東按照既定的戰略部署，上下協力，加速推動海洋經濟發展，海洋經濟生產總值呈逐年遞增趨勢，海洋經濟越來越成為廣東區域經濟發展的重要動力。

　　從 2011 年開始，粵東、粵西海洋生產總值年均增長分別為 12.79% 和 15.49%，海洋經濟日益成為東西兩翼經濟發展的重要增長極。包括汕頭、潮州、揭陽、汕尾的粵東四市，2013 年共實現海洋生產總值 897.82 億元，佔整個粵東 GDP 的比重達到 15.4%；由湛江、茂名、陽江組成的粵西三市，海洋生產總值達 1123.8 億元，佔粵西區域地區生產總值的比例更是高達 21.4%。

　　就全省而言，廣東海洋三次產業比例由 2010 年的 2.4：47.5：50.2 調整為 2015 年的 1.6：43.5：55，第一產業比重明顯下降，「三、二、一」的比例結構更趨穩固，提前實現《廣東海洋經濟綜合試驗區發展規劃》提出的調整目標。截至 2016 年，廣東海洋生產總值達 1.59 萬億元，佔全國海洋生產總值的 22.5%，佔全省生產總值的 1/5，連續 22 年居全國首位。

　　如今，廣東已經形成了以海洋漁業、海洋交通運輸業、海洋化工業、海洋油氣業、濱海旅遊業等為支柱的海洋產業，海洋優勢主導產業日益壯大，現代海洋產業體系初現雛形。根據向曉梅等人的研究，廣東

現代海洋產業體系主要有以下幾方面：其一，傳統優勢海洋產業轉型升級加快。海洋交通運輸體系不斷完善，已初步構建起佈局合理、分工明確的集裝箱和能源運輸系統。全省規模以上港口在 2014 年實現集裝箱吞吐量約 5300 萬標準箱，貨物吞吐量約 156400 萬噸。海洋漁業轉型升級成效顯著，在國內首創「深藍漁業」發展模式。其二，海洋戰略性新興產業蓬勃發展。海洋生物醫藥集聚發展，廣州、深圳市成為國家生物高技術產業基地。海洋工程裝備製造加快發展，中海油深水海洋工程裝備基地、中船珠海基地等一批項目開工建設，廣州南沙已成為海洋工程裝備製造業重鎮。海洋可再生能源利用邁出堅實步伐，珠海啟動建設南海海島海洋能獨立電力系統示範工程、大萬山波浪能海島獨立電力系統工程，中山明陽風電躋身全球風電設備製造商前六位。海洋現代服務業不斷提升，現代港口物流業、海洋信息服務、濱海旅遊等海洋服務業加速發展。其三，海洋科技創新能力不斷增強。廣東擁有海洋專利數、海洋科研經費投入居全國前列。海洋高科技產業集聚區建設初見成效。國家海洋高技術產業基地、國家科技興海產業示範基地相繼在廣州、湛江掛牌。在海洋高新技術開發方面，建成 26 個省部級以上實驗室，包括 3 個國家重點實驗室，涵蓋海洋環境、海洋醫藥、海洋生物技術和海洋防災減災等領域。深海裝備、船舶修造、海上風電設備等海洋工程裝備製造走在全國前列。風電單機發電功率達到 6 兆瓦，達到國際先進水平。海洋新型酶類、新型生物功能製品等 52 項成果得到轉化應用。

　　進入「十三五」以來，廣東乘勢而上，面向未來，制訂相關規劃，以指導下一步的海洋資源保護開發利用。

▶ 2016 年 12 月　　　　　廣東省海洋與漁業局印發《廣東省海洋生態文明建設行動計劃（2016 － 2020 年）》。該計劃指出，到 2020 年全省海洋生態文明制度體系基本完善，海洋管理保障能力顯著提升，生態環境

保護和資源節約利用取得重大進展。展望 2030 年，基本實現「水清、岸綠、灘淨、灣美、物豐、人和」的美麗海洋生態文明建設目標。

▶ 2017 年 6 月　　廣東省海洋與漁業局、省發展與改革委員會聯合印發《廣東省海洋經濟發展十三五規劃》。該規劃提出廣東要構建具有國際競爭力的海洋產業新體系，形成綠色低碳發展新格局，全面實現建設海洋強省戰略目標。總量目標上，力爭到 2020 年，全省海洋生產總值超過 2.2 萬億元，年均增長 8%，佔全省地區生產總值比重達到 20%。同月，省海洋與漁業廳印發《廣東省現代漁港建設規劃（2016 — 2025 年）》《廣東省現代漁業發展「十三五」規劃》等文件，對現代漁業、漁港發展作出規劃。

▶ 2017 年 10 月　　廣東省人民政府與國家海洋局聯合印發《廣東省海岸帶綜合保護與利用總體規劃》，規劃總面積 11.81 萬平方千米，涉及人口約 7000 萬。該規劃提出要基於廣東省海岸帶自然資源稟賦和承載能力、產業基礎和發展潛力，以海岸線為軸，構建「一線管控、兩域對接，三生協調、生態優先，多規融合、灣區發展」的海岸帶保護與利用總體格局，逐步實現陸海統籌。

同月，印發《廣東省海洋觀測網建設規劃（2016 — 2020）》。該規劃提出廣東要建設岸基、海基、空基、天基「四位一體」的綜合性立體觀測網。到 2020 年，將初步建成以岸基觀測為主，浮標、衛星遙感、航

空遙感和應急機動觀測為輔，佈局較合理、結構較完善、功能較齊備的海洋觀測網。

▶ **2017 年 11 月**　　《廣東省海洋生態紅線》獲省政府批覆並正式對外印發，《廣東省海洋生態紅線》劃定了 13 類、268 個海洋生態紅線區，確定了廣東省大陸自然岸線保有率、海島自然岸線保有率、近岸海域水質優良（一、二類）比例等控制指標，是廣東省海洋生態安全的基本保障和底線。

　　廣東海洋強省建設在路上。接下來，廣東將繼續堅持創新、協調、綠色、開放、共享的發展理念，以更大的作為，落實習近平總書記對廣東提出的「四個堅持、三個支撐、兩個走在前列」「四個走在全國前列」要求，推進廣東海洋經濟強省建設。

四、領航「泛珠」「一帶一路」

　　廣東是嶺南地區的核心區域，是嶺南文化的典型代表；與此同時，廣東還是珠江流域的核心區域，是珠江流域地區經濟發展的領頭羊。珠江流域的西江、北江、東江，在珠江三角洲地區匯聚入海，成為珠三角地區經濟繁盛不衰的地理依託。

　　自晉代以後，以廣州為中心的珠三角地區一直是海上絲綢之路的重要起始點。自明清以降，以廣州、澳門、香港為中心的珠三角地區日益成為聯通中西的橋頭堡，成為吸納現代西方文明、促進中西文化交流的「南風窗」。20 世紀 70 年代末，改革開放的時代際遇，使珠三角地區得以續寫輝煌，成為中國特色社會主義市場經濟的「試驗田」，成為新時代「中國崛起」的區域排頭兵，成為「泛珠」合作、「21 世紀海上絲綢之路」合作的領航者。

（一）粵港澳引領「泛珠」合作

1.泛珠三角區域合作框架的形成

「泛珠三角區域合作」，是包括珠江流域所覆蓋的廣東、福建、江西、湖南、廣西、海南、四川、貴州、雲南九省區和香港、澳門特別行政區（簡稱「泛珠」或「9+2」）在內的區域合作機制，是「同飲一江水」的流域命運共同體。

▶ 2003 年 7 月　　　　　廣東首次提出泛珠三角區域合作與發展的戰略構想，倡議「泛珠」各省區共同構築一個優勢互補、資源共享、市場廣闊、充滿活力的區域經濟體系。這一倡議得到了「泛珠」另外八省區及香港、澳門特別行政區的熱烈響應。在中共中央和國務院的積極支持和指導下，「9+2」合作模式應運而生，成為東、中、西部經濟互聯互動、協調發展的新突破。

資料顯示，「泛珠三角」區域國土面積有 200 多萬平方公里，佔整個中國的 1/5 多，相當於日本的 5 倍；人口近 5 億人，佔整個中國的 1/3 多，超過歐盟地區，相當於俄羅斯的 3 倍；2016 年，「泛珠」區域 GDP 總額為 24 萬億元，是 2004 年 4.9 萬億元的 5 倍。

▶ 2004 年 6 月　　　　　首屆「泛珠」大會以「合作發展，共創未來」為主題，在香港、澳門、廣州三地舉辦。「9+2」省區政府領導人在論壇上達成了「打破地區封鎖，促進市場開放」「創造公平、開放的市場環境，促進生產要素的合理流動和優化組合」的共識，並共同簽署了《泛珠三角區域合作框架協議》。同年 9 月，又簽署了《泛珠三角區域省會

城市合作協議》。以此為起點，一個涵蓋國內東
部、中部、西部省區和香港、澳門特別行政區
「9+2」的區域合作發展機制正式啟動，泛珠三
角區域合作的大幕由此揭開。

2.「泛珠」合作的推進

自 2004 年首屆「泛珠」大會召開後，「泛珠」合作逐步形成了以年
度的「泛珠三角區域合作與發展論壇」與「泛珠三角區域經貿合作洽談會」
為基本平台的合作機制。隨後，「泛珠三角區域合作與發展論壇暨經貿洽
談會」每年在不同城市舉行。

▶ **2005 年 7 月**　　　第二屆泛珠三角區域合作與發展論壇暨經貿洽
談會在四川成都舉行。在此次「泛珠」合作論壇
上，通過了《泛珠三角區域合作發展規劃綱要》
和《關於務實推進泛珠三角區域合作的近期工作
意見》，並規劃出遠、中、近期的合作路線圖。
此後，還密集簽署了基於《泛珠三角區域合作框
架協議》的《泛珠三角九省區勞務合作協議》《泛
珠三角九省區人才服務合作協議》《泛珠三角區
域地方稅務合作協議》《泛珠三角區域農業合作
協議》《泛珠三角區域九省區物價部門交流合作
框架協議》等近 20 個專項合作協議，分別在人
才、勞務、農業、物價、稅收、海關等十多個
領域形成「清障」共識。

▶ **2006 年 6 月**　　　第三屆泛珠三角區域合作與發展論壇暨經貿洽
談會在雲南曲靖、昆明舉行，並實現了泛珠三
角與東盟的首次直接對話。在此次「泛珠」合作

論壇上，「9+2」行政首長審議並通過了《泛珠
三角區域綜合交通運輸體系合作專項規劃》《泛
珠三角區域能源合作「十一五」專項規劃》《泛
珠三角區域旅遊合作指導性意見》等區域性專項
規劃以及有關意見，泛珠三角區域合作的藍圖
愈加清晰。

▶ 2007 年 6 月　　　第四屆泛珠三角區域合作與發展論壇暨經貿洽
談會在湖南長沙舉行。在此次「泛珠」合作論壇
上，通過了《關於務實推進泛珠三角區域合作專
項規劃實施的工作意見》《關於進一步加強泛珠
三角區域市場環境建設工作的實施意見》《泛珠
三角區域合作行政首長聯席會議章程》和《泛珠
三角區域合作與發展論壇暨經貿洽談會承辦方
產生辦法（修訂稿）》等文件，「泛珠」合作向
縱深層次發展。

▶ 2009 年 6 月　　　第五屆泛珠三角區域合作與發展論壇暨經貿洽
談會在廣西南寧舉行（由於支援四川汶川抗震救
災及災後重建工作而延期）。

▶ 2010 年 8 月　　　第六屆泛珠三角區域合作與發展論壇暨經貿洽
談會在福建福州舉行。

▶ 2011 年 9 月　　　第七屆泛珠三角區域合作與發展論壇暨經貿洽
談會在江西南昌舉辦。

▶ 2012 年 11 月　　　第八屆泛珠三角區域合作與發展論壇暨經貿洽
談會在海南海口、三亞舉行。

▶ 2013 年 9 月　　　　　第九屆泛珠三角區域合作與發展論壇暨經貿洽
　　　　　　　　　　　談會在貴州貴陽舉行。與會各方共同簽署了以
　　　　　　　　　　　《進一步深化泛珠三角區域合作》為主題的《貴
　　　　　　　　　　　州共識》，提出未來「泛珠」各方新的合作領域
　　　　　　　　　　　與合作內容，翻開了中國區域合作的嶄新一頁。

▶ 2014 年 10 月　　　　第十屆泛珠三角區域合作與發展論壇暨經貿洽
　　　　　　　　　　　談會在廣州舉行。此次會議打造「泛珠」合作升
　　　　　　　　　　　級版，使「泛珠」合作上升為國家戰略的提議
　　　　　　　　　　　得到「泛珠」「9+2」省區的廣泛贊同。會議期
　　　　　　　　　　　間，各方簽署《泛珠三角區域深化合作共同宣言
　　　　　　　　　　　（2015 － 2025 年）》，提出堅持「9+2」行政首
　　　　　　　　　　　長聯席會議制度，每年選定九省區一個省會城
　　　　　　　　　　　市或香港、澳門舉行一次。與此同時，改革「泛
　　　　　　　　　　　珠三角區域合作與發展論壇暨經貿洽談會」的組
　　　　　　　　　　　辦形式，按照「聯合主辦、輪流承辦」的方式，
　　　　　　　　　　　每兩年在廣州舉辦一次；廣東省為固定承辦方，
　　　　　　　　　　　每屆確定一至兩個省（區）為共同承辦方。

　　至 2014 年，「泛珠」合作十年間，「泛珠」各方在合作機制、基礎設施建設、經貿產業合作、統一開放的市場環境建立、社會事業及生態文明建設等方面，展開了深入合作。十屆「泛珠」經貿洽談會累計簽約項目超過 1.9 萬個，總金額超過 4 萬億元（至 2016 年，累計簽約合作項目超過 3 萬個，總金額超過 6 萬億元）。在基礎設施建設方面，「泛珠」區域內「五縱七橫」高速鐵路主幹線建設全部完工，「泛珠」九省區鐵路營運里程增長 25%，達到 2.38 萬公里，高鐵營運里程近 1 萬公里，由此帶動九省區主要城市廣州、福州、南昌、長沙、南寧、海口、成都、貴陽、昆明等形成蔚為壯觀的高鐵經濟帶。

　　廣東作為「泛珠」合作的發起者和推動者，緊緊圍繞國家統籌區域發展的總體要求，務實推進與周邊省區的交流合作，密切了經貿往來、拓展了發展腹地、推動了產業轉型升級，為全省經濟社會發展不斷注入新動力。

3.「泛珠」合作升格為國家戰略

▶ 2017 年 10 月　　　　中共十九大指出，「要支持香港、澳門融入國家發展大局，以粵港澳大灣區建設、粵港澳合作、泛珠三角區域合作等為重點，全面推進內地同香港、澳門互利合作」。「泛珠」合作由此被賦予祖國統一、與港澳融合發展的重任。

　　而在此之前的 2016 年 3 月，國務院正式發佈了《關於深化泛珠三角區域合作的指導意見》，標誌着泛珠三角區域合作與京津冀一體化、長江經濟帶並列成為三大國家區域發展戰略之一。

▶ 2017 年 4 月　　　　廣東省政府印發《廣東省深化泛珠三角區域合作實施意見》，提出廣東要在泛珠三角區域「9+2」各方合作中發揮更大的作用，推動內地九省區一體化發展，共同打造全國改革開放先行區、全國經濟發展重要引擎、內地與港澳深度合作核心區、「一帶一路」建設重要區域、生態文明建設先行先試區，共同構建經濟繁榮、社會和諧、生態良好的泛珠三角區域。該意見明確提出，到 2020 年以粵港澳大灣區為龍頭，以珠江 — 西江經濟帶為腹地，帶動中南、西南地區發展，輻射東南亞、南亞的經濟發展格局基本形成。

（二）構建全面開放經濟新格局

改革開放以來，隨着綜合國力的不斷提升，中國開始從全球化的參與者逐漸變身為全球化的塑造者、引領者。「一帶一路」倡議的提出，是這一態勢轉變的重要標誌。

廣東（珠三角）自古就是海上絲綢之路的重要出發地和中轉地，是中國對外經貿义化交流的重要平台。隨着「一帶一路」合作的深入推進，作為中國－東盟自由貿易區排頭兵的廣東，正在基於廣東自貿試驗區和粵港澳大灣區全新實踐，變身為踐行「一帶一路」合作的領航者。

1. 廣東作為中國－東盟自由貿易區的排頭兵

▶ 2010 年 1 月 1 日　　　中國－東盟自由貿易區（10+1）正式建成，東盟十國 6 億人口與中國 13 億人口合併為統一的內需市場，成為全球發展中國家之間最大的自由貿易區，從而完成一個區域經濟體走向強大所必需的以內需為主的基本轉型。

在此背景下，廣東積極拓展與東盟各國的經貿合作。自 2004 年中國與東盟簽訂自由貿易區框架協議以來，廣東與東盟的經貿合作日益密切，雙邊貿易額持續增長。從 2005 年的 369.01 億美元，一路增加到 2016 年的 1145.9 億美元。東盟十國已經成為廣東推進「21 世紀海上絲綢之路」合作的最重要伙伴之一。

2. 自貿試驗區開啟新一輪對外開放「窗口」

（1）廣東自貿試驗區建設快速推進。

▶ 2015 年 3 月　　　中共中央政治局會議審議通過廣東自由貿易試驗區總體方案，與天津、福建等一道成為第二批獲得通過的自貿區試驗區。4 月 20 日，國務

　　院印發《中國（廣東）自由貿易試驗區總體方
案》。4月21日，中國（廣東）自由貿易試驗
區掛牌儀式在廣州南沙舉行，標誌着廣東自貿
試驗區正式啟動建設。

　　廣東自貿試驗區的戰略定位是要打造為粵港澳深度合作示範區、「21
世紀海上絲綢之路」重要樞紐和全國新一輪改革開放先行地。廣東自貿試
驗區總面積116.2公里的三個片區，即廣州南沙新區片區、深圳前海蛇
口片區和珠海橫琴新區片區，將成為廣東未來發展的重要引擎，成為廣
東深入參與「21世紀海上絲綢之路」的重要載體。按照該方案，廣東自
貿試驗區將通過促進加工貿易轉型升級、打造區域發展綜合服務區等，
帶動泛珠三角區域和內陸地區的產業轉型升級。

　　此後，廣東在中央的統一部署和指導下，出台了系列政策措施，加
速推進自貿試驗區的體制機制創新。

＊ 廣東自貿區深圳前海蛇口片區

▶ 2015 年 8 月　　　　　印發《加強中國（廣東）自由貿易試驗區知識產權工作的指導意見》。

▶ 2016 年 5 月　　　　　廣東省第十二屆人民代表大會常務委員會第二十六次會議通過並印發《中國（廣東）自由貿易試驗區條例》。此前廣東省人民政府於 2015 年 2 月通過並印發了《中國（廣東）自由貿易試驗區管理試行辦法》。該辦法分別從管理體制、投資開放與貿易便利、高端產業促進、金融創新與風險監管、粵港澳合作和「一帶一路」建設、綜合管理與服務、法治環境等方面鼓勵和支持先行先試，探索制度創新。

▶ 2016 年 8 月　　　　　廣東省海洋與漁業局印發《關於支持保障國家和省重點建設項目用海的指導意見（試行）》。

▶ 2016 年 11 月　　　　廣東省創辦與廣東自貿辦聯合印發《關於推動珠三角國家自主創新示範區與中國（廣東）自由貿易試驗區聯動發展的實施方案（2016 — 2020）》，推動「雙自聯動」，加快珠三角國家自主創新示範區和中國（廣東）自由貿易區融合發展。

▶ 2017 年 3 月　　　　　廣東省公安廳出入境管理局出台支持廣東自貿試驗區建設和創新驅動發展的系列出入境政策措施。

▶ 2017 年 9 月　　　　　印發《進一步加強中國（廣東）自由貿易試驗區事中事後監管體系建設總體方案》。

▶ 2018 年 1 月　　　印發《關於在中國（廣東）自由貿易試驗區和複製推廣「證照分離」改革試點具體做法的區域調整實施本省有關地方性法規規定的決定》（廣東省第十二屆人民代表大會常務委員會第三十八次會議通過）。

（2）自貿試驗區引領新一輪對外開放。

廣東自貿試驗區的設立，無疑為新時代條件下廣東構建全面開放新格局提供了全新的新機遇，為廣東省加快構建開放型經濟新體制邁出了一大步。從 2003 年起步的致力於內地與港澳間更緊密經貿關係安排的 CEPA 政策，到廣東自貿試驗區的建立，廣東在貿易與投資自由化、便利化方面逐步與國際水平接軌。

一方面，在依託港澳、服務內地、面向世界的視角下，粵港澳之間的貨物貿易和投資往來將由此達到一個全新的高度。另一方面，自貿試驗區作為「一帶一路」合作的重要平台，其在未來「21 世紀海上絲綢之路」合作中的重要樞紐地位將日益突出。自貿試驗區在加快粵港澳區域內經濟一體化的同時，更加注重與「一帶一路」沿線國家的互聯互通及經貿合作，並以良好的投資和商貿等營商環境吸引「一帶一路」沿線國家資金、人員與貿易的往來，推動與「一帶一路」沿線國家在經濟貿易、海關監管、港口航運、人文交流、海洋合作和旅遊文化等領域的全方位開放合作。為此，廣東還提出了要積極參與實現「21 世紀海上絲綢之路」戰略目標任務的完成，力爭 2020 年廣東與沿線國家貿易總額達 2300 億美元，雙向投資額達 140 億美元，廣東港口與沿線國家貨物吞吐量達 2 億噸等，使廣東國際經貿合作水平得到大幅度提高。

時間進入 2017 年，廣東自貿試驗區建設被一個更宏大的戰略所涵蓋，這就是粵港澳大灣區的建設。如果說自貿試驗區是被賦予了在新一輪對外開放中先行先試的「試驗田」的角色，那麼，粵港澳大灣區則將

在整合粵港澳珠三角的基礎上，以創建世界一流灣區平台為目標，抒寫全球化的新規則，領航「一帶一路」合作。

結語

20 世紀初葉，歷史學家張君勱曾提出，中國數千年的歷史，自地域性的觀察，可以分為三個時期：第一，是黃河流域時期；第二，是揚子江流域時期；第三，是珠江流域時期。並認為，中國文化之變遷，其趨勢是從黃河流域到長江流域及珠江流域。

無獨有偶，梁啟超也曾在《中國地理大勢論》中論述中華文化變遷的歷史規律：「自唐以前，湖南、浙江、福建、兩廣、雲南諸省，曾未嘗一為輕重於大局。自宋以後，而大事日出於此間矣。宋之南渡在浙，其亡也在廣東；明之亡也，始而江，繼而浙、而閩、而粵、而桂、而滇：此亦地運由黃河、揚子江而漸趨於西江之明徵也……兩廣民族之有大影響於全國，亦自五十年以來也。浙人、閩人，於明末魯、唐監國時代，崎嶇海上，奔走國難者，號稱極盛。浙閩民族之大有影響於全國，亦自二百年以來也。自今以往，而西江流域之發達，日以益進。他日龍拏虎擲之大業，將不在黃河與揚子江間之原野，而在揚子江與西江間之原野，此又以進化自然之運推測之，而可以知其概者也。」

此外，在 20 世紀初，日本學者內藤虎次郎曾有「文化中心流動論」，認為明以後中國文化中心在長江流域的浙江，而海通以後則移到珠江流域的廣東。1926 年郭沫若來廣州，任教於廣東大學（中山大學前身）。郭沫若在《我來廣東的志望》一文中說：「我們要改造中國的局面，非國民革命策源地的廣東不能擔當；我們要革中華人民共和國的文化，也非在國民革命的空氣中所醞釀的珠江文化不能為力。」

史學大師陳寅恪也曾於 1933 年 12 月讀了時在北京的岑仲勉的論著後，在回覆陳垣的一封信中指出：「此君想是粵人，中國將來恐只有

南學,江淮已無足言,更不論黃河流域矣。」陳寅恪之意,是在肯定南學,並預見它會超過黃河流域的北學。

上述各論,雖然具體所指在內涵上有所不同,但一個基本事實是相同的,即如張君勱所言,「(中國)古代之重心在北方,近代及最近代之重心在南方,這是歷史的地平之推移,想來無論何人不至於否認的」。而這一論斷,對於當下粵港澳大灣區建設、「泛珠」合作、「一帶一路」合作及中國 — 東盟自由貿易區背景下的珠江流域而言,在中華歷史文化變遷的鏈條上,稱之為中華文化發展的「新珠江時代」也是完全可行的。

在熱氣蒸騰的南粵大地,在中華大地的珠江入海口南大門,中華文化發展的「新珠江時代」,正在形成以粵港澳珠三角為龍頭、以粵東西北振興發展為新增長極、以「泛珠」合作為腹地、以「一帶一路」合作為延伸的新時代景觀。在「千年等一回」的時代機遇面前,廣東所能達到的高度,從根本上取決於廣東在推動和引領粵港澳大灣區、粵東西北協調發展、「泛珠」、「一帶一路」命運共同體建設中所擁有的想象力和創造力。

參 考 文 獻

一、著作類

1.　《鄧小平文選》第 1 卷，人民出版社 1994 年版。

2.　《鄧小平文選》第 2 卷，人民出版社 1994 年版。

3.　《鄧小平文選》第 3 卷，人民出版社 1993 年版。

4.　《江澤民文選》（3 卷本），人民出版社 2006 年版。

5.　《習近平談治國理政》，外文出版社 2014 年版。

6.　中共中央文獻編輯委員會編：《胡錦濤文選》（3 卷本），人民出版社 2016 年版。

7.　中共中央文獻研究室編：《習近平總書記重要講話文章選編》，黨建讀物出版社、中央文獻出版社 2016 年版。

8.　中共中央宣傳部編：《習近平總書記系列重要講話讀本》，學習出版社、人民出版社 2016 年版。

9.　《習近平談治國理政》第 2 卷，外文出版社 2017 年版。

10.　蔣祖緣、方志欽主編：《簡明廣東史》，廣東人民出版社 1987 年版。

11.　王光振等：《廣東四小虎 —— 順德·中山·南海·東莞經濟起飛之路》，廣東高等教育出版社 1989 年版。

12.　傅高義：《先行一步：改革中的廣東》，廣東人民出版社 1991 年版。

13. 中共深圳市委宣傳部寫作組：《深圳的斯芬克斯之謎》，海天出版社 1991 年版。

14. 劉田夫：《劉田夫回憶錄》，中共黨史出版社 1995 年版。

15. 中共中央文獻研究室編著：《回憶鄧小平》，中央文獻出版社 1998 版。

16. 廣東省政協文史資料研究委員會編：《經濟特區的由來》，廣東人民出版社 2002 年版。

17. 中共中央文獻研究室編著：《鄧小平年譜（1975 — 1997）》，中央文獻出版社 2004 年版。

18. 陳開枝：《1992‧鄧小平南方之行》，中國文史出版社 2004 年版。

19. 陳宏：《1979 — 2000 深圳重大決策和事件民間觀察》，長江文藝出版社 2006 年版。

20. 《習仲勳主政廣東》編委會：《習仲勳主政廣東》，中共黨史出版社 2007 年版。

21. 《懷念任仲夷》編委會編：《懷念任仲夷》，廣東人民出版社 2007 年版。

22. 中共廣東省委黨史研究室編：《廣東改革開放決策者訪談錄》，廣東人民出版社 2008 年版。

23. 黃樹森、龍迎春、張承良：《春天紀：改革開放 30 年的真實記錄和鮮活映像》，廣東人民出版社 2009 年版。

24. 中共廣州市委黨史研究室編：《廣州改革開放 30 年口述史：親歷改革開放》，廣州出版社 2008 年版。

25. 厲有為：《厲有為文集》，海天出版社 2010 年版。

26. 中共廣東黨史研究室：《習仲勳主政廣東憶述錄》，中共黨史出版社 2013 年版。

27. 李長春：《文化強國之路 —— 文化體制改革的探索與實踐》，人民出版社 2013 年版。

28. 季羨林：《季羨林談東西方文化》，當代中國出版社 2015 年版。

29. 中國人民政治協商會議廣東省委員會編：《敢為人先 —— 改革開放廣東一千個率先》，人民出版社 2015 年版。

二、年鑑、志書、政府工作報告

1. 廣東省統計局編：《廣東統計年鑑》（歷年），中國統計出版社。

2. 《廣東省志》編纂委員會編：《廣東省志 1979 — 2000》，方志出版社 2014 年版。

3. 廣東省人民政府工作報告（歷年）。

4. 廣東各地市人民政府工作報告（歷年）。

三、報刊、網頁文章

1. 李育敬：《廣東環保事業的新起點：我省八屆人大四次會議提出環保議案》，《人民之聲》1996 年第 4 期。

2. 梁靈光：《「先行一步」中的磕磕碰碰》（上），《南風窗》1997 年第 8 期。

3.　谷牧：《中國對外開放的風風雨雨》，《半月談》1998 年第 15 期。

4.　羅木生等：《廣東改革開放「先走一步」的由來與初期探索》，《廣東經濟》1998 年第 4 期。

5.　盧荻：《清遠經驗的總結與推廣》，《廣東黨史》1998 年第 4 期。

6.　熊水龍等：《綠色話題 ——「廣東林業再發展研討會」綜述》，《同舟共進》2000 年第 1 期。

7.　陳炎兵：《1979 年「大逃港事件」》，《現代閱讀》2011 年第 2 期。

8.　魏達志：《深圳經濟特區創建頭十年的重大改革》，《特區實踐與理論》2006 年第 4 期。

9.　盧荻：《習仲勳與廣東反「偷渡外逃」》，《百年潮》2007 年第 10 期。

10.　鄒爾康：《深圳經濟特區初期的兩次大爭論》，《百年潮》2007 年第 5 期。

11.　《全國自主創新看廣東，廣東自主創新看深圳》，《領導決策信息》2007 年第 9 期。

12.　肖耀堂等：《任仲夷口述廣東改革開放最初歷程》，《源流》2008 年第 3 期。

13.　李軍曉：《「改革試管」蛇口》，《廣東黨史》2008 年第 4 期。

14.　王啟軍：《廣東農村改革訪談錄 —— 訪馬恩成》，《南方農村》2009 年第 1 期。

15.　姚國成：《廣州魚價闖關記憶》，《當代廣東》2013 年第 2 期。

16.　李烝：《廣東財政助力基本公共服務均等化》，《中國財政》2014 年第 24 期。

17. 師春苗:《廣東山區躍上脫貧致富新台階（1991—1997）》,《紅廣角》2016 年第 7 期。

18. 張琳:《大力培育粵東西北地區經濟增長極 —— 以工業園區發展為例》,《新經濟》2016 年第 22 期。

19. 向瞻梅等:《廣東建設海洋經濟強省的抓手》,《開放導報》2016 年第 4 期。

20. 《走生態立省之路　廣東綠色發展再舉旗》,《同舟共進》2017 年第 6 期。

21. 佘大奴、黃克義:《進一步解放思想,搞活經濟 —— 對陳志雄承包魚塘有爭論的兩個問題的看法》,《人民日報》1981 年 8 月 30 日。

22. 劉斯奮:《朝陽文化、巨人精神與盛世傳統 —— 關於社會主義新文藝建設的幾點思考》,《南方日報》1995 年 5 月 9 日。

23. 李文凱:《厲有為的「一小步」》,《南方周末》2003 年 10 月 23 日。

24. 沈勇:《「蛇口試管」成功育出改革「新生兒」》,《深圳特區報》2008 年 9 月 2 日。

25. 《厲有為「股份制」論文起風波》,《南方日報》2010 年 9 月 6 日。

26. 汪洋:《加快轉型升級建設幸福廣東》,《南方日報》2011 年 1 月 20 日。

27. 《中共中央政治局召開會議研究加強和創新社會管理問題》,《人民日報》2011 年 5 月 31 日。

28. 《基本公共服務全面推進,改革發展成果普惠民生》,《南方日報》2012 年 1 月 16 日。

29. 溫雅莉等:《生態立省務實締造首善模本 —— 聚焦「生態優美幸福廣東」系列報道之二》,《中國綠色時報》2012 年 9 月 28 日。

30. 《廣東雙轉移開啟轉型 5 年征程》,《南方日報》2012 年 12 月 8 日。

31. 雷輝:《12 年轉型,粵實現「創新驅動」》,《南方日報》2013 年 2 月 8 日。

32. 《廣東推出社會體制改革「菜單」》,《南方都市報》2013 年 3 月 29 日。

33. 《習近平在參加上海代表團審議時強調推進中國上海自由貿易試驗區建設加強和創新特大城市社會治理》,《人民日報》2014 年 3 月 6 日。

34. 《張裕古:提出分隊單幹比小崗村早 7 年》,《清遠日報》2014 年 6 月 20 日。

35. 廣東省體制改革研究會、廣東省綜合改革發展研究院課題組編寫:《2014 年廣東省社會治理改革創新研究報告》。

36. 《廣東省開展非物質文化遺產保護工作的經驗與啟示》,《人民日報》2015 年 11 月 15 日。

37. 《廣東「十二五」民生投入逾 3 萬億元　財政民生支出佔比不斷提高》,《南方日報》2016 年 2 月 5 日。

38. 謝志強:《創新社會治理:治什麼誰來治怎麼治》,《光明日報》2016 年 7 月 13 日。

39. 黃穎川等:《加快完善快速交通網絡　助力粵東西北振興發展》,《南方日報》2016 年 8 月 26 日

40. 肖文舸等：《〈廣東省基本公共服務均等化規劃綱要（2009－2020年）〉修編印發「十三五」全省投入 —— 基本公共服務財政資金46815億》，《南方日報》2017年6月27日。

41. 楊陽騰：《珠三角走出綠色低碳發展新路》，《經濟日報》2017年9月27日。

42. 周豫等：《推動廣東文藝事業繁榮發展》，《南方日報》2017年10月14日。

43. 杜艷等：《深圳「國高」企業數量破萬》，《南方日報》2017年11月7日。

44. 楊勇等：《深圳全力推進以科技創新為核心的全面創新》，《深圳特區報》2017年11月7日。

四、主要參考網站

1. 廣東省情網，http://www.gd-info.gov.cn/shtml/guangdong/sqsjk/zsk/gdsz/

2. 廣東社會組織信息網，http://www.gdnpo.gov.cn/home/index/index.

3. 泛珠三角合作信息網，http://www.pprd.org.cn/zhuanti/

4. 廣東統計信息網，http://www.gdstats.gov.cn/

5. 廣東檔案信息網，http://www.da.gd.gov.cn/

後　記

　　為改革開放 40 年撰寫實錄，時間跨度長、所涉及的內容和領域複雜繁多，要在一部 20 多萬字的書裏予以呈現，既要體現「全景」的特徵，體現歷史的豐富感，又要提綱挈領，突出脈絡和主線，這是一個挑戰。這也決定了寫作必須站在一個高的視點上，把握全局，呈現改革開放 40 年的整體面貌；同時，又要透過紛繁的歷史表現，披沙瀝金，選取最具代表性的事件，予以盡可能的「場景再現」。

　　在章節佈局上，主要是將廣東改革開放 40 年的歷史向度、廣東珠三角與粵東西北區域的空間向度，以「創新、協調、綠色、開放、共享」新發展理念的融入來進行「黏合」。內容上，以相對突出「黨委政府決策，各級政府執行，部門協同，公眾參與」的思路來組織編排，同時，盡可能地在其中呈現歷史現場及相關的重要細節。第一章主要呈現廣東改革開放最初啟動和開局的艱難與精彩，第二章聚焦改革開放初期體制改革的突破與收穫，第三章以深圳為樣本表現廣東改革開放最濃墨重彩的篇章，第四章以珠三角改革開放突圍的成功作為廣東改革開放在整體上的呈現，第五至第八章分別從自主創新、文化改革發展、社會建設、生態文明建設的縱面來表現廣東改革開放的偉大成就，第九章以區域協調協同開放發展新格局收束，使聚焦點重新回到廣東發展全局的視野上來，基於此呈現廣東發展的未來路徑與願景。

　　寫作過程中，海量的資料閱讀和梳理是必須要做好的基本功課。因為時間緊迫，在史料的擇取上難免掛一漏萬；與此同時，因為篇幅所限，

有些重要的領域也無法一一展開。因此，在佈局框架時，沒有將一些重要的基礎性的工作領域單獨成章，如黨的建設、反腐、行政體制改革、司法體制改革、人才體制改革、對外文化交流等等，這些工作都是極其重要的，是基礎性的，如果沒有這些工作的持續推進和展開，改革開放的工作就無法得到基本的保障和支持，為此，本書採用了背景化的處理方式，將它們融入到相關領域中作為背景性的呈現。

作者

中國改革開放全景錄　廣東卷

曲青山　黃書元／主編

張承良／著

責任編輯　陳思思
裝幀設計　林曉娜
排　　版　賴艷萍
印　　務　林佳年

▶　出版　開明書店
　　　　　香港北角英皇道 499 號北角工業大廈一樓 B
　　　　　電話：(852) 2137 2338　　傳真：(852) 2713 8202
　　　　　電子郵件：info@chunghwabook.com.hk
　　　　　網址：http://www.chunghwabook.com.hk

▶　發行　香港聯合書刊物流有限公司
　　　　　香港新界大埔汀麗路 36 號
　　　　　中華商務印刷大廈 3 字樓
　　　　　電話：(852) 2150 2100　　傳真：(852) 2407 3062
　　　　　電子郵件：info@suplogistics.com.hk

▶　印刷　美雅印刷製本有限公司
　　　　　香港觀塘榮業街 6 號海濱工業大廈 4 樓 A 室

▶　版次　2019 年 12 月初版
　　　　　© 2019 開明書店

▶　規格　16 開（230mm×170mm）

▶　ISBN　978-962-459-179-8

本書繁體字版由廣東人民出版社授權出版發行。